青山学院大学総合研究所叢書

聖書における
和解の思想

左近 豊 編

Reconciliation in Scripture:
Biblical Insights into Shalom

日本キリスト教団出版局

まえがき

左近　豊

　本書は、青山学院大学総合研究所「キリスト教文化研究」ユニット、「聖書における『和解』の思想」プロジェクトにおいて 2019 年度から COVID–19 蔓延に伴う研究活動の見直しを経て、2023 年度末まで行われてきた研究活動の集大成である。

　聖書を規範とする共同体（特にユダヤ教とキリスト教）は、古代オリエント世界から地中海世界へと至る過程で、それぞれの共同体内外に起因する崩壊の危機を生き延びる中で「旧新約聖書」を今ある形に編集してきたことは言を俟たない。そしてその聖書を基盤として発展してきたキリスト教的思想の中心的命題の一つに「和解」があることは、「神は、キリストを通して私たちをご自分と和解させ、また、和解の務めを私たちに授けてくださいました」（II コリ 5:18）との新約聖書の言葉に表されている通りである。

　この研究プロジェクトは、単に古代世界の探求へと歴史的に遡及するものに留まらず、むしろ現代社会に見られる「和解」に関する様々な諸問題、例えばポスト・コロナ時代、ウクライナ危機、ガザ紛争以後、頓（とみ）に価値の多元化や断片化によって色濃くなっている他者に対する排他的傾向等との対峙を通して、聖書に記されている「和解」の現

代的意義を探求するものでもある。すなわち異なる価値観をもつ共同体間に横たわる他者がいかにして「和解」による対話と共存の可能性を探りうるのか、相互の対話によってどのような新しい価値観を創出しうるのかを、聖書のヘブライズムとヘレニズムの伝統に遡って手がかりを得、現代に供することを目的としている。

今年度、創立150周年を迎えた青山学院には、「和解」を生きた者たちの記憶が刻まれている。100年前、すなわち1923年9月の関東大震災直後に「朝鮮人が暴動を起こしている」「井戸に毒を投げ込んだ」等の流言飛語を鵜呑みにし、偏狭な愛国心に駆られ、義憤を募らせ、爾来の己の偏見に基づく言動に対する復讐を妄想して恐怖に陥った結果引き起こされた在日朝鮮人虐殺事件のただ中で、いわれなき暴力と恐怖から逃れてきた朝鮮半島出身者たちを、自らの良心に従って構内に匿い、キリストにある和解の使者として、マジョリティの動向に抗い、社会の「破れ目に立」って、「敵意という隔ての中垣」を越えて、和解の礎となった先達を思い起こす（西崎雅夫『関東大震災朝鮮人虐殺の記録——東京地区別1100の証言』［現代書館、2016年］参照）。「歴史は繰り返さないが韻を踏む」といわれるが、これから一層、多民族、多文化社会へと向かわざるを得ないであろう日本社会において、キリスト教教育を基とする青山学院大学による貢献の1つとして、まずは信仰と思索の規範である聖書に立ち返って、「聖書における和解の思想」研究を進めることとした。

方法論

本研究は、近年の聖書学の動向に鑑みて、旧新約聖書成立のコンテクストであった古代オリエント世界やギリシア・ローマ世界を背景とする文化的、信仰的、政治的、経済的、社会的、解釈学的な多元性と多声性（ポリフォニー）の議論を踏まえて、そのような多元的、多声

的文脈にあって「和解」を中心命題としてきた（旧新約聖書を規範とする）聖書共同体の「和解」理解を以下の方法論によって明らかにしようとするものである。すなわち文献学的方法、歴史批判的方法、社会学的方法を用いて「テクストの背後にある世界」を明らかにし、文芸学的方法を用いて「テクストの中にある世界」を分析し、さらに解釈共同体の歴史においてどのように読まれてきたかを影響史的方法によって、「テクストの前方に広がる世界」を提示するものである。これらの総合的な方法論の活用によって、現代における「和解」論構築のための基礎研究を企図するものである。本書には、執筆者の採用する様々な方法論が共存している。それぞれのアプローチが、排斥しあうのではなく、むしろ相互補完的に「和解」を探求するものとなっている。

構成

　全体の構成の詳細については目次に記すが、まず「和解」の神学的位置づけについて触れた後に、旧約聖書の3つの区分を貫く「和解」の思想、新約聖書のパウロ、パウロ以後、そして福音書の「和解」の思想を論じるものとなる。何よりも旧約聖書の成立に決定的な影響を与えた紀元前6世紀の「バビロニア捕囚」は、圧倒的な新バビロニア帝国の力に屈した古代イスラエル共同体において、既存の価値観や体制、宗教観を根底から覆す出来事であった。歴史の分水嶺となるこの出来事は、故郷喪失と離散を経て、異質なる他者との和解と共生の思想を展開させる契機ともなった。この歴史的出来事が旧約聖書の3つの区分において「和解」の思想にどのような影響と展開をもたらしたのか。そして、この思想的系譜に立ちつつヘレニズム思想との対話を経て紀元1世紀に展開されたパウロ、第二パウロ書簡、そして福音書記者の神学に至る和解の思想がキリスト教共同体に及ぼした影響について、文献学的かつ影響史的に論じる。

本プロジェクト期間中にメンバーによって発表された「聖書における和解の思想」に関する研究論文、学会発表、講演、および冊子掲載は以下の通りである。

左近　豊「講演・苦難の中でシャロームを生きる」第6回東日本大震災国際神学シンポジウム（2020年2月3日、お茶の水クリスチャンセンターにて）

左近　豊「旧約聖書における『和解』(1)」『キリスト教と文化』37号（青山学院大学宗教主任会、2022年3月）、79–87頁（本書第2章）

左近　豊「旧約聖書における『和解』の語彙に関する試論」『キリスト教と文化』38号（青山学院大学宗教主任会、2023年3月）、101–6頁（本書第6章）

左近　豊「講演・Plenary Lecture: Lament」北東アジア和解フォーラム（2023年6月7日、韓国・パジュ市　聖心会スピリチュアルセンターにて）

左近　豊「特集・破局と希望——危機を生き延びる『ことば』を求めて」『福音と世界』2023年7月号（新教出版社、2023年6月）、12–17頁

左近　豊「シャロームへの格闘——聖書に聴く『平和』」『キリスト教と文化』39号（2024年3月）、117–32頁

左近　豊「旧約の示すシャロームを仰ぎ見て」『信徒の友』2024年8月号（日本キリスト教団出版局、2024年7月）、35–37頁

藤原淳賀「蛇のように賢く、鳩のように素直に——ロシアによるウクライナ軍事侵攻の中で」『いのちのことば』2022年7月号（いのちのことば社、2022年6月）、18–21頁

藤原淳賀「ナショナリズムを超え国を変革する教会——ロシアによ

るウクライナ軍事侵攻の中で」カトリック神学会第 34 回学術大
会（2022 年 8 月 30 日、上智大学四谷キャンパスにて）

藤原淳賀「巻頭エッセイ・ロシア正教会はなぜプーチンの戦争を支
持するのか？──民族の物語と神の物語」『キリスト教書総目録
2023』（キリスト教総目録刊行会、2022 年 12 月）、iii-v 頁

藤原淳賀「ロシア正教会はなぜ大統領を批判できないのか」『カト
リック神学会誌』34 号（日本カトリック神学会、2023 年）、22-43
頁

藤原淳賀「ロシア正教会と国家──キリスト教信仰とナショナリズ
ム」『信徒の友』2023 年 7 月号（日本キリスト教団出版局、2023 年
6 月）、28-29 頁

河野克也「パウロの黙示的福音 (1)──黙示思想研究史の背景から
探る」『神学』85 号（東京神学大学神学会、2023 年）、146-72 頁

河野克也「主の再臨を待ち望む召された聖なる者たち──パウロ書
簡からパウロの教会理解を探る」『伝道と神学』14 号（東京神学
大学、2024 年 3 月）、91-110 頁

藤田潤一郎「神に向かって人が語るということ──ホセア書を巡る
一考察」『関東学院法学』第 31 巻、第 1・2 合併号（関東学院大
学法学部法学会、2022 年 1 月）、25-78 頁

藤田潤一郎 "Absence of the Notion of Reconciliation in the Old
Testament," *Kanto Gakuin Law Review*, Vol. 32 (No. 1-4)(2023),
109-65.

藤田潤一郎 "Intercession in the Old Testament: A reading of *Genesis*
20 and *Deuteronomy* 9," *Kanto Gakuin Law Review*, vol. 33 (No.
3-4)(2024), 109-59.

目　次

まえがき　左近　豊 ⋯⋯⋯⋯⋯⋯⋯⋯⋯⋯⋯⋯⋯⋯⋯⋯⋯⋯⋯⋯⋯⋯*3*

第 1 部　神学の見地から

第 1 章　聖書的和解の神学的位置づけ
キリストを通し天と地をつなぐ生き方　藤原淳賀 ⋯⋯⋯⋯⋯⋯*13*

第 2 部　旧約聖書学の見地から

第 2 章　旧約聖書における「和解」序説　左近　豊 ⋯⋯⋯⋯⋯*51*

第 3 章　W. ブルッゲマン教授に聞く　「和解」とは何か？ ⋯⋯⋯⋯*64*

第 4 章　律法における「和解」
創世記 20 章を手掛かりに　藤田潤一郎 ⋯⋯⋯⋯⋯⋯⋯⋯⋯*74*

第 5 章　預言書と諸書における「和解」　左近　豊 ⋯⋯⋯⋯⋯⋯*106*

第 6 章　研究ノート　旧約聖書における「和解」の語彙に関する試論
左近　豊 ⋯⋯⋯⋯⋯⋯⋯⋯⋯⋯⋯⋯⋯⋯⋯⋯⋯⋯⋯⋯⋯⋯⋯*136*

目　次

第 3 部　新約聖書学の見地から

第 7 章　神による「愛敵」としての和解
　　パウロの和解理解をめぐる聖書神学的考察　河野克也………*145*

第 8 章　パウロの「和解」主題　浅野淳博……………………………*180*

第 9 章　誰と誰の和解か？
　　パウロ的「和解」概念の発展と継承　辻 学……………………*222*

第 10 章　福音書における「和解」　大宮 謙……………………………*252*

第 11 章　パウロの「和解」理解の継承と課題　河野克也…………………*300*

おわりに　聖書的和解のために　藤原淳賀……………………………*327*

あとがき　左近 豊………………………………………………………*343*

編者・著者紹介……………………………………………………………*346*

装丁　森デザイン室

第1部

神学の見地から

第1章

聖書的和解の神学的位置づけ

キリストを通し天と地をつなぐ生き方

藤原淳賀

序

　「和解」は私たちの人生にとって重要なテーマである。個人レベルだけでなく、民族間においても、国際関係においても、和解は常に必要とされている。本書では特に「聖書的和解」を論じていく。

　新約聖書はギリシア語で書かれているのだが、後述するように日本語で「和解」と訳されているいくつかのギリシア語の言葉がある。しかし興味深いことに、ヘブライ語聖書（以下、旧約聖書）では「和解」

に相当する言葉がない！　そのような中で、本書では「聖書的和解」
が論じられていくことになる。したがって、和解という語の研究だけ
でなく、聖書全体における和解の位置づけ、和解の物語、和解の性質
が大切になる。本章では、詳細な聖書学的議論に先立ち、「聖書的和
解」を神学的に倫理学の類型も用いながら位置づけていく。

　新約聖書は、旧約聖書の伝統の上に記されており、旧約聖書やその
歴史、世界観が前提とされている。新約聖書の中で「聖書」という言
葉は 50 回以上出てくるが、それは旧約聖書を意味している。新約聖
書はまだ編纂されていなかった。「和解」を考えるうえで最も重要な
概念は、ヘブライ語のシャローム（שָׁלוֹם）である。聖書全体の教えの
中心にシャロームがある。それは通常「平和」と訳される言葉である。

　愛である神は、はじめに天と地を創造され、終末において新しい天
と新しい地を実現される。その「天地創造」と、「新たな天と地」の
性質はシャロームといってよい。したがって、新たな天と新たな地を
求めつつ生きる、贖罪後の中間時である現在においても、終末的シャ
ロームの完成に向かい、不完全ながらもシャロームの実現を求めて生
きることが重要になる。聖書的和解はその中で起こっていくのである。

　本章の主張は以下のようにまとめることができる。

　「聖書的和解」とは、神のシャロームの物語の中での愛と赦しに支
えられた歩み寄りである。神と人との和解（愛を持って世界をつくりそ
のすべてをいつくしまれる神と、罪を犯した人との和解）がその基盤にあ
る。また罪人である人どうしの和解がある。和解は、キリストを通し
天と地をつなぐ生き方（シャローム）の中心的要素である。人々はそ
のようなシャローム的生き方に参与するべく招かれている。和解は、
その中で起こっていくことが期待される出来事である。

第 1 章　聖書的和解の神学的位置づけ（藤原淳賀）

天地創造――堕落――贖罪（十字架・復活）――新たな天と地 [1]
（シャローム）　　　　　　　　　　　　　　　　　　　（シャローム）

1　イザヤ書とヘブライ書の以下の箇所では新しい天、および天は複数形
　　で記されているが、フィリ、II ペト、黙示録では、新しい天と新しい
　　地も単数形で記されている。天に関しては何層もの天の存在が想定さ
　　れているが、それらを一つにまとめて単数形で天と表記することもある。
　　Isaiah 65:17 "Behold, I will create **new heavens** and **a new earth**. The
　　former things will not be remembered, nor will they come to mind."
　　（英語聖書は ESV を用いる。）
　　Isaiah 66:22 "As the **new heavens** (pl. [שָׁמַיִם *šā·mǎ'·yim*]) and **the new
　　earth** (sg. [אֶרֶץ *erets*]) that I make will endure before me," declares the
　　LORD, "so will your name and descendants endure."
　　「天（単数形あるいは複数形）と地」と表記されるときは、אֶרֶץ は宇宙全
　　体を指すか、あるいは単に天（sky）と区別された地を指す。
　　John D. Barry et al., eds., "Earth," *The Lexham Bible Dictionary*
　　(Bellingham, WA: Lexham Press, 2016).
　　Hebrew 4:14 "Since then we have a great high priest who has passed
　　through the **heavens** (pl. [τοὺς οὐρανούς]), Jesus, the Son of God, let us
　　hold fast our confession."
　　Phil 3:20 "But our citizenship is in **heaven** (sg. [οὐρανοῖς]), and from it
　　we await a Savior, the Lord Jesus Christ."
　　2 Peter 3:13 "But according to his promise we are waiting for **new
　　heavens** (pl. [οὐρανοὶ]) and **a new earth** (sg. [γῆν]) in which
　　righteousness dwells."
　　Reveration 21:1 "Then I saw **a new heaven** and **a new earth** (οὐρανὸν
　　καινὸν [sg.] καὶ γῆν [sg.] καινήν), for the first heaven and the first earth
　　(πρῶτος οὐρανὸς καὶ ἡ πρώτη γῆ) had passed away, and the sea was no
　　more." Johannes P. Louw and Eugene Albert Nida, *Greek-English
　　Lexicon of the New Testament: Based on Semantic Domains* (New York:
　　United Bible Societies, 1996), 1–2.

15

第 1 部　神学の見地から

I.　和解とシャローム

A.　一般的「和解」と「聖書的和解」

本書で論じるのは「聖書的和解」である。「聖書的」和解とは何であろうか。

一般的に「和解」が意味することは、「争っていたもの、反発し合っていたものが仲直りすること」、「双方の当事者が互いに譲り合って争いをやめること」、また「争っている者同士がお互いに譲歩し合い、争いをやめることを約束する契約のこと」を意味する[2]。このような状態や契約を一般に「和解」と呼ぶ。

では「聖書的」和解には、これらに加えて、どのような内容が含まれるのだろうか？

「聖書的」という時、聖書に記されているあるべき姿（sollen）に沿ったものが想定されている。例えば、聖書的愛は、男女の愛欲（ἔρως、エロース）を否定するということはないが、神の愛（ἀγάπη、アガペー）、無償の愛がその中心となる。聖書的和解は、一般的な和解を大切にしながらも、聖書に記された神の愛と救いの「物語」に記された神の性質、神が私たちに願われる天の性質に沿って起こるものである。聖書的和解は、神の愛といつくしみ、憐れみ、赦し、正義の性質が表れているものであり、少なくともそれに反しないものである。人どうしの聖書的和解は、神の愛および神との和解に支えられたものである。

B.　和解の語源的意味

2　デジタル大辞泉（https://www.weblio.jp/content/%E5%92%8C%E8%A7%A3）参照。

新約聖書で「和解（reconciliation）」と訳されている5つのギリシア語がある。それらを下に記しておく。またそれらが用いられている典型的な聖書箇所を注に記しておく[3]。

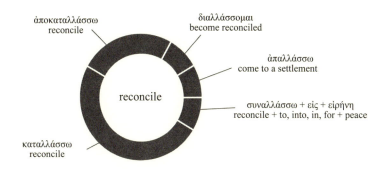

καταλλάσσω（カタラソー）。和解の意で最も多く用いられている語[4]。

ἀποκαταλλάσσω（アポカタラソー）。アポ（ἀπο）は英語のfromの意であり、以前のよい関係に戻すという意味がある[5]。

διαλλάσσομαι（ディアラソマイ）。和解させられる（To be [become] reconciled）[6]。

3 　図表は"Logos Bible Study" 33.1.6（Faithlife LLC）を用いて作成した。
4 　ロマ 5:10「敵であったときでさえ、御子の死によって神と和解させていただいたのであれば、和解させていただいた今は、御子の命によって救われるのはなおさらです。」（日本語聖書の引用は、基本的に『聖書 聖書協会共同訳』に基づく）
5 　エフェ 2:16「十字架を通して二つのものを一つの体として神と和解させ、十字架によって敵意を滅ぼしてくださったのです。」
6 　マタ 5:23-24「だから、あなたが祭壇に供え物を献げようとし、きょうだいが自分に恨みを抱いていることをそこで思い出したなら、その供え物を祭壇の前に置き、まず行って、きょうだいと仲直りをし、それ

第 1 部　神学の見地から

ἀπαλλάσσω（アパラソー）。決着がつく（come to a settlement）[7]。

συναλλάσσω εἰς εἰρήνη（スィナラソー・エイス・エイレーネー）。和解（平和）へと至らせようとする。和解させる[8]。

また日本語では「和解」という言葉は旧約聖書でも用いられているが[9]、上述のように、「和解」に相当する特定のヘブライ語はない[10]。平

　　から帰って来て、供え物を献げなさい。」

7　ルカ 12:58「あなたを訴える人と一緒に役人のところに行くときには、途中でその人と仲直りするように努めなさい。さもないと、その人はあなたを裁判官のもとに引っ張って行き、裁判官は看守に引き渡し、看守は牢に投げ込むだろう。」

8　使 7:26「翌日、モーセはイスラエル人が互いに争っているところに来合わせたので、和解させようとして言いました。『君たちは兄弟どうしではないか。なぜ、傷つけ合うのだ。』」

9　士 21:13「全会衆は、リモンの岩場にいるベニヤミンの人々に使者を送り、和解を呼びかけた。」

10　"The restoration of the divine-human relationship is the central theme of the Bible. But in the Old Testament this restoration of relationship is expressed in terms of blood atonement; there is no word for this restoration of relationship that may be properly represented in English by 'reconcile' or any similar word. Where the KJV has 'reconcile' and 'reconciliation' for Heb. *kāpar* the RSV reads 'atone' or 'atonement' (e.g., Lev. 6:30 [MT 23]; Ezek. 45:15; Dan. 9:24). 2 Maccabees speaks of God being reconciled (Gk. *katallássō*) to his people through their prayers (1 Macc. 1:5; 8:29; cf. 7:33). In Paul a doctrine of reconciliation is developed; the apostle sees God in the role of the one who reconciles (*katallássō, apokatallássō*) or who makes reconciliation (*katallagḗ*) through Jesus Christ. 'Reconciliation' is also used in the New Testament for the restoration of relationships between humans (Matt. 5:24, *diallássomai;* Acts 7:26, *synallássō*; 1 Cor. 7:11, *katallássō*)."　Allen

第1章　聖書的和解の神学的位置づけ（藤原淳賀）

和を意味する「シャローム（שָׁלוֹם）」が主に用いられている[11]。

なぜ「和解」に特化したヘブライ語がないのだろうか？

マッキンタイアー（Alasdair MacIntyre, 1929- ）は、ギリシア語の「正義（δικαιοσύνη）」に相当する英語がないことに言及し、それは「古代ギリシアの会話に登場する概念と近代英語の中に登場する概念の相違がこの二つの社会生活形態の間の差異を示す」という[12]。対応する言語がない場合、その二つの社会および考え方が異なっているというわけである。それは正しい。シャロームは、神（ヤーウェ）とイスラエルの民との関係の本質を規定する非常に豊かな内容を含む語である。筆者は、ヘブライ語のシャロームがあまりにも豊かな内容を含む言葉であったため、和解のみに特化した言葉が必要でなかったのではないかと考えている。

一般に「平和」という語は、戦争がない状態を意味することが多い。人類の歴史のほとんどは戦争の歴史であった。現在行われている戦争が休止した時、それまでと比べれば平和な状態といえる。

ギリシア語のエイレーネー（εἰρήνη）もラテン語のパックス（pax）も、聖書で用いられる前はそのような意味で使われていた。それは、シャロームよりもずっと狭い意味の平和である。エイレーネーは、もともとは戦争がない状態、停戦状態を意味した。戦いは常にあるものであり、それが止まった時は平和（エイレーネー）と呼ばれたのである。エイレーネーは、個人的な関係よりも社会的な意味で用いられ、

C. Myers, *The Eerdmans Bible Dictionary* (Grand Rapids: Eerdmans, 1987), 875.

11　本書 136–37 頁も参照せよ。

12　A. マッキンタイアー『西洋倫理思想史 上』菅豊彦／岩隈洽子／甲斐博見／新島龍美訳、九州大学出版会、1991 年、2 頁。

19

第 1 部　神学の見地から

戦争がない状態を意味した。同様に、パックスも、もともとは戦争が
ない状態を意味する語であった。特に停戦の契約的側面が含意された
言葉であった。

　しかしヘブライ語の「シャローム」は、単に戦争がない状態を意味
する言葉ではない。良好な国際関係、良好な人間関係、文化的発展、
健康、豊かな経済、心の平安も含まれる。シャロームは包括的にすべ
てのよい状態を含んだ語である。そしてシャロームは、創造者である
神（ヤーウェ）との健全な関係の上にあることが前提とされている[13]。

　ヘブライ語聖書がギリシア語に訳された時（70 人訳聖書［LXX］）、
シャロームはエイレーネー（εἰρήνη）と訳された。また後にラテン語
に訳された時は、パックス（pax）が用いられた。エイレーネーとパッ
クスが、旧約聖書のシャロームの訳語として用いられていった時、
シャロームが本来持っていた豊かな内容がそこに含まれた。したがっ
て新約聖書でのエイレーネーやラテン語訳聖書（ヴルガタ訳）の pax
はシャロームの意味で用いられている[14]。

13　藤原淳賀／真鍋一史／高橋良輔編『地球社会共生のためのシャローム』
　　青山学院大学総合研究所叢書、ミネルヴァ書房、2020 年、1 章を参照。
14　ちなみに、有名な山上の説教の「平和を造る人々は、幸いである　そ
　　の人たちは神の子と呼ばれる」（マタ 5:9）における「平和を造る人々
　　（εἰρηνοποιός）」は戦争を止めさせるということも含むが、第一義的には、
　　人と人との和解を意味する語である。"εἰρηνοποιός, οῦ *m*: (derivative of
　　εἰρηνοποιέω 'to make peace,' 40.4) a person who restores peace between
　　people—'peacemaker, one who works for peace.' μακάριοι οἱ εἰρηνοποιοί
　　'happy are those who work for peace among people' Mt 5:9. Though in
　　Mt 5:9 the cessation of war is by no means excluded, the focus of
　　meaning of εἰρηνοποιός is reconciliation between persons and not
　　primarily to cause wars to cease." Louw and Nida, *Greek-English*

第 1 章　聖書的和解の神学的位置づけ（藤原淳賀）

C.　最も大切な戒め：神を愛し、隣人を愛すること

「和解」について考察する時、「和解」と訳されている聖書の原語が
意味することが何かという語源的なアプローチだけでなく、特に「和
解」に相当するヘブライ語がないということを考える時、聖書の「神
による救いの物語」における教え、和解的出来事に注目する必要があ
る。ここではユダヤ・キリスト教の中心的教えを確認しておきたい。
すなわち「心を尽くし、魂を尽くし、思いを尽くして、あなたの神で
ある主を愛しなさい」。そして「隣人を自分のように愛しなさい」で
ある（マタ 22:36–40）。

心（καρδία、カルディア）は特に思考に強調を置いた心理的生の源、
内なる自己を意味する。魂（ψυχή、プシュケー［プシヒー］）は思考、
意思、感情における生の本質を意味する。思い（διάνοια、ディアノイ
ア）は知性、理解力、思考力、判断を意味する [15]。聖書の中核的教えは、
全人格的に神を愛し、他者を愛するシャローム的な生き方を指し示し
ている。

そのような愛の人生が見ているものは終末的シャロームである。神
とともに歩む生には、赦しがあり、憐れみがあり、正義の実現があり、
その中で和解もシャロームの重要な部分として起こってくる。

Lexicon of the New Testament, 502.

15　Louw and Nida, *Greek-English Lexicon of the New Testament*, 320, 323–
24; Rick Brannan, ed., *Lexham Research Lexicon of the Greek New
Testament* (Bellingham, WA: Lexham Press, 2020); James Swanson,
*Dictionary of Biblical Languages with Semantic Domains: Greek (New
Testament)* (Oak Harbor: Logos Research Systems, Inc., 1997).

第1部　神学の見地から

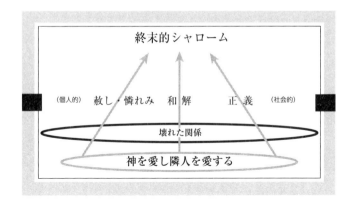

D. 赦しの必要性

　和解が起こるということは、争い、葛藤、壊れた関係があるということが前提とされている。それを克服していく中で和解が起こる。正義が実現され、あるいは誤解が解け、和解に至る場合もある。一般的和解には正義がもたらされることが必要である。

　しかし聖書的和解は正義が実現されていない場合にも起こり得る。そのような和解に至るためには、赦しが必須である。赦しはキリスト教の本質的内容である。

　イエス・キリストが教えられた祈りは新約聖書に一つしか記されていない。それは「主の祈り」と呼ばれる（マタ 6:9-13）。

　「だから、こう祈りなさい。『天におられる私たちの父よ　御名が聖とされますように。御国が来ますように。御心が行われますように　天におけるように地の上にも。私たちに日ごとの糧を今日お与えください。私たちの負い目をお赦しください　私たちも自分に負い目のある人を　赦しましたように。私たちを試みに遭わせず　悪からお救いください。』」

興味深いことに、これに続いて念を押すように、赦しについての言葉が続く（14–15節）。

「もし、人の過ちを赦すなら、あなたがたの天の父もあなたがたをお赦しになる。しかし、もし人を赦さないなら、あなたがたの父もあなたがたの過ちをお赦しにならない。」

天の父による赦しを受け取るためには、私たちが人を赦すことが必要であると教えられている。

キリスト教信仰にとって、救いは最も重要な問題である。救いは神から罪の赦しを受けることによって可能になる。信仰義認を強調するプロテスタント教会では、ただ信じることで救われると教えられる。行いによるのではなく、ただ神の恵みと憐れみによる救いを、信仰を通して受け取ることによって、人は義とされると教えられる (Justification by Grace through Faith)。

たしかに人が救われるのはただ神の恵みによる。しかし聖書は、神との関係において赦しを受け取るだけでなく、人を赦すようにと教えている。しかも、もし私たちが人を赦さないなら、父なる神は私たちをお赦しにならない、というのが、主の祈りに続いて明確に記されている主の御言葉である。憎しみを持ったままでは天の御国には招かれないということであろう。幼子のように純粋であること、謙虚であることを「行い」と呼ばなくてもよい。幼子は努力して純粋であろうとしているわけではない。心の中の恨みや憎しみが溶けていくこと、それは毒が抜けていくようなものであろう。それは天の御国の性質に向かって整えられていくことである。これは、プロテスタント教会で信仰義認ほどには語られていないが、重要な教えである。

筆者があるキリスト教大学でこのことについて講演した際に、プロテスタントのクリスチャンから、「神は何でこんなケチなことをいう

第1部　神学の見地から

のか？」という質問があった。質問の意図を確認すると、全知全能で
愛に溢れた神であるなら、われわれが人を赦さないとお赦しにならな
い、などといわずに、あるがままで私たちを赦してくれればよいでは
ないか、というわけである。

　これはプロテスタント福音派でよく見られる考え方である。「神は
あなたをあるがままで愛している。あなたはそのままでいい。あなた
は愛されるために生まれた」という。神が私たちをそのままで愛して
いてくださることは間違いない。しかしそのままでいいわけではない。
神を愛し隣人を愛することが私たちには求められている。H. リチャー
ド・ニーバー（H. Richard Niebuhr, 1894–1962）は、ルター的なキリ
スト教には無律法主義（そして文化的保守主義）へと導く傾向がある
と指摘している[16]。パウロはそのような生き方に警告を鳴らしている
が、プロテスタントには全体としてこの傾向がある[17]。神の一方的な
恵みを強調する一方で、人を赦さず、シャロームの性質を帯びず、戦
う牧師を見たことはないだろうか。

　その質問に対して私は以下のように答えた。人を赦そうとしない時、
自分が神に赦されるということの意味がわかっていないのではないだ
ろうか。

　キリストは、1 万タラントンの借金をしている家来が、主君の憐れ
みを受けて借金を帳消しにしてもらった例え話をしている（マタ

16　H. Richard Niebuhr, *Christ and Culture* (New York: Harper One, 2001),
　　187. これはニーバーによる 5 分類のキリスト教の第 4 のタイプ（Christ
　　and Culture in Paradox [dualist]）を論じる中で語られている。
17　「では、どうなのか。私たちは律法の下ではなく恵みの下にいるのだか
　　ら、罪を犯そう、ということになるのでしょうか。決してそうではな
　　い。」（ロマ 6:15）

18:21–35）。1万タラントンは約 6,000 億円に相当する[18]。この家来は、仲間に 100 デナリオン貸していた。これは約 100 万円に相当する。仲間は返すことができず、猶予を乞うた。しかしこの家来はそれを聞き入れず仲間を牢に入れた。主君は怒り、憐れみによる借金免除を取り消し、全部返すまでと拷問係に引き渡した。

　6,000 億円を赦されたものが 100 万円を赦せなかったのである。それは 6,000 億円を赦されたことの意味がわかっていなかったといってよい。憐れみによって赦された者は、憐れみによって赦すことが求められている。聖書的和解には、神に赦され人を赦すことが必要とされる[19]。

E.　天と地をつなぐ

　聖書的和解は、神のシャロームの物語の中で理解され、実現されていくものである。そのシャロームは、天地創造において神が意図されていたものである。それは罪によって傷つき壊れたが、終末において完成されるものである。キリストは、天と地をつなぐことによって地にシャロームをもたらされた。「父の懐にいる独り子である神」（ヨハ 1:18）が父なる神を示された。私たちは、御子の血によって贖われ、罪を赦されたのである（エフェ 1:7）。キリストは、天と地をつなぐ唯

18　1デナリオンは 1 日分の賃金。時給 1,250 円で 8 時間労働とすると 1 万円。（1,250 円［時給］×8 時間→ 10,000 円）1 タラントンは 6,000 デナリオンなので 6,000 万円。1 万タラントンは 6,000 万円 ×10,000。6,000 億円である。100 デナリオンは 100 万円となる。

19　グレゴリー・ジョーンズ／セレスティン・ムセクラ『赦された者として赦す』岡谷和作／藤原淳賀訳、日本キリスト教団出版局、2019 年参照。

第1部　神学の見地から

一の存在である。

　キリストと共に神のシャロームの物語に生きるキリスト者は、キリストを自らの長子として、キリストと共同相続人となる（ロマ 8:17, 29）。キリストが受け継ぐものを、終末において共に受け継がせていただくことになる。キリスト者は、罪の世の中に生きており、自らも罪人であるが、天を見上げ、天の性質（シャローム）を求めて地上で生きているのである。それは、キリストのあとに続いて、天と地をつなぐ生き方をしようとしているということである。聖書的和解はこの中で起こる。

　聖書的和解の実現には、神の物語の中で生き、語り継がれてきた人々の歩みが大いなる助けとなる[20]。聖書はそれを、私たちを雲のように囲む多くの証人たちと表現している（ヘブ 11、12 章）。彼らは地上で生きたが、どこにいても自らを寄留者であると考えていた。彼らは、天を故郷とし、天の故郷を求めて、地上で信仰を抱いて生きた。

　天と地をつなぐとは、天を仰ぎ見、天の意識を持ち、天の価値観をもって、地において生きるということである。神の御心を求めて、地において生きるということである。キリスト者はそのようにして、赦しと憐れみ、正義と、和解をもたらすことを求めるのである。

　地に生きるキリスト者の原則は、鳩のように素直で、蛇のように賢くある、ということに尽きる[21]。悪は常に存在する。悪しき者と共に

20　アベル、エノク、ノア、アブラハム、イサク、ヤコブ、ヨセフ、モーセ、ラハブ、ギデオン、バラク、サムソン、エフタ、ダビデ、サムエル、預言者たちがあげられている（ヘブ 11 章）。

21　マタ 10:16「私があなたがたを遣わすのは、狼の中に羊を送り込むようなものである。だから、あなたがたは蛇のように賢く、鳩のように無垢でありなさい」。藤原淳賀「蛇のように賢く、鳩のように素直に──

いる時、お花畑的にナイーブであれば犠牲が出る。子どもを愛するお年寄りの心に付け込んだ詐欺がある。不正が行われる時、被害者が生まれる。ドメスティック・バイオレンスから逃れた人が、加害者に会う必要はない。居場所を教えることも危険である。赦したからといって、一緒に住む必要はない。悪を行う人と一緒にいる必要はない。むしろ逃げた方がよい[22]。過去の事例や統計的研究を用い、人を守る必要がある。歴史的事実に反して非難し補償を要求する人や国もある。事実に基づかない謝罪をしてはならない。国際関係では善意が悪用されることが少なくない。国家レベルでは安全保障を現実的に考えなければならない。戦争となれば甚大な被害が出る。ありとあらゆる悪が行われる。戦争に巻き込まれないための研究が進められなければならない。自らが絶対平和主義の立場に立っていたとしても、自分の被害だけならまだよいが、弱き人々が守られるようにする必要がある。お花畑的にナイーブであってはならない。どのような悪が計画され、行われているかを見抜き、蛇のように賢く対応しなければならない。

　しかし心の中で赦し、和解を願うことが求められる。いかなることがあっても教会は天の純粋さを保たなければならない。教会は本来の教会の姿にならなければならない。ジョン・H. ヨーダー（John Howard Yoder, 1927–1997）やスタンリー・ハワーワス（Stanley

---

　　ロシアによるウクライナ軍事侵攻の中で」『いのちのことば』2022 年7 月号、18–21 頁。

22　聖書は、いかなる困難があっても耐えてその家や町に居続けるようには教えていない。例えば、福音を受け入れない人たちに対しては、抗議のしるしとして「足の埃」を払い落としてその家や街を出ていくようにと教える（マタ 10:14; ルカ 9:5; 使 13:51）。

Hauerwas, 1940– ）は現代においてそれを最も雄弁に語ってきた[23]。それが社会に対して教会が行うことができる最も大きな貢献である。天の生き方を示すこと、それは社会の中で教会にしかできないことである。しかしそれは簡単に失われてしまう脆いものであり、教会がその2000年の歴史の中で何度も失ってきたものでもある。

天と地をつなぐキリスト者の和解に必要なのは、幼子のような心の純粋さと謙虚さである[24]。天の国で誰が一番偉いのか、という弟子たちの問いに答えて、キリストは、子どものようにならなければ、そもそも天の国に入ることはできないといわれた。そのような天の御国の生き方から生まれてくる人格的徳は、愛、喜び、平和、寛容、親切、善意、誠実、柔和、節制である（ガラ 5:22–23）。

F. 和解と相手の対応

和解は常に起こるわけではない。なぜなら和解の実現には相手側の対応が含まれるからである。

人を赦すことは、キリスト者に求められており、必須の行為である。しかし、自分（たち）として相手を赦し和解を願っても、残念ながら

---

23 "The Church Should Become the Church." Atsuyoshi Fujiwara, *Theology of Culture in a Japanese Context: A Believers' Church Perspective* (Eugene, OR: Pickwick Publications, 2012), 89–130.

24 マタ 18:1–5「その時、弟子たちがイエスのところに来て、『天の国では、一体誰がいちばん偉いのでしょうか』と言った。そこで、イエスは一人の子どもを呼び寄せ、彼らの真ん中に立たせて、言われた。『よく言っておく。心を入れ替えて子どものようにならなければ、決して天の国に入ることはできない。だから、この子どものように、自分を低くする者が、天の国でいちばん偉いのだ。また、私の名のためにこのような子どもの一人を受け入れる者は、私を受け入れるのである。』」

和解の実現に至らぬことがある。

ただ、たとえ和解の実現に至らなくとも、神の和解の物語の中で、少なくとも自分の役割を果たすこと、すなわち自分の側では相手への赦しと理解の心を整えておくことが求められる。争いがあっても、人を見下さないように、また腹を立てないように教えられている（マタ5:21–22）。

また和解のためのイニシアチブを取るようにと教えられている。マタイ福音書では、礼拝中、供え物をしようとしている時であっても、誰かがあなたに恨みをもっていることを思い出したなら、それを祭壇の前に置いて、すぐに行って、和解し（διαλλάσσομαι）、それから供え物を献げるように教えられている（マタ5:23–24）。

II. 聖書的和解と倫理学の類型

本稿では、聖書的和解を、神のシャロームの物語の中での愛と赦しに支えられた歩み寄りと定義した。神と人との和解がその中心である。そして罪人である人どうしの和解がある。聖書的和解は、キリストを通して生まれた天と地をつなぐシャローム的生き方に人が参与していく中で、起こっていくことが期待される出来事である。

聖書的和解の性格を理解するために、ここでは倫理学の類型および聖書的和解と親和性のある倫理学的アプローチを論じる。

倫理学は古代ギリシアで発展した。倫理学（ethics, ηθική）はエートス（ήθος）から派生した語である[25]。エートスとは、その時代や社会の

25　アリストテレス『ニコマコス倫理学 上』高田三郎訳、岩波文庫 Kindle 版、2018 年、2 巻 1 章。

第 1 部　神学の見地から

価値観、風潮、精神、行動様式、習慣を意味する。したがって倫理学とは、あるべきエートス、あるべき善、また幸福な生き方を探求する学問である。それは古代ギリシアのポリスでの社会生活を前提としたものであった。マッキンタイアーがいうように、「道徳概念は社会生活の諸形態のうちに具現化され、その構成要素をなしている」ものである [26]。倫理学は「善さ」を求める探求であるが、それは具体的な時代、社会の中で考察されたものである [27]。またエートスは本来社会的なものであり、古代ギリシアでは国家、政治を念頭に論じているが、倫理学はそこに生きる個人の道徳も扱う。

A.　結果主義（帰結主義）的倫理学（Consequential Ethics）

結果主義的倫理学は功利主義（Utilitarianism）と呼ばれることもある。これは近代に発展した。イングランドのベンサム（Jeremy Bentham, 1748–1832）や同じくイングランドのミル（John Stuart Mill, 1806–1873）がその代表である。アングロ・サクソン的な実用的伝統が反映されている。「善」を「益」と置き換え、数量化し、計測可能なものとして具体的に比較しようとするところに特徴がある。

ヨーロッパでは 17 世紀に自然科学が飛躍的に発展した。これはしばしば科学革命と呼ばれる。これ以降、実証性が重んじられていく。蒙昧さを退け理性を重んじる近代精神（啓蒙主義）には、自然科学を規範として、学問全体を科学（Wissenschaft）として扱っていく風潮があった。哲学、神学を含め、人文系の学問もこの風潮に対応しなければならなくなった。

結果主義的倫理学はこのような背景で生まれてきた。功利主義の有

26　マッキンタイアー『西洋倫理思想史　上』2 頁。

27　村井実『「善さ」の構造』講談社学術文庫、1981 年を参照。

30

名なフレーズは「最大多数の最大幸福（the greatest happiness of the greatest number）」である。社会のより多くの人たちが求めることを、できるだけ多く満たすのが善であるとする。功利主義は善を益で置き換える実利的なアプローチである。真理、美、聖、永遠といった抽象的、超越的要素は、軽視されるようになる。

和解を、聖書的和解に限ることなく広く捉え、政治的取引、妥協を含めて考えるなら、結果主義は有益なアプローチであり、「わかりやすい」考え方である。

B.　義務論的倫理学（Deontological Ethics）

義務論者は、結果を最重要基準としない。義務論を最初に展開したのはストア派であるが、近代における義務論の代表はプロイセン・ケーニヒスベルクのインマヌエル・カント（Immanuel Kant, 1724–1804）である。カントは「ある行為に道徳的な価値を与えるのは、その行為によって生みだされると期待される結果ではない」という[28]。結果はどうあれ、また多くの人々にとって得になろうと損になろうと、為されるべき道徳的法則があると考える。カントはさらに、「道徳性の真正で最高の原則は、いっさいの経験から独立して、たんに純粋な理性だけに依拠するものでなければならない」という[29]。それは、自然法則と同様に、いつの時代もどこであっても普遍的に妥当なものである[30]。われわれが経験する以前にアプリオリに確立されているその

28　カント『道徳形而上学の基礎づけ』中村元訳、光文社古典新訳文庫 Kindle 版、2013 年、39 頁。

29　同書 57 頁。

30　同書 8 頁。カントは「自然の法則を考察する哲学は自然哲学であり、自由の法則を考察する哲学は倫理学」であると考えた。

第1部　神学の見地から

普遍的真理をわれわれは理性によって知ることができるとカントは考えた。さらにその道徳法則の適用は人間に限られるものではないという。「人間だけでなく、すべての理性的な存在者一般に適用できるもの」であると考えた[31]。

例えていうと、（クラウド上に真理しかないと仮定して）クラウド上にある真理（自然法）に個々のスマートフォン端末（理性）からアクセスできる、といったものである。ここでは、特定の時代や社会のエートスや善を越えた一枚岩的な（monolithic）永遠の普遍的真理が前提とされている。そしてそれはすべての人が受け入れるべきものとされている。これは典型的な「近代的」思考である。

この普遍的道徳法則は、単なる知識で終わるべきものではなく、人の意思に関わる「なすべき事柄」である。それは「○○しなければならない」という命令的な形にならざるを得ないという。カントはそれを定言命法（Kategorischer Imperativ, categorical imperative）と呼ぶ。それは理性の命令である[32]。カントは「君の意思の格律が、いつでも同時に普遍的立法の原理として妥当するように行為せよ」という。いついかなる状況でもなされるべき無条件的命令に従うべきであるというのがこの義務論的倫理である[33]。

31　同書 56 頁。

32　同書 67 頁。何かを実現する手段として行為することを命じる場合、カントはそれを「仮言的命令」と呼ぶ。同書 69 頁。

33　カント『実践理性批判』波多野精一／宮本和吉／篠田英雄訳、岩波文庫 Kindle 版、2017 年、第一部第一篇第七節。また『道徳形而上学の基礎づけ』でも以下のように表現している。「わたしは自分の行動原理がまた普遍的な法則となることだけを意欲しうるという形でしか、行動してはならないのである」（カント『道徳形而上学の基礎づけ』42頁）。

日本でよく知られた義務論的倫理の例は、会津藩校、日新館の「什の掟（じゅうのおきて）」であろう。「卑怯な振舞をしてはなりませぬ」、「弱い者をいぢめてはなりませぬ」等が続き、最後は「ならぬことはならぬものです」となる。什の掟は、今日の社会では必ずしも普遍妥当的とはいえないが、その時代・社会における義務論的倫理であった[34]。

C. 動機倫理学（Motivation Ethics）

動機倫理学（動機説）は、結果よりも動機に注目する。そして「行為者が、善を促進しようとする動機づけが高いほど道徳的に優れている」と考える[35]。

動機論はしばしば義務論と同一視される。結果よりも内面性が重んじられるという点で共通するからである。

しかし義務論と動機論は区別されるべきである。パウル・ティリッヒ（Paul Tillich, 1886–1965）は、中世の精神を他律（heteronomy）と呼び、近代の精神を自律（autonomy）と呼んだ。そしてあるべき姿を神律（theonomy）と呼んだ。自分でない他者が法（nomos）を立て、自分がそれに従う時、それは他律となる。自らが法を立て、それに従

---

34 「一、年長者（としうえのひと）の言ふことに背いてはなりませぬ　一、年長者にはお辞儀をしなければなりませぬ　一、嘘言（うそ）を言ふことはなりませぬ　一、卑怯な振舞をしてはなりませぬ　一、弱い者をいぢめてはなりませぬ　一、戸外で物を食べてはなりませぬ　一、戸外で婦人（おんな）と言葉を交へてはなりませぬ　ならぬことはならぬものです」。会津藩士の子弟は十人ほどの集まりを作っていた。その什の掟であり、教えが十あったというわけではない。「https://nisshinkan.jp/about/juu」参照。

35 Mathew Coakley, *Motivation Ethics* (London: Bloomsbury, 2017), 59.

第 1 部　神学の見地から

う時、それは自律である。中世の教会社会的他律から解放された近代
の精神をティリッヒは自律と捉えた[36]。

　このように考えると、理性によって知り得る普遍的真理が、義務論
においては他律的になることがある。例えば、歴史ある大学の研究者
（理性）がいたとしよう。その旧図書館の書庫のアクセスを得て入っ
てみると、現在でも法的に有効な文書（普遍的真理）が見つかったと
しよう。それは現在その大学が願わなかったとしても他律的な拘束力
を持つことになる。

　義務論と異なり、動機倫理学は、善を行いたいという純粋で自発的
な動機が重んじられる。自発的な善の意思は聖書的な和解に必要な要
素である。

　ヘブライ語聖書には多くの儀式的規定があるが、心がこもっていな
い礼拝を神は虚しいものとされている[37]。新約聖書も、神秘的体験や、
深い知識、また施しや、殉教すらも、そこに愛という動機がないなら
意味がないと語る[38]。聖書においては、行為それ自体にも増して動機
の純粋さが重んじられている。

　善い動機を持って生きる人には善い人格、徳が形成される。それは
次の項目へと我々を導くことになる。

D.　人格倫理学（Character Ethics）・徳倫理学（Virtue Ethics）

　人格倫理学は徳倫理学とも呼ばれる。人格倫理学は、善い人格の形

36　Paul Tillich, *Systematic Theology*, vol. 1 (Chicago: University of Chicago Press, 1951), 84.

37　以下を参照せよ。サム上 15:22; 詩 40:7; イザ 1:11; エレ 14:12; ホセ 6:6; アモ 5:22; ミカ 6:6–8。

38　Ｉコリ 13:1–3。

第 1 章　聖書的和解の神学的位置づけ（藤原淳賀）

成を重んじる。善い人格の人は、善い動機を持ち、善い行いをすることが多い。したがって個々の行為それ自体やそれがもたらす結果以上に、どのような人格であるのかということに注目する必要がある。行為者がどのような人であり、どのような方向性に向かって生きているのかが最も重要である。その生き方の方向性、人格が善なるものであれば、個々の行為はそこから大きく外れることはないからである。

　徳（ἀρετή）は既に古代ギリシアにおいて主要なテーマであった。若きソクラテスは、高名なソフィストであったプロタゴラスと、徳は教えられるのかについて議論している[39]。またプラトンは「善のイデア（τοῦ ἀγαθοῦ ἰδέα）」を論じている[40]。アリストテレスは『ニコマコス倫理学』で、善（ἀγαθόν）、最高善（τὸ ἄριστον）[41]、徳および習慣について論じている[42]。古代ギリシアは、主に社会形成の観点から徳、善に強

39　プラトン『プロタゴラス──あるソフィストとの対話』中澤務訳、光文社古典新訳文庫 Kindle 版、2013 年、2、3、4、6、7 章。「徳」と訳されるギリシア語のアレテーは人間に限定されず、動物や道具にも用いられる。同書 163 頁参照。

40　プラトン『国家 上』藤沢令夫訳、岩波文庫 Kindle 版、2017 年、4 巻。ここでプラトンは魂の 3 部分（理性、気概、欲望）と、それに基づいた 4 つの徳（節制、勇気、知恵、正義）について語っている。

41　アリストテレスは、「われわれの行うところのすべてを蔽うごとき目的」として「善」（アガトン、ἀγαθόν）と「最高善」（ト・アリストン、τὸ ἄριστον）を論じている。また「倫理的徳」（エーティケー・アレテー）は「習慣づけに基づいて生ずる」のであり、「『習慣』『習慣づけ』（エトス）という言葉から少しく転嫁した倫理的（エーティケー＝エートス的）という名称を得ている所以である」と語る。アリストテレス『ニコマコス倫理学 上』1 巻 2 章、2 巻 1 章。

42　アリストテレス『ニコマコス倫理学 下』高田三郎訳、岩波文庫 Kindle

第 1 部 神学の見地から

い関心を持っていた。またトマス・アクィナスをはじめとして中世カ
トリックの伝統においても徳は重んじられていた。大翻訳時代を含ん
だ 12 世紀ルネサンスによって、それまでヨーロッパで失われていた
古代ギリシアの文献とそのアラビア語訳がラテン語に翻訳された。そ
れが大量に急激に入ってきたことでゲルマン・ヨーロッパの知性は大
きな影響を受け、大学が誕生していくことになる[43]。12 世紀以降の中
世は古代ギリシア、ローマの遺産に触れていくことになり、キリスト
教神学もその影響を受けていく。トマスはその最初の世代であった[44]。

しかし近代は、徳から離れ、行為それ自体やその結果に注目するよ
うになる。そして行為を行為者と切り離して考えるようになる。近代
は、ものごとを全体として包括的に見ることよりも、分析的に細かく
考察することを好む傾向を持った。聖書学においても、聖書全体のメッ
セージよりも、元になっている資料や文章の編集、特徴的語句に関
心が向いた。それが近代の時代精神であった。

19 世紀から 20 世紀前半の倫理学は、理想的な倫理的理念を掲げ、
それをいかに現実社会に適応し実践するかを課題とした。それはトレ
ルチ（Ernst Troeltsch, 1865–1923）に見られ、ラインホールド・ニー
バー（Reinhold Niebuhr, 1892–1971）に受け継がれている[45]。人格が及

版、2018 年、10 巻 9 章、「解説」（七）。

43　以下を参照せよ。藤原淳賀「中世における大学を備えたもの──自由
七科、カロリング・ルネサンス、そして 12 世紀ルネサンス」『キリス
ト教と文化』36 号、2021 年、57–88 頁。藤原淳賀「中世における大学
の始まり──パリとボローニャ」『キリスト教と文化』37 号、2022 年、
129–70 頁。

44　トマス・アクィナス『精選　神学大全 1 ［徳論］』稲垣良典・山本芳久
編、稲垣良典訳、岩波書店、2023 年。

45　ジェームズ・M. グスタフソン「アメリカ史におけるニーバー兄弟の貢

ぼす影響は軽視されていた。

しかし 20 世紀中頃から人格倫理学、徳倫理学が現れてくる。H. リチャード・ニーバーは米国において初めて本格的に実存主義的神学を論じたといってよいのだが[46]、『啓示の意味』の 2 章で、客観的な「外なる歴史」と教会の物語としての実存的な「内なる歴史」を論じている[47]。これ以降イェール大学で物語神学が発展していくことになる。

イェール大学で博士論文を書き、長くデューク大学で教えたスタンリー・ハワーワスは物語神学を代表する神学者である。ハワーワスは、神学的考察において、人格倫理学・徳倫理学的アプローチを適用する。

「物語」、「共同体」、「人格・徳」が人格倫理学のキーワードである。物語によって共同体が形成される。またその物語に生きる共同体の中で人々の徳が形成されていく。人は物語的存在であり、すべての人は何らかの物語を通して世界を見、歴史を見、自らを見る。どのような物語を通して見、どこに向かって生きているのかによって、その人の人格と人生が形成される。和解する人格、平和を作る人格の形成、善い人となることが、物語神学の中心的な課題となる。新約聖書はそのような人格の徳を「霊の実（καρπὸς τοῦ πνεύματός）」と呼ぶ[48]。

献について」竹中正夫訳、『同志社アメリカ研究』15 号、1979 年、2 頁。

46 Paul Tillich, "Existential Thinking in American Theology," *Religion in Life* 10.3 (1941): 455.

47 H. Richard Niebuhr, *The Meaning of Revelation* (New York: Macmillan, 1960).

48 それには愛、喜び、平和、寛容、親切、善意、誠実、柔和、節制といったものが含まれる（ガラ 5:22–23）。以下を参照せよ。Stanley Hauerwas, *Character and the Christian Life: A Study in Theological Ethics* (Notre Dame: University of Notre Dame Press edition, 1994, Kindle),

第1部　神学の見地から

習慣

　徳を形成するのは習慣であると、すでに古代ギリシアで論じられていた。ここでいう習慣とは、（生活習慣病のような文脈で使われる）ただ長く続けている反復的行動様式ではなく、むしろ徳を形成するために注意深く吟味され獲得された継続的行動を意味する[49]。

　例えば、優れたアスリートは、最高のパフォーマンスを行いそれを長年にわたり続けていくために、自らの練習と生活で何が必要かを考え、それを日々実践していく。トレーニングの内容だけでなく、起床時間、就寝時間、食事、トレーニング時間、振り返りと評価、マッサージ、休息、睡眠を考えて最高の習慣を作り上げていく。修道士は、霊的に高められるために、千年以上も前から歴史の中でよく吟味されてきた規則正しい生活を送る。定められた時間に起き、祈り、瞑想し、観想する。食事を取り、断食をし、告解を行い、働き、神と人に仕える。それを繰り返していく。そうしていく中で徳が形成されていく。これがここでいう習慣である。

　聖書的和解は、聖書的世界観、価値観に沿った和解である。神は新たな天と新たな地（神の国）を用意されている。そこに招かれることを願う者は、神の国に向かって、神に愛されている者として相応しく

Chapter II.

49　「倫理的卓越性は習慣づけに基づいて生ずる。『習慣』『習慣づけ』（エトス）という言葉から少しく転化した倫理的（エーティケー＝エートス的）という名称を得ている所以である」。アリストテレス『ニコマコス倫理学 上』2巻1章。アリストテレス『ニコマコス倫理学 下』「解説」（七）。高田によると、アリストテレスは「エートスの卓越は、よきエトス（習慣）ないしはよきエティスモス（習慣づけ）に基づく」と考えている。

生きようとする。またそのような生き方を求める共同体が教会である。神と共に生きる者は、そのような共同体でまたその外で、神を愛し、隣人を愛そうとして生きる。それを習慣として継続していく。その中で、聖書的和解をもたらす新たな天と地に沿った人格、和解を求める人格が形成されていくのである。

E. 動機倫理学・人格倫理学への批判と応答

動機倫理学、徳倫理学への批判は、結果主義的観点からなされることが多い。例えば、政治の世界では、政治家の動機や人格ではなく結果がすべてであるとされる。国家の目的は、国民の生命、身体、財産を守ることにある。政治家は、高潔な人格者であっても、経済を停滞させ、戦争を止められなければ、無能な悪しき政治家とされる。嘘をつき私腹を肥やす性悪な政治家であっても、経済を活性化して、戦争を止められるなら、優れた政治家とされる。だから人格や徳よりも結果が重要であるという。

そのような批判に対する、動機論的・人格論的観点から見た応答はいかなるものになるだろうか。たしかに政治は国民の生命、身体、財産、生活を守らなければならない。結果は重んじられなければならない。ただし長期的な結果を念頭に置く必要がある。

「結果がすべて」という人々は、通常短期的な結果を考えている。1–3年程度の目に見える短期的結果を考えるだけでは、長期的な平和をもたらすことが難しい。われわれは、軍事力と策略で計算し歴史を動かそうとする。しかしそれは実際には、思ったようには進まないものである。中東を始め、長く拗れてしまい、収拾がつかなくなった民族紛争、国際紛争の例をいくつも思い浮かべることができるだろう。聖書的和解の観点は、地上における政治の結果を考える場合でも、少なくとも数十年、あるいは数百年といった長い期間を念頭に置く。

例えば、マーティン・ルーサー・キング牧師は、黒人の市民権運動

第 1 部　神学の見地から

において非暴力手段を用いることを強調した。それは彼のゴールが、黒人の市民権獲得だけではなく、愛のある共同体（beloved community）の形成であったからである。武器を取り、相手を傷つけて市民権を勝ち取ったとしても、そこには必ず憎しみが残る。そのような社会では黒人と白人が愛をもって信頼し共存することはできない。だから市民権獲得運動は非暴力で行わなければならなかったのである[50]。

　もう一つの例をあげよう。ある国が、自国の敵と戦うテロリスト集団に武器供与をしたとする。敵の敵は味方というわけである。しかし国際情勢は時とともに変わるし、テロリスト集団も変わっていく。その後そのテロリスト集団が大きくなり、今度は自分たちに対して戦いを挑むということがある。米国とウサーマ・ビン・ラーディンの関係

50　"The aftermath of nonviolence is the *creation of the beloved community*. The aftermath of nonviolence is redemption. The aftermath of nonviolence is reconciliation. The aftermath of violence are emptiness and bitterness. This is the thing I'm concerned about. Let us fight passionately and unrelentingly for the goals of justice and peace. But let's be sure that our hands are clean in this struggle. Let us never fight with falsehood and violence and hate and malice, but always fight with love, so that when the day comes that the walls of segregation have completely crumbled in Montgomery, that we will be able to live with people as their brothers and sisters" (my italics).　Martin Luther King, Jr's sermon, "Birth of a New Nation," 7th April, 1957, Dexter Avenue Baptist Church in Montgomery, Alabama.
「https://kinginstitute.stanford.edu/king-papers/documents/birth-new-nation-sermon-delivered-dexter-avenue-baptist-church」参照。

40

第1章　聖書的和解の神学的位置づけ（藤原淳賀）

はそのような例であった[51]。

　短期的な対症療法で皮膚にできた腫瘍を切り取ることはできる。しかしその根本原因となっている内臓疾患を治療しなければ、また別の腫瘍ができるだけである。われわれは、長期的に歴史をコントロールする力を持っていないことを認めなければならない。われわれが第一にすべきは、歴史の主である神の性質に沿った対応をし、神がどのように歴史を導かれるかを謙虚に見、神とともに歩むことである。それが聖書的和解の方向性である。

　聖書的和解を求める者は、決して短期的な結果を否定しないが、それ以上に長期的な展望、神の国に向かっているものであるかどうかを重んじる。和解の根本的な基盤となる平和（シャローム）を重んじるのである。そしてそれは、時間がかかるかもしれないが、実際に結果として平和と和解を地においてももたらすのである。

　さらに、聖書に記された神の視点からは、肉体の死がすべての終わりではない。すべての人の魂の救いが最も大切なことである。

　そのためには、人は神の国の性質に沿った生き方をし、神の国に向かって生きていなければならない。それは、神を愛し、隣人を愛する生き方である。平和を作り、和解を求める生き方である。憐れみ深く、恵み深い生き方である。鳩のような素直さである。

　神に心から「ごめんなさい」「ゆるしてください」「助けてください」といえる幼子のような純粋な、謙虚な心がなければならない。これらは悪魔が最も嫌がる言葉であるといっていい。なぜなら神はそのような人を赦し、助けられるからである。短期的結果を生み出しても、

51　米国はかつてウサーマ・ビン・ラーディンに資金供与を行っていた。"Frankenstein the CIA created" *The Gardian*, 17 Jan 1999.「https://www.theguardian.com/world/1999/jan/17/yemen.islam」参照。

第 1 部　神学の見地から

天の御国の性質に沿ったこの純粋で謙虚な心がないと、われわれが求める聖書的和解に至ることはできない。

このような平和を作る性質、聖書的和解を求める性質は、一朝一夕には形成されない。よき習慣が必要である。毎日の祈りと礼拝の実践の繰り返しが必要である。毎朝起きる時に神と人を愛することを求める習慣、毎晩床に就く時に悔い改める習慣、日中天を見上げ神の御国を切望する習慣が必要なのである。聖書的和解はその習慣と方向性の中で起こってくるものである。

まとめ

一般的な和解は、どのような倫理学的アプローチからでも可能である。しかし聖書的和解は、特に人格倫理学、徳倫理学と親和性がある。そしてよい習慣による徳の形成が重要である。

III.　神の真の物語とこの世の物語

私たちの世界観、価値観、歴史観は、自分が生きている「物語」によって大きな影響を受ける。聖書的和解は、神の物語の中で育まれ実現されていくものである。

長い伝統を持つ高校野球の名門校がある。野球部員は、その伝統を背負い、先輩たちに恥じないプレイをしたいと願う。そして自らの一頁を歴史に刻んでいく。キリスト者になる時、聖書の物語は、遠く離れた書物に書かれた物語ではなく、「私たちの物語」となる。それがH. リチャード・ニーバーが『啓示の意味』で論じたことである。

キリスト者は、聖書の物語の内に、自らを位置づけて生きるようになっていく。アダムとエバの罪の性質を自らの内に見る。ノアの信仰を覚え、アブラハムを信仰の父として仰ぐ。ヨセフの赦しと和解の生き方を自らの規範としたいと願う。モーセの失敗と忍耐、信仰とリー

ダーシップを覚える。ダビデの謙虚さと弱さ、神の前における正直さと剛毅さを覚える。イエスさまの弟子たちの弱さと、にもかかわらず主に従いたいという熱い思いを自らに重ね、彼らの犠牲を覚える。殉教者ポリュカルポスの神への献身的最期を思い起こす。アンブロシウスの胆力と知恵を覚える。アウグスティヌスの求道心と神への信頼、ヴァンダル族が攻めてくる困難な状況下での現実的な対応を思い起こす。彼らは信仰の先輩であり、私たちを雲のように取り囲む証人である。その神の救いと和解、シャロームの物語の中で、私たちはバトンを引き継ぎ、21世紀の前半を走っている。

　私が初めて教会に行ったのは高校3年生の春であった。その年の初冬に神を信じる恵みを頂いた。今でも覚えている。昨日まで見ていたのと同じ山を見、同じ川を見、同じ空を見ていたのに、違って見えた。同じものが網膜に映り、鼓膜に届いているはずなのに、世界が変わった。意味が見えたのである。モノクロームの風景がカラーに変わったような感覚であった。神がおられることがわかった。私を愛しておられる神がこの山を造り、この木にいのちを与え、この夕焼けを見せてくださっている。その時に世界が違って見えた。神の物語の中で生き始めたのである。

　キリスト者になる時、人は神とともに、神の物語の中で、神に愛されている者として生きるようになる。そして自分と同じように神に愛されている人々を愛したいと願うようになる。それは天の御国に向かった生き方なのである。聖書的和解は、その神の物語の中で生まれ、育まれていく。

第1部　神学の見地から

神の真の物語[52]

神は、愛をもってこの宇宙を造られ、ご自身に似たものとして私たちを造り、喜ばれた。神は今も変わらず妬むほどに私たちを愛しておられる。神はご自身の被造物を愛し、私たちなくしては生きていられないかのように愛してくださっている[53]。

神が人を造られた時、私たちが神の愛の内に神を愛し、互いを愛し、被造物を大切に導き、その愛をもって全地を満たすことを願っておられた。しかし、神が意図された道はアダムとエバの罪と不従順によって閉ざされた。もし本来の姿にとどまっていたなら存在しなかったであろうあらゆる被造物との葛藤を、私たちは経験しなければならなくなった。

しかし神は私たちの苦難を放っておかれなかった。愛をもって私たちの痛みと苦しみに参与され、担われ、私たちを贖おうとされた。神を侮辱し、全人類を腐敗させた罪の贖いのために、神の独り子イエス・キリストは天の栄光を捨て、聖母を通して人として世に来られた。キリストは、人々を愛し、教え、導き、救いの道へと導こうとされた。しかし私たちはこの方を十字架にかけて殺した。主は十字架の苦難を耐え忍び、最後まで私たちすべてを愛し抜かれ、罪を贖われた。父なる神は御子を死者の中から復活させられ、その罪なき愛の生涯と苦難を通して私たちに救いの道を開かれた。

私たちはみな神のかたちに造られた尊い存在であり、神に愛されて

52　この内容は既に以下で記している。藤原淳賀「ロシア正教会はなぜ大統領を批判できないのか?」『日本カトリック神学会誌』34号、2023年、24–28頁。

53　シエナの聖カタリナ『対話』岳野慶作訳、中央出版社、1988年、65、99頁参照。

いる。私たちは、神の愛の内に神を愛し、隣人を自分のように愛するように招かれている。神が私たちを赦してくださるように、私たちも互いに赦し合うように教えられている。キリストは、すべての隔ての壁を壊し、すべての人々が愛し合う道を開いてくださった。聖霊は今も私たちを支え、神へと導いてくださる。神は、私たちを天の御国へと導こうとしていてくださる。

それが神の物語であり、神の民の物語である。キリスト者は、人々を、世界を、このような神の真の物語を通して見、神の国に向かってこの世を生きている。

この世の物語

しかし、多くのこの世の物語がある。不十分なあるいは偽りの物語といってもよい。それはしばしば私たちを不安と劣等感に陥れ、不必要な誇りと優越感を持たせ、争いを起こさせる。平和を作るよりも、自分（たち）が世で勝つことを優先する。能力が高い者には価値がある。能力が低い者には価値がない。勝ち組に入らなければならない。世で勝つ成功者の物語である。

イエス・キリストはこの世の物語では成功者とはいえなかった。馬小屋に生まれ、生涯を通して貧しかった。人々を愛し、教え、導き、癒やしたが、最後は十字架につけられて殺された。弟子たちを愛し抜いたが、裏切られた。

キリストは世で勝ったのではなく、世に勝たれたのである（ヨハ16:33）。キリストは、世のあり方そのものを覆し、世の物語を超え、神の国の物語へと私たちを導く。それはこの世の価値観の中で生きることからのパラダイムシフトである。キリスト者は、キリストと同様に、世で勝つということよりも、世に勝って生きるように教えられている（Iヨハ5:4-5）。

政治家が語るこの世の物語がある。Make America great again! Make Russia great again!　Make China great again!　日本を取り戻

第 1 部　神学の見地から

す！　自分の国を偉大にするという国家、民族の物語である。

　ロシアによるウクライナ軍事侵攻が 2022 年に始まった。ロシアは、「ルースキー・ミール（Russkiy Mir、ロシア世界）の物語」によってこれを正当化している。ルースキー・ミールとは、ロシア語を話し、ロシア正教会信徒の居住地域は、たとえ現在は他国に属していたとしても精神的、歴史的にはロシアに属すると考える世界観である。

　ロシアはまた「解放者ソ連の物語」を語る。第二次世界大戦で世界をナチス・ドイツからソ連が解放したという物語を繰り返す。クレムリンは報道をコントロールし、情報をコントロールし、自らの物語を繰り返す。占領したウクライナの地域では、次世代を担う子どもたちにロシアの物語を教えている。ウクライナの歴史を教えることを禁じ、ロシアの歴史を教え、ロシアの国歌を歌わせている。この世では、多くの歪んだ物語が語られている。

　聖書的和解は、世を超えたアイデンティティを必要とする。「われらの国籍は天にあり」（フィリ 3:20）という神の物語のアイデンティティである。パウロはこの言葉をフィリピの信徒に書いている。彼らは、ローマ市民権を持っていることを誇りに思い、ローマ人のように話し、ローマ人のように振る舞い、ローマ人として生きていた。パウロ自身、生まれながらにローマ市民権を持ち、それを用いていた[54]。しかし彼の本質的アイデンティティは、天の御国を故郷とした「神の国の市民」であった。

　故郷を愛することは自然な感情である。私たちは、自分の家族、ふるさとの川や山、母校、母国を大切に思う。どこの国でも自国の物語がある。故郷の物語、母校の物語がある。また自分の家族の物語があ

54　使 21:39; 22:25–29; 23:27。

る。

　ただ、それがどのような人格、徳を生み出してきたのかを問わなければならない。人を見下し、憎み、排他的な誇りを持たせ、和解を拒み、争いを起こすものであれば、それは偽りの物語である。この世の物語は、それが何であれ、それを超える真の物語、平和を作り出し人を愛する神の物語の前に膝をかがめなければならない。それが神の民の真の故郷の物語である。

結論

　神は愛なるお方である。その方によって造られた私たちは、愛するように造られている。憎むようには造られていない。私たちは赦すように造られている。和解するように造られている。シャロームの性質は天地創造において満ち満ちていた。そしてそれは新しい天と地において回復される。

　「聖書的和解」とは、神のシャロームの物語の中での愛と赦しに支えられた歩み寄りである。神と人との和解という基盤の上に罪人である人どうしの和解が位置づけられる。聖書的和解は、キリストを通して天と地をつなぐ生き方（シャローム）の重要な要素である。人はそのようなシャローム的生き方に招かれている。聖書的和解は、その中で起こっていくことが期待される出来事である。

　一般的な和解は、どのような倫理学的アプローチからでも可能である。しかし聖書的和解は、特に人格倫理学、徳倫理学と親和性がある。

第2部

旧約聖書学の見地から

第 2 章

旧約聖書における「和解」
序説

左近　豊

はじめに

　本稿は、捕囚期および捕囚期以後の旧約テクストにおける「和解」概念について考察する研究の序をなすものである。バビロン捕囚期（紀元前 6 世紀）、そして捕囚からの帰還後（紀元前 6 世紀後半以降）のテクストの広大な地平に展開された「和解」概念が、新約聖書、特にパウロの「和解」理解にどのように連関するのかを明らかにするための端緒を開くものと言える。それゆえ、必ずしもパウロの「和解」概

第 2 部　旧約聖書学の見地から

念に直結しない、旧約聖書的な「和解」概念について探求することにもなろう。

　ただしここに大きな問題が立ちはだかる。新約聖書、とくにパウロの「和解」概念の旧約聖書的背景（起源）について見出すことには非常な困難が伴う。というのも、意外に思われるかもしれないが、旧約聖書には「和解」に相当するヘブライ語の語彙が存在しないからである。パウロが用いるギリシャ語 καταλλάσσω や καταλλαγή といった「和解」に関する語彙は LXX において、ごく限られた旧約文書にしか登場しない[1]。むしろ旧約聖書テクストと新約聖書テクストの間の時期（中間時代）の諸テクスト（「第 2、第 4 マカベア書」やフィロン、ヨセフスら）に見出されるものである。そのため、パウロの「和解」概念は旧約聖書起源というよりも、ユダヤ諸文献やギリシャ・ローマ世界に根源を有するとする理解がなされてきた[2]。

1　類義語として διαλλάσσω（LXX サム上 29:4—MT では רצה。新約ではマタ 5:24 に登場）や ἱλάσκομαι（LXX 出 32:14—נחם ／王下 5:18; 24:4; 詩 24:11; 哀 3:42; ダニ 9:19; 代下 6:30—סלח ／創 32:20; 申 21:8; 詩 64:4; 77:38; 78:9; 箴 16:14—כפר ／マラ 1:9—חלה などにも登場。新約ではルカ 18:13 とヘブ 2:17）もあるが、本稿ではパウロの「和解」の用法に限定して考察してゆく。本書第 6 章「研究ノート」も参照。

2　I.H. Marshall, "The Meaning of 'Reconciliation'," in R.A. Guelich(ed.), *Unity and Diversity in New Testament Theology: Essays in Honor of G.E. Ladd* (Grand Rapids: Eerdmans, 1978), 117–21; J.A. Fitzmyer, *To Advance the Gospel*（New York：Crossroad, 1981), 164–65; R.P. Martin, *Reconciliation: A Study of Paul's Theology* (Atlanta: John Knox Press, 1981), 104–6; A.J. Malherbe, *Paul and the Thessalonians: The Philosophic Tradition of Pastoral Care* (Philadelphia: Fortress, 1987); idem, *Paul and the Popular Philosophers* (Philadelphia: Fortress, 1989); S.E. Porter,

第2章　旧約聖書における「和解」序説　（左近　豊）

1 「新しい創造」における回復としての和解
（G.K. Beale）

　パウロの用いる「和解」概念が旧約聖書テクストに起源を有しない
とする議論がある一方で、旧約聖書背景に言及する特筆すべき研究も
少なからずあることを見逃すわけにはいかない。中でもパウロ神学の
研究で多くの貢献をしてきた G.K. Beale の議論は示唆に富んでいる
ので、紹介したい[3]。Beale は論考において、パウロは直接的には、具
体的な旧約聖書の箇所に触れて「和解」を論じてはいないものの、所
謂「苦難の僕」（イザ 52-53 章）や、イザヤ書のみならず、エレミヤ書、

---

　*Katallassw in Ancient Greek Literature, with Reference to the Pauline
Writings* (Cordoba: Ediciones El Almendro, 1994), 39-76; P.A.
Holloway, "Bona Cogitare: An Epicurean Consolation in Phil 4:8-9,"
HTR 91 (1998), 89-96; L.L. Welborn, "Paul's Appeal to the Emotions in
2 Corinthians 1.1-2.13; 7.5-16," *JSNT* 82 (2001), 31-60; V.H.T. Nguyen,
*Christian Identity in Corinth: A Comparative Study of 2 Corinthians,
Epictetus and Valerius Maximus* (WUNT 243; Tübingen: Mohr Siebeck,
2008) など参照。C. Breytenbach は、ヘレニズム文献の中でも政治的、
軍事的な文脈における平和条約で用いられる語彙であり、神と人間の
間の関係に関するような宗教的コンテクストにおける語彙ではない、
とさえ論じる。また語源において「贖い」と「和解」には連関はない
ことにも言及している（C. Breytenbach, *Versöhnung: Eine Studie zur
paulinischen Soteriologie* [WMANT 60; Neukirchen: Neukirchener,
1989], 40-83）。

3　G.K. Beale, "The Old Testament Background of Reconciliation in 2
　　Corinthians 5-7 and Its Bearing on the Literary Problem of 2
　　Corinthians 6.14-7.1," *NTS* 35(1989), 550-81.

ゼカリヤ書に起源を見出す研究の存在について言及する[4]。ただし、それらの先行研究の視点に疑義を投げかける。すなわち、あまりに狭く語義の並行にとらわれるあまり、概念的な考察を排除してきた、との指摘である。Beale は、新しい視点から II コリント 5:17-7:6 に見られる「和解」の旧約聖書的起源について論じてゆく。それによれば、パウロは II コリント 5:17–21 において、「和解」と「新しい創造」を結び付けて語ることで、イザヤの（捕囚からの帰還による）新しい創造における神とイスラエルとの平和な関係の回復の預言の成就を示唆していると結論づける[5]。根拠としてパウロが「新しく造られた者」について説く II コリント 5:17 でイザヤ書（LXX）43:18–19 および 65:17 を（語順どおりではないが）引いていることに注目する[6]。とくに

4　O. Hofius, "Erwaegungen zur Gestalt und Herkunft des paulinischen Versöhnungsgedankens," *ZThK* 77 (1980), 186–99、および P. Stuhlmacher, "Das Evangelium von der Versöhnung in Christus," in P. Stuhlmacher und H.Class (eds.), *Das Evangelium von der Versöhnung in Christus*, (Stuttgart: Calwer, 1979), 44–49. Stuhlmacher は、イザ 2:2–4; 9:1 以下 ; 11:1 以下 ; 25:6 以下 ; 40:9–11; 43:1 以下 ; 52:13–53:12（「苦難の僕」）; 56:1 以下 ; 60–63 章 ; エレ 23:7 以下 ; 31:31 以下 ; ゼカ 9–13 章に新約聖書の「和解」の起源を見出している。Stuhlmacher による *Biblische Theologie des Neuen Testaments, Band 1: Grundlegung von Jesus zu Paulus* (Göttingen: Vandenhoeck u. Ruprecht, 1992) も参照。

5　Beale, "The Old Testament Background," 551.

6　Beale, "The Old Testament Background," 553. ここで特筆すべきこととして Beale は、「古いもの」と「新しいもの」の対照が「まさに（見よ）」および創造の語彙と結びつけて言及されるのは、これらの箇所以外にはない点を挙げている。この結びつきについては、Stuhlmacher や F.F. Bruce (NCB) などの注解書も触れている。

イザヤ書 43:18-19 は、イスラエルがもはや過去の罪も審きも捕囚も思い起こさず、神の回復の約束を仰ぎ見ることが語られており、ただ約束の地への帰還だけではなく、創造主であり贖い主、救い主であり王である YHWH との関係の回復の約束というテーマを強調するものである。またイザヤ書 65:17-25 も新しい創造としての回復が強調される文脈にあり、パウロが II コリントで示唆することと合致する。Beale は、キリストにおける「和解」とは、預言者イザヤの語る捕囚の憂き目からの回復がキリストにおける贖いと罪の赦しによって成就するに至ったことを語るパウロの独特な語り口だと論じる[7]。

　ここまでテーマにおける II コリントとイザヤの呼応関係について論じてきた Beale は、一転語彙に注目した議論をも展開する。イザヤ書 49:8 の רצון（「恵み」）を取り上げて、Targum におけるアラム語רעוא と等価であることから、そしてアラム語 רעוא が捕囚からの回復の文脈で用いられ、イザヤ書 60:10 ではこの רצון が Targum では רעוא、さらに Symmachus では διαλλαγή となっていることから、パウロの「和解」に関する語彙がイザヤ書と関連を持つこと、そして、パウロの「和解」理解がイザヤにおける「回復」の文脈に依拠していることを論証する[8]。

　Beale の議論は、イザヤ書におけるイスラエルが、YHWH との契

7　Beale, "The Old Testament Background," 556. Beale はこの論文で、5:21 におけるイザ 52-53 章の「苦難の僕」の影響についても Hofius の議論を紹介しながら論じている。さらに 6:1 以下とイザ 49:8 との関連についても議論を進める。すなわちイザヤの当該箇所に語られている「僕」にパウロは自らを重ねながら、和解の使者としての使徒性の主張をしていると。

8　Beale, "The Old Testament Background," 563。

約への忠誠に基づく多元性と包括性を内包するものとの理解が、パウロにおけるコリントの教会も、ユダヤ人キリスト者と異邦人キリスト者からなる贖われた真のイスラエルであるとの理解に及ぼしている影響へと進んでゆく[9]。

結論として Beale によれば、II コリント 5–7 章（エフェ 2 章も）に見られる「和解」の思想は、旧約聖書におけるイスラエルの回復の約束の成就に起源をもつ。パウロは、人間にとっての和解の礎であるキリストの死と復活を、イスラエルの回復と新しい創造についての預言者の約束の成就として見ている。人は、究極の捕囚である死を身に負っているが、キリストの復活を神との和解と平和への新しい創造の始まりとするという信仰を、パウロはキリストにあって言い表すのだ、と。そして Beale は、新しい創造と旧約の回復の希望とを結びつける和解に関する議論を、パウロのダマスコ体験におけるキリストとの和解の文脈でとらえている。

以上のように、Beale は、パウロの「和解」理解がイザヤ書 40–66 章の回復の約束と新しい創造に関する思想を背景にしていることを明らかにしている。パウロの思想の旧約的背景を探求する際、Beale はパウロの用いている語彙そのものの対応関係からではなく、文脈や旧約思想における呼応関係を切り口に論じている[10]。これはパウロの「和

9　Beale, "The Old Testament Background," 564 以下。

10　大島力「苦難のメシアと共同体——イザヤ書における贖罪論の背景と展開」『贖罪信仰の社会的影響——旧約から現代の人権法制化へ』（青山学院大学総合研究所キリスト教文化研究部編、教文館、2019 年）17–48 頁において、大島は、イザ 52:13–53:13 の「苦難の僕の詩」について、「贖罪」を表す典型的な語彙（「バーダー」と「ガーアル」）は用いられていないにもかかわらず、内容としてそれを語りだしている

解」理解の旧約聖書的背景を探る際の重要なアプローチの仕方である[11]。

2 「苦難の僕」とパウロの回心に見る和解概念 (S. Kim)

Seyoon Kim も、Beale と同じように、パウロの「和解」概念は、パウロ自身のダマスコ途上での主との個人的な和解の経験に起源を持

ことを文芸学的方法で明らかにし、「苦難の僕による贖罪」思想が、捕囚後のユダヤ共同体の中で、終末的思考を持つ集団に継承され、さらに、ダニエル書に影響を与えて、セレウコス朝シリアによる迫害下でこれと対峙した「目覚めた人々」(マスキリーム) の苦難と死に贖罪的意義を持たせ、その死と復活に光を見る黙示文学的展開へと転じることを論じる。そしてこの展開が、新約聖書への道を開いたことに言及する。大島の研究によって明らかにされた「苦難の僕」の贖罪思想の旧約聖書から新約聖書への展開は、「和解」を表す典型的な語彙を用いずに「和解」の思想の聖書における展開を探求する私たちのプロジェクトへの示唆と指針に富んでいる。

11 従来の聖書学における語義的研究の行き詰まりについては、すでに多くの聖書学者が言及している通りである。例えば、Mark G. Brett, *Biblical Criticism in Crisis?* (Cambridge: Cambridge Univ. Press, 1991) や F. Watson (ed.), *The Open Text: New Directions for Biblical Studies?* (London: SCM Press, 1993) など。パウロの「和解」概念について、この立場から新たなアプローチを提言しているものに Corneliu Constantineanu, *The Social Significance of Reconciliation in Paul's Theology: Narrative Readings in Romans* (Library of New Testament Studies 421; London: T & T Clark, 2010) がある。

つと論じる[12]。Kim は、パウロは καταλλάσσω や καταλλαγή という概念自体はヘレニズム的ユダヤ教から受容しているものの、そのザッヘは第二イザヤの「苦難の僕」にあり、神の和解の業としてのイエスの贖いの苦難と死と並行する、との O. Hofius の議論を踏まえて、次のように結論付ける。1)「和解」は新約において他にはないパウロ的な言語である。2) パウロの「和解」の用法には、ヘレニズム文献とヘレニズム的ユダヤ教の文献の両方の反映が見出されうるものの、パウロが頻繁に用いる、神が人間をご自身と「和解」させられる、という言い回しは、パウロ独自のものであり、パウロの創作的用法と言える。3) II コリント 5:11–21 はパウロのダマスコ途上での回心と召命経験が十全に暗示されている箇所である。4) II コリント 5:11–21 において、神がパウロをご自身と和解されたこと、および、使徒性の弁証において「和解」の使者として立てられたことに関する強調は、彼のダマスコ経験に基づく使徒性の主張に疑義を挟む敵対者への応答であった。

　以上により、パウロは「和解」の隠喩を自身のダマスコ経験から展開したものである、というのである[13]。ただし、この経験を通してパウロは、第二イザヤの「苦難の僕」が、キリストの苦難と死を通して罪人との和解を成し遂げられた神の御業の預言であることを見出し、更に自らが、このキリストと神の御業である和解の務めを担うものと自覚したというのである。

12　Seyoon Kim, "2 Cor. 5:11–21 and the Origin of Paul's Concept of 'Reconciliation'," *Novum Testamentum* 39 (1997), 360–84。Kim のマンチェスター大に 1977 年に提出した博士論文に *The Origin of Paul's Gospel* (Tübingen: Mohr Siebeck, 1981) がある。

13　Kim, "Origin of Paul's Concept," 382 以下。

そこから、イエス伝承に属する「放蕩息子のたとえ話」や最後の晩餐の制定語などと共に、ダマスコ途上でのキリストの啓示を通して与えられた神との和解を経て、パウロはキリストにおける神の和解の教理の真実に堅く立つものとなったと。

パウロの「和解」概念において「苦難の僕」が非常に重要なテクストであったことを明らかにした点で Kim の貢献を大とするが、パウロの独自性に拘泥する余り、旧約聖書の神学的地平の探求が Beale よりも後退していると言わざるをえない。

3 哀歌と第二イザヤにおける相互テクスト性にみる 和解概念 (J. Kaplan)

パウロの「和解」概念における旧約聖書の神学的地平の再認識を促す研究として、J. Kaplan の貢献に触れたい。Kaplan は、II コリントに見られるパウロの和解に関する議論の背景として、イザヤ書 40–66 章に加えて、Beale が見落とし、Kim はじめほとんどの新約学者が見過ごした哀歌 1–2 章の思想的役割に言及する[14]。ちなみに Kaplan は Messianic Jew の信仰的背景を持ち、Harvard 大学の Jon Levenson 教授の下で、「雅歌」の研究で Ph.D を取得した "ヘブライ語聖書" 学者である。Kaplan は、コリント教会の現状を解釈するためのパラダイムとして第二イザヤと哀歌 1–2 章の両方をパウロは用いたと論じて、Beale の主張の一つである旧約預言者の約束とキリストにおける成就

14　Jonathan Kaplan, "Comfort, O Comfort, Corinth: Grief and Comfort in 2 Corinthians 7:5–13a," *HTR* 104 (2011), 433–45.

第 2 部　旧約聖書学の見地から

という図式について批判を加える[15]。Kaplan によれば、第二イザヤと
相互テクスト関係にある哀歌が II コリントにおけるパウロの思想に
与えた影響は大きく、「バビロン捕囚期のイスラエルの、喪失と慰め、
その両方の経験を言い表す言葉が、パウロに、彼自身が経験したコリ
ント教会との関係の破れと和解に神学的意味をもたらす言語表現を提
供した」と論じる[16]。そして哀歌 1–2 章と II コリントの間にある嘆き
の表現の類似性について列挙する[17]。何よりもパウロの思想的背景と
して注目するのは、哀歌全体に響く「慰める者はいない」(1:9, 16, 17,
21; 2:13) との嘆きと、それへの応答として第二イザヤにおいて語ら
れる YHWH の慰めと回復と和解の宣言との呼応関係である[18]。II コ

15　Kaplan, "Comfort, O Comfort," 439. Kaplan は、P. Barnett, *The Second
Epistle to the Corinthians* (NICNT; Grand Rapids: Eerdmans, 1997) が、
この約束―成就の図式ではなく、パウロの使徒職の自己理解のパラダ
イムとして第二イザヤの例を理解しているために、哀歌の役割を見落
としている、と批判している。

16　Kaplan, "Comfort, O Comfort," 440.

17　哀 2:13 と II コリ 11:2、哀 1:14 と II コリ 7:9、哀 1:20–22 と II コリ
1:7; 2:4–5; 7:5、哀 2:18–22 と II コリ 7:12 など。

18　哀歌と第二イザヤにおける「慰め」の呼応関係については、K.M.
O'Connor, "'Speak Tenderly to Jerusalem': Second Isaiah's Reception
and Use of Daughter Zion," *PSB* 20 (1999); N.K. Gottwald, *Studies in
the Book of Lamentations* (SBT 14; London: SCM, 1954); idem., "Social
Class and Ideology in Isaiah 40–55: An Eagletonian Reading," *Semeia*
59 (1992), 43–57; Carol A. Newsom, "Response to Norman K.
Gottwald, 'Social Class and Ideology in Isaiah 40–55: An Eagletonian
Reading,'" *Semeia* 59(1992), 73–78; Patricia Tull Willey, *Remember the
Former Things: The Recollection of Previous Texts in Second Isaiah* (SBLDS
161; Atlanta: Scholars, 1997); J. Blenkinsopp, *Isaiah 40–55* (AB 19A;

リントに見られるパウロのレトリックは、まさに捕囚の民に語り掛けられた第二イザヤの言葉と類似した効果を、コリントの教会にもたらしたというのだ。パウロの慰めのメッセージは、様々な破れに陥っていたコリントの教会にもたらされて、第二イザヤの言葉のように、慰めと赦しと回復を告げるものとなった、と。さらに哀歌と第二イザヤに見られる捕囚による喪失、嘆き、そして帰還による慰めと回復のテーマも、IIコリントにおいて慰めと励ましの言葉へと適用されていることに言及する[19]。

　Kaplanがパウロの思想的背景に哀歌の重要性を論じたことの意義は、苦難と嘆きが和解の本質的な相にあり、また"神的嘆き（Godly Grief）"をもって嘆く共同体にもたらされる慰めが和解のプロセスを構成することを明らかにした点にあると言えよう。言い換えれば、パウロの和解理解に、旧約の嘆きを経た慰めのプロセスがあることを提示した点にKaplanの貢献を見出すことができる。

おわりに

　ここまでの議論から、ひとまず提起しうる暫定的なテーゼを列挙する。

　1）パウロの用いる「和解」概念の旧約聖書的背景は、「語彙」においてではなく、神学的「文脈」において見出される。

　2）パウロの「和解」理解において、第二イザヤ「苦難の僕」テク

　New York: Doubleday, 2002); B.S. Childs, *Isaiah* (OTL; Louisville: WJKP, 2001) など参照。

19　Kaplan, "Comfort, O Comfort," 444。

第 2 部　旧約聖書学の見地から

ストが果たした役割は大きい。

　3）パウロの用いた「和解」概念には、第二イザヤの語る慰めと和解の前提となる、バビロニアの暴虐と捕囚を言語化した哀歌の喪失と破れの嘆きを考慮に入れた和解のプロセスを想定する必要がある[20]。

　4）旧約聖書における「和解」は、Static ではなく、Dynamic に流動性を有する概念とも言える。

　5）旧約聖書における「和解」概念は、定義的にではなく、物語を通して認識されるものである[21]。

20　旧約聖書における「和解」概念において、破れた関係を回復するプロセスととらえる視点については、W.J. Wessels, " 'Return to the Lord Your God, for he is gracious and compassionate...' (Jl 2:13). A prophetic perspective on reconciliation and restoration," *Verbum et Ecclesia* 26 (2005), 308–325 も参照。

21　本論考では扱わなかったが、和解概念の旧約聖書の物語における展開の事例として、他に、創世記における族長たちの兄弟間の葛藤と和解の物語（イサクとイシュマエル、ヤコブとエサウ、ヨセフと兄弟たち）やモーセを仲保者とする神と民の葛藤と和解の物語（民 14–15 章など）等が挙げられよう。規定で定義するよりも物語を通して聞き手や読み手を参与させることで、重要な概念を認知させる例は、「和解」以外にも重要な概念である「罪」に関して見出すことができよう。創 3 章は、いわゆる「原罪」の神学的典拠として言及されることが多いが、この「エデンの園からの追放」の物語には、一切、「罪」を指す語彙は登場してこない。旧約聖書における「罪」を指す語彙は、ハッタート、アヴォーン、ペシャーなどであるが、これらが一つも出てこないのである。それでいて、創 3 章は、確かに神と人間、人と人の間に生起する「罪」を読むもの、聞くものに認識させるのである。語彙が用いられていなくても、概念を語る旧約聖書の特徴が、ここにも表れているといえよう。

以上の暫定的テーゼを踏まえて、本書第 5 章「預言書と諸書における『和解』」では、哀歌とイザヤ書 54 章を対象に探求を深めてゆく。

第3章

W. ブルッゲマン教授に聞く

「和解」とは何か？

右からブルッゲマン教授、妻のメアリーさん、左近

　本稿は、現代を代表する旧約聖書学者であり神学者であるウォルター・ブルッゲマン（Walter Brueggemann）教授を訪ねて行った「和解」を巡るインタヴューを翻訳したものである。ミシガン州の北部に

64

ある Traverse City という穏やかで長閑な街で静かな日々を送ってお
られた。招き入れられたお宅のリビングでしばし語らい、お茶を囲み
ながらテーブル越しに「旧約聖書における和解」をテーマに話し合っ
た。これまでに 100 冊を超える著書と、数えきれないほどの論文を
世に問うてきた世界的な聖書学者の知見に触れられたことは、この上
ない幸いであった。

　ブルッゲマン先生との出会いは、25 年前にさかのぼる。アトラン
タ郊外にあるコロンビア神学大学院で、英語圏を代表する旧約学者と
して、600 頁を超える大著 *Theology of the Old Testament: Testimony,
Dispute, Advocacy*（Minneapolis: Fortress Press, 1997）を出版し、学界
にセンセーションを巻き起こしていた先生の最も円熟した時期に、謦
咳に接する幸いに恵まれた。夏休みの終わりの閑散としたキャンパス
の研究室に先生を訪ね、ドアをノックするや、中から大きな体で両手
をいっぱいに広げて先生は私を迎え入れ、「よく来た！ よく来た！」
「これから一緒に旧約聖書の世界を探求しよう！」……。他にもたく
さんおっしゃられたが、緊張と英語力の乏しさで、覚えているのは先
生の満面の笑みと低いバリトンの声の響きのみである。

　ブルッゲマン教授は、1950 年代後半に、当時 R. ニーバーや P. ティ
リッヒといった著名なキリスト教神学者を擁し、全世界から多くの
研究者が集っていたニューヨーク・ユニオン神学大学院で、日本から
十戒の研究のために博士課程に留学していた私の父（左近淑）と机を
並べ、尊敬し合う仲は 1990 年に父が逝去するまで続いた。先生は、
折に触れて、ご自分の友人たちを紹介してくださった。ドイツの聖書
学者ゲルステンベルガーや、米国プリンストンの旧約学者 P.D. ミラ
ーも含まれ、後の Ph.D 課程での研究へとつながる関係を築いてくだ
さった。さらに、将来旧約聖書学の領域で互いに切磋琢磨できるよう
に、と何人かの教え子たちをご自宅に集めてのディナーに毎年、妻と
私を招いてくださり、将来日本に帰っても、海を越えて研究のネット

第 2 部　旧約聖書学の見地から

ワークを構築できるようにと心を配ってくださった。2015 年に出版された先生への献呈論文集には、その時の仲間たちが一緒に論文を寄せ合った。J. Kaplan and R. Williamson Jr. eds., *Imagination, Ideology, and Inspiration: Echoes of Brueggemann in a New Generation*（Sheffield: Sheffield Phoenix Press, 2015）である。

　ブルッゲマン教授とのインタヴューを通して、現代における「和解」を思索する視座として、旧約聖書内においてせめぎあう核心的神話（Core Myth）間の緊張と対話を示されたことは、聖書的な和解理解において示唆に富んでいると言えよう。　　　　　　（左近　豊）

拮抗する二つの物語

　左近　旧約聖書学的視点から「和解」を定義するとしたら、どのように言うことができますか？

　ブルッゲマン　敵対関係にある者との、そして神との間に平和を造り出すこと、と言えるでしょう。

　左近　現代の状況において、分断と紛争における「和解」はどのようになしとげられるでしょうか？
　特にそれぞれが背後に「神話」的な物語を以て互いに反目する場合、「和解」は可能でしょうか？　例えばロシアのプーチン大統領はキエフ＝ルーシ神話（物語）を国家の物語としており、西欧はリベラル民主主義的物語を掲げて、異なる物語と物語の対立が戦争となっています。
　それぞれの文化にはそれぞれの物語があります。このような相反する象徴的（シンボリック）な物語間で「和解」はどのように可能となるでしょうか？

66

第 3 章　W. ブルッゲマン教授に聞く　「和解」とは何か？

　ブルッゲマン　両者がまずそれぞれの核心的神話（Core Myth）を
再考しようという意志を持ち、別の核心的神話との折り合いをつける
努力をしようとしなければならないと考えます。それは、どちらもが
自分の核心的神話を絶対的なものと主張せず、また相手と一切の関係
を断つということをしないことです。
　ご存知のように旧約聖書にはモーセ契約という核心的神話があり、
ダビデ王権物語という別の核心的神話があります[1]。これらは意図的に
存在していて、旧約聖書は、このモーセ物語とダビデ・ソロモン物語
の終わることなき折衝（negotiating）関係の中に置かれていると言っ
ていいでしょう。ただしモーセ的核心神話は、より流動的で柔軟であ
り、私が思うに、新しく生起する事柄や新しい展開というものに対し
てより広く開かれていると言えます。
　ところで和解のプロセスというものは、一つには、共に食卓を囲む、

1　「モーセ（契約）物語」と「ダビデ（王権）物語」の対照について、詳し
　くは W. Brueggemann, *Theology of the Old Testament: Testimony, Dispute,*
　Advocacy (Minneapolis: Fortress, 1997) の Part IV: Israel's Embodied
　Testimony において、YHWH の存在を仲保する証言として挙げられ
　ている The Torah as Mediator（同書 578–99 頁）及び The King as
　Mediator（同書 600–21 頁）の議論を参照せよ。ちなみに Brueggemann
　は、これら「トーラー（モーセ）」と「王（ダビデ）」以外に「預言者」、
　「祭儀」、「知恵」による「証言（Testimony）」を YHWH の存在の仲保を
　担うものとして取り上げている（同書 622–94 頁）。邦訳された
　Brueggemann の『旧約聖書神学用語辞典──響き合う信仰』（小友聡／
　左近豊監訳、日本キリスト教団出版局、2015 年）の「王権／王制」「ダ
　ビデ」「トーラー」「モーセ」の項目には上記の書を踏まえた簡潔な論述が
　なされているので参照されたい。

67

一緒に食べるという実践的側面に依拠していると思うのです。（王下
6章で）シリア（アラム）と対峙したエリシャの話を思い起こしてみ
てください。イスラエルの王はすべてのシリア人を殺してしまおうと
するのですが、エリシャはそれを止めて、代わりに盛大な祝宴をもよ
おすよう命じます（6:23）。人々は平安のうちにそれぞれの家に帰る
のです。食事に伴って、皆は、誰に恩義があり、誰に借りがあるのか
を見出すことになります。ですから折衝において、より強い側が率先
して過去の残虐行為や搾取などに対して賠償することをよしとせねば
ならないと思うのです。

　ヨベルの年の規定を思い起こしてみれば、申命記が言っているのは、
富裕者と貧困者の間の平和（peace）というのは、お金持ちが貧しい
人たちに、その搾取したものを返さない限り訪れないということです
ね。

　左近　余り性急に関連付けることは控えたいのですが、あえてウク
ライナ戦争を考えてみると、西欧側がいわば富裕者であり、和解のプ
ロセスは力を有している側から始まると言えますね。

　ブルッゲマン　本当にその通りです。もし西側と米国が、かなり踏
み込んだ寛容（generosity）のジェスチャーを示すならば、議論の行
方に大きな変化をもたらすでしょう。

　左近　もし核となる神話が余りに強力すぎる場合、例えばモーセ的
物語とダビデ的物語の双方が非常に強力な場合、一方のモーセ的物語
は比較的柔軟で新しさに開かれているのに対して、ダビデ的物語はそ
うではない、にもかかわらず両者が拮抗するとしたら、どのようにこ
れらの2つの物語は共存できるのでしょうか？

第3章　W. ブルッゲマン教授に聞く　「和解」とは何か？

　ブルッゲマン　それこそが大きな問題なのです。思うに、（新約聖書の）イエスは、モーセ的伝統に立つと理解されていたと思うのですが、教会はダビデ的伝統にイエスを寄せ続けてきたのです。カルヴァンが預言者、祭司、王としてイエスを捉えていたことは知られていますが、主イエスはそれほど王的とは言えないのではないでしょうか？

　けれども教会は当初よりイエスを王的なものと関連づけてきました。マタイ福音書は冒頭の系図でイエスをダビデと関連づけているように見えますが、実際にはイエスとヨセフの間には父子関係はなく、ダビデの系図とは断絶していますよね。

　モーセ的伝統は申命記にとても顕著ですが、このトーラーの伝統は継続的に解釈され、再解釈されながら更新されてきました。それはフォン・ラートが指摘している点です。対してレビ記には祭司的伝統、王的伝統が顕著にありますが、それはそこに固着していて、徐々に変化することも、発展することもないのです。非常に絶対的で、厳としてそこにあるのです。

　主イエスは山上の説教で、「かつては……と言われていたが、私は言う」とおっしゃっていますが、これは、この伝統の持つ本来的な進展形態の踏襲なのです。ですから、この伝統の持つ動的なダイナミズムは、私たちに終わりなき折衝（negotiation）を促すのです。

契約関係と和解

　左近　ありがとうございます。ところで、私たちのプロジェクトメンバーの一人である新約聖書学者が、パウロの和解概念には結婚のメタファーが用いられていることを論じています。もしそうであるならば、これは契約関係、契約のメタファーが「和解」と関連すると考えられると思うのですが、旧約聖書における契約のメタファーと「和解」概念の関連性について、先生のお考えをお聞かせください。

69

第 2 部　旧約聖書学の見地から

ブルッゲマン　それはまさに、ホセアがしようとしていることと言えます。ホセア書 2 章などにも出てきますが、古代の父性社会においてYHWH は夫であり、より力を持つ側であり、2 章の最初の部分での離婚後、夫である YHWH の側が転じて、淫行の妻イスラエルを激しく求め、正義と公正と慈しみと憐れみと真実をもって再婚するのです。そして 11 章で、この関係が、夫婦から親子へと入れ替わるのです。YHWH は怒り、憤っているのですが、唐突に、「ああ、そうできない！」「なぜなら愛しているから！」とおっしゃる。これは親子関係ではありますが、結婚関係でも起こるものと考えていいでしょう。

　左近　旧約聖書における結婚関係のメタファー、そして親子関係のメタファーが「和解」を考える際の手がかりとなることの示唆をいただき、感謝です。
　ここで更なる問いがあります。旧約聖書における「和解」は、他の旧約聖書的概念、例えば贖罪、正義、赦し、妥協（compromise）などと関係づけられるでしょうか？

　ブルッゲマン　非常に複雑に絡み合う問題だと思います。ただここでも預言者的、祭司的、王的なあり方を考慮に入れることが有益だと思いますよ。祭司的なものとしてはキップール[2]、つまり罪責に関する秘跡的（sacramental）なプロセスがあります。しかし明らかに預言者

2　レビ記 16 章や 23 章などに規定された「贖罪の日」のこと。「キップール」はヘブライ語動詞「カーファル」、すなわち「（罪を）覆う、赦す」を語源とする。

70

的伝統は、基本的に修復的（reparation）なものと言えます。申命記15章のヨベルの規定などに見られますね。王的なものについては恩赦や赦しと関連すると言えます。王が「私はあなたを赦す」と宣言する存在であり、あなたが犯した大罪にもかかわらず、むしろ私は関係を持ち、あなたはむしろ、その私を認めることになる、と。

私はパウロ研究の専門家ではありませんが、おそらくそれらのイメージをいろいろな異なる文脈で用いていることは確かだと思います。主イエスも供え物をささげようとして、きょうだいが自分に恨みを抱いていることを思い出したなら、まず行って、きょうだいと仲直りして、それから供え物をささげなさい、と言われていますね（マタ5:23以下）。

ここで興味深いのは、「和解」が、具体的な（material）行為に依拠している、ということです。食事であったり、支払いであったり。ですから、ただ考えるとか、ただ言葉にするとかでなく、何かをする、ということです。行為だ、ということです。

左近　新約聖書における「和解」の概念は、旧約にさかのぼるとすれば、第二イザヤに至る、とくに神とイスラエルの和解に関して「苦難の僕」によってもたらされると考えることができると思うのですがいかがでしょう。

ブルッゲマン　そうだと思います。

左近　この「苦難の僕」と「和解」について何かお考えがあれば聞かせてください。

ブルッゲマン　私は、その関連については非常に難しいと思う。ただし、「苦難の僕」は、両者に平和をもたらすために架けられる、断

第 2 部　旧約聖書学の見地から

絶をまたぐリスクを伴う架け橋（risky reach）だと思います。ですから「僕」が誰であったとしても、非常に vulnerable な（傷つきやすい）存在とならざるをえないのです。力を持つ側の者たちにとっては、vulnerable となることは非常に困難なこと（hard）です。

　フィリピの信徒への手紙でキリストが神の形でありながら、かえって自分を無にして僕の形をとり、へりくだられたとあるように、「和解」のためには、力ある者こそが、その力において自分を無にしなければならないと思うのです。

新たな創造としての和解

　左近　あと 2 問あります。「和解」は崩壊後の世界における新しい創造の回復とも言えるでしょうか？

　ブルッゲマン　そう思いますよ。新しい創造とは、神が世を新しい仕方で愛されたことを意味しています。それは、新しい可能性を創造されたということです。ただ、そうするために、神は、私は世に怒りを以て関わるのではなく、（その怒りが至極当然であるけれど）私はそのような仕方で臨むことはない、と言われるのです。私が建設的に臨むのは、むしろ新しい世界を望むからだ、と。

　より強い力を持つ側が、怒りに身を任せる（enjoy）のではなく、新しい関係を持つことを望む、ということです。時に私たちは怒りを楽しむ（enjoy）ものね。

　左近　ジョナサン・カプラン（Jonathan Kaplan）がかつて *HTR*（*Harvard Theological Review*）に書いた論文を読んだのですが、彼はパウロの「和解」概念の背景に第二イザヤのみならず、哀歌をも第二コリントの「和解」概念と関連するルーツとして認識しているのです。

72

第 3 章　W. ブルッゲマン教授に聞く　「和解」とは何か？

彼は哀歌と第二イザヤに見られる「喪失—慰め」のモチーフ（哀歌の「慰めはない」とイザヤ書 40 章の「慰めよ、慰めよ」）が、パウロのコリント教会との「破れ（亀裂）と和解」の経験と関連することを論じています。そしてパウロのメッセージが、第二イザヤが捕囚の民にもたらしたのと似た影響を、コリント教会にもたらしたと見ています。両者が経験した慰めと赦しと回復において、苦しみと嘆きが、和解へのかけがえのないプロセスとなった、というのが彼の主張です。

　ブルッゲマン　そう、そう。その通りだと思いますね。いま、哀歌の「慰められることはない」について取り組んでいます。そこで考えているのは、慰めを与えることも、慰めを受けることも、性急にはできない、ということです。ゆっくりゆかざるを得ません。和解へ至る緩慢さ（slowness）の必要性について取り組んでいるのです。そこには本当に時間が必要です。時間を与えなければならない、そうしなければ和解はもたらされません。

　左近　確かに哀歌から第二イザヤまでには久しい年月が必要でした。

　ブルッゲマン　本当にその通りだと思いますよ。

　左近　先生、今日はお時間をいただき、久しぶりに先生の旧約のレクチャーを聴く幸いに恵まれました。心から感謝いたします。

2023 年 3 月 21 日（火）14:30–15:30
W. ブルッゲマン教授宅（Traverse City, MI）にて
聞き手・翻訳：左近　豊

第4章

律法における「和解」

創世記 20 章を手掛かりに [1]

藤田潤一郎

---

1 本稿は、拙稿 "Intercession in the Old Testament: A reading of *Genesis* 20 and *Deuteronomy* 9," *Kanto Gakuin Law Review*, Vol. 33 (No. 3–4), 2024 の前半部を礎としている。しかしながら、この共著の特質を踏まえ内容を再構成し、かつ本稿に内在した考察を行っている。ここで、本稿の題名について説明しておく。第 1 節に題したように、私自身は、旧約聖書の中で和解を主題化するのは極めて困難であると考えている。ゆえに、論考の内容に沿った題名を付けるとすれば、上記英語論文の通り「旧約聖書における執り成しを巡る一考察」となろう。しかしながら、「聖書における和解の思想」をテーマに掲げた共同研究の成果である本書全体の整合性を念頭に、本稿の題名を付けた。従って本稿は、律法（五書）における和解概念の解明を企図してはいない。

　なお、本稿における創世記以外の旧新約聖書の訳文は、聖書協会共同訳を参照しているが、原文解釈の観点から適宜修正を加えている。創世記は、日本語を含む複数の言語の聖書翻訳を参考にしてはいるものの、マソラ本文に基づく拙訳である。

1 旧約聖書の中で和解について考えることの難しさ

1-1 本稿の背景

「和解（する）」を意味するギリシア語である動詞 καταλλάσσω や名詞 καταλλαγή が新約聖書の文書で用いられるのは、真正パウロ書簡においてである。具体的には、ローマ 5:10–11; 11:15; I コリント 7:11、そして II コリント 5:18–20 を挙げることができる。それに対して、旧約聖書正典のヘブライ語本文（マソラ本文）に「和解（する）」を意味する語を見出すことはできない。興味深いことに、ユダヤ教について英語で著された最も包括的な百科事典である *Encyclopaedia Judaica* の第 1 版（1971–72）、第 2 版（2007）ともに「和解」の項目は存在しない。これらのことを踏まえ、「聖書における『和解』の思想」研究会で 2021 年 9 月 24 日に私が行った報告「旧約聖書における『和解』の不在——『贖罪』に着目して」[2] では、「和解」の思想的水脈を旧約聖書の正典やアポクリファ（続編）に見出そうとする語源学的なアプローチも、第二イザヤにおける「苦難の僕」（とりわけ 53 章）に着目し、旧約聖書における和解及びその主体を予型論的に考える道も選ばなかった[3]。新約聖書における καταλλάσσω や καταλλαγή はパウロに顕

---

2 オンラインで行った報告の内容を基にした論考が次である。拙稿 "Absence of the Notion of Reconciliation in the Old Testament," *Kanto Gakuin Law Review*, Vol. 32 (No. 1–4), 2023, 109–65.

3 イザ 53 章における「苦難の僕（Der leidende Gottesknecht）」の予型論的な解釈は、古代教父に遡る。イザ 53 章を巡るそのような解釈史に関する簡にして要を得た研究として、次のものがある。C. Markschies, "Der Mensch Jesus Christus im Angesicht Gottes: Zwei Modelle des

第2部　旧約聖書学の見地から

著な概念であり、新約聖書学において贖罪と和解は不可分の関係の下に捉えられることがしばしばあるが、上述のように旧約聖書正典の本文には和解を含意する言葉はない。それゆえに、「贖罪」[4] に着目し、レビ記16章とヨナ書3章後半から4章を巡る解釈学的な考察を行った。それは、パウロの和解概念──それ自体が大きな主題である──を所与とした解釈学的循環を回避し、「贖罪」を巡るイスラエルの民の自己認識を析出する為であった。

1-2　日本語の「和解」がもつ曖昧さ

この共同研究において大宮謙氏は、マタイ 5:21–26 とルカ 12:57–

Veständnisses von Jes 53 in der patristischen Literatur und deren Entwicklung," B. Janowski und P. Stuhlmacher (Hrg.), *Der leidende Gottesknecht* (FAT 14), Tübingen: Mohr Siebeck, 1996. 他方、「W. ブルッゲマン教授に聞く 『和解』とは何か?」(本書第3章所収)で、「『苦難の僕』と『和解』について何かお考えがあれば聞かせてください」という左近豊氏の問いに対し、ブルッゲマン教授は「私は、その関連については非常に難しいと思う」と答えている(本書71頁)。その根拠はインタビューで示されてはいないが、直後に同教授が展開している思考は、「傷つきやすさ(vulnerability)」を鍵概念としている。このことは、直接の関連性を見出すことが至難である「苦難の僕」と「和解」を関連づけようとする場合、何らかの概念を間に介在させる必要があり、その概念として「傷つきやすさ」がある、という同教授の考えを示していよう。但し、ブルッゲマンがレヴィナスの vulnérabilité を念頭に置いているか、インタビューからは分からない。

4　本共同研究に先立って遂行された青山学院大学総合研究所の研究プロジェクトのテーマは贖罪であり、研究成果が次である。青山学院大学総合研究所キリスト教文化研究部編『贖罪信仰の社会的影響──旧約から現代の人権法制化へ』教文館、2019年。

59 に着目して考察を開始した。確かに、真正パウロ書簡に用いられている καταλλάσσω や καταλλαγή を手掛かりにするのではなく、福音書、第二パウロ書簡さらには公同書簡の中に和解というテーマを見出すアプローチはある。しかしながら、いかなるアプローチを採ろうと看過するべきでないのが、日本語の「和解」が内包する曖昧さである。他動詞であり直接目的語を取る英語やフランス語の「和解する（reconcile/réconcilier）」、あるいは他動詞と自動詞の両方があるドイツ語の「和解する（versöhnen［自動詞の場合、前置詞 mit を伴う］）」と異なり、日本語では「誰が誰と（ドイツ語の mit やフランス語の avec）」和解するのかについて問うことなく「和解（する）」という表現を用いることができる。西欧の諸言語のように他動詞、ないし前置詞を伴う自動詞で用いられる「和解する」であれば不可欠である、和解に関わる複数の主体についての検討を行わずとも、和解について日本語で考えることができるのは、一面で考察を容易にするが、他面でその考察がどのような主体（当事者）を巡ってなされているのかを次第に見失う可能性がある。

　それゆえ、聖書テクストの解釈において和解という概念を用いる場合、和解の主体[5]の相違に留意する必要がある。大別して二つの視座

5　辻学氏が 2023 年 3 月 10 日にこの研究会で行った報告の題は、「誰と誰の和解か？──パウロ的『和解』概念の発展と継承」であった（本書第 9 章所収）。共に καταλλάσσω や καταλλαγή の語を有するローマ書と II コリント書について、「神の子であるキリストの死による、神とこの世との和解という神学理論へと発展」した前者（本書 238 頁）と、「パウロ自身と教会との不和が叙述の背景にあった」後者（本書 237 頁）という言辞は、自らが立てた主題を同氏が明確に意識していることを示す。

第 2 部　旧約聖書学の見地から

から考えることができよう。

　　　　a）神と人の間の関係性
　　　　b）人と人の間の関係性[6]

　新約聖書の諸文書における倫理について、今世紀に入ってドイツ語
圏で最も浩瀚な書物[7]をものした M. コンラートは、著作の索引の中
で Versöhnung を二つに分けている。

Versöhnung → Sündenvergebung durch Gott

　　　　　　　　　　　　　　（和解／贖罪→神による罪の赦し）
Versöhnung, zwischenmenschlich[8]　（和解、人間の間の）

　この区別は、コンラートが和解の当事者の相違を意識している表れ
である。なお、ドイツ語には英語の atonement（贖罪）に相当する語

6　「彼らが捨てられることが世界の和解（καταλλαγὴ κόσμου）となるなら、
　受け入れられることは死者の中からの命でなくて何でしょう」（ロマ
　11:15）。辻氏によればパウロは、「II コリント書で特定の状況から生ま
　れた和解の概念」──「自分（たち）との和解が神との和解でもある、
　という論理」──を、「神の救済行為におけるユダヤ人と異邦人との関
　係という文脈の中に位置づけ」ている（本書 238、249 頁）。我々が記
　した a と b の結節点が、イエスの行為なのである。

7　M. Konradt, *Ethik im Neuen Testament*, Göttingen: Vandenhoeck u.
　Ruprecht, 2022.

8　Ibid., 540. 「倫理」という主題を設定したコンラートは、まずパウロ
　書簡（真正および第二）にかなりの紙幅を割いた後で、福音書、公同
　書簡の順で考究している。

がなく、Versöhnung は、英語の reconciliation と atonement の両方
を意味する（フランス語では各々 réconciliation と expiation）。索引の上
段の Versöhnung は「和解」と「贖罪」の両方を含意するのに対し、
下の Versöhnung は「和解」に限定される。以上のことは、日本語で
和解について考える際に留意せねばならない。

1-3　本稿の課題

既述のように、*Encyclopaedia Judaica* 第 1 版、第 2 版共に「和解」
の項目がない。にもかかわらず、興味深いことに第 2 版では、贖罪
を説明する際にユダヤ教における贖罪の概念を「和解」に言い換えて
いる[9]。

　「贖罪（atonement）という英語（語源的には at、one、ment に分けら
　れる）は、［この語が依拠している］ユダヤ教の<u>贖罪すなわち</u>（i.e［id
　est―藤田補足］）<u>神との和解という概念</u>をかなり受け継いでいる」[10]。
　この説明では、「贖罪（atonement）[11]」が「神との和解（reconciliation）」

9　この点は既に指摘した。拙稿 "Absence of the Notion of Reconciliation
　in the Old Testament," 118.

10　F. Skolnik (editor in chief), *Encyclopaedia Judaica*, second edition,
　Farmington Hills: Thomson Gale and Macmillan Reference, 2007, vol.
　2, 644. 最重要項目のため、一人の執筆者ではなく、編集委員が協同し
　て執筆している。なお本稿において、下線は断りのない限り執筆者
　（藤田）による。

11　森島豊によれば、「我々が確認できることは、atonement という言葉を
　『神学的』に最初に用いたのがティンダルだと言うことである。聖書の
　翻訳には神学的な解釈を必要とする。彼は『和解』の訳語として採用
　したその言葉を、贖罪の思想に結びつけて用いたのである」（森島
　「atonement の神学的意味の変遷とその影響」、前掲『贖罪信仰の社会

第2部　旧約聖書学の見地から

に言い換えられている。明らかにここでの「和解」の当事者は神と人間である。贖罪という重要項目を執筆した編集委員らは、（超）正統派や保守派、改革派といったユダヤ教内部での差異を十分認識した上で、神と人間（狭義にはイスラエルの民）の関係性の如何が決定的な重要性をもつユダヤ教における贖罪を説明する際に、キリスト教の和解概念を援用した。上の文章の構造が示す通り、彼らの思考の中で、贖罪と和解という二概念の前後関係（価値の優劣ではなく）は、贖罪が先で和解が後であって、逆ではない。このことは確認しておく必要がある。

　神と人間の関係性は旧約聖書の根幹にある。しかしながら注1で述べたように、旧約聖書において和解を主題化することは極めて困難である。そこで本稿では、まず、パウロが「和解」の語を用いるテクストから示唆を得て、旧約聖書における神と人間の関係性を考察するのに適切な鍵概念を見出す。その上で、その語が用いられたヘブライ語テクストを解釈すること。以上が、次節と第3節の課題である。

2　本稿において着目する動詞

　「敵であったときでさえ、その御子の死によって私たちは神と和解した（κατηλλάγημεν τῷ θεῷ διὰ τοῦ θανάτου τοῦ υἱοῦ αὐτοῦ）のであれば、和解した者（καταλλαγέντες）は、御子の命によって救われるのはなお

的影響』172頁）。森島は、atoneという語が「和解という意味で既に1100年代に使われていたこと」を、典拠を添えて指摘している（同頁）。贖罪を和解と結びつけるか、それとも和解を贖罪と結びつけるか。*Encyclopaedia Judaica* 第二版の贖罪の説明文に登場する「すなわち（i.e）」の背後には、根源的な問いが存する。

さらです」（ロマ 5:10）。

　ローマ書 5 章のこの文章は、敵対関係にあった「私たち」と神との和解が、「〜によって」を意味する前置詞 διά で示される第三の存在の媒介によって実現されることを、明確に示す。第三の存在とは自らの命を捧げた「その（神の）子」すなわちイエス・キリストの死である。しかるに、「和解（する）」という意味でパウロが用いた動詞 καταλλάσσω や名詞 καταλλαγή に相当するヘブライ語は、旧約聖書のマソラ本文の中にない。もっとも、旧約聖書の諸文書は、ヤハウェ信仰から離反するイスラエルの民と神の間の関係性を随所で主題化している。そして、両者に対立関係が起こった際に、両者の間に立って執り成そうとする第三者 [12] が登場することがある。

12　「執り成し」を意味する英語やフランス語の intercession、ドイツ語の Interzession のいずれも inter（間）という接頭辞を有することは、確認しておく価値がある。ところで、「執り成し」の類語は、「仲介」である。日本語コンコルダンスのある新共同訳で「仲介者」は、ガラ 3:19, 20; I テモ 2:5; ヘブ 8:6; 9:15; 12:24 の計 6 か所で用いられている。ガラ 3:19 は「では、律法とは何なのでしょうか」という問いから始まる。律法は、「天使たちを通し、仲介者の手を経て（ἐν χειρὶ μεσίτου）制定されたものにすぎません」。「仲介者というものは、一人で事を運ぶ場合には要りません。約束については、神はひとりで事を運ばれたのです」（3:19–20）。パウロは καταλλαγή（和解）と μεσίτης（仲介者）を、明確な意図をもって使い分けている。ロマ 5:10 の「神の子」は、仲介者ではない。テモテ書の著者問題を措くとしても、ガラ 3:19–20 と、「神は唯一であり、神と人との仲介者も唯一であって、それは人であるキリスト・イエスです」（I テモ 2:5）は、「一（ヘイス）」と「仲介者（メシテース）」の関係性の捉え方が根本的に異なっている。さらにヘブ 9:15 でのイエス・キリストは、最初の律法と「新しい契約の仲介者（διαθήκης καινῆς μεσίτης）」である。なお、七十人訳でメシテースが用

第 2 部　旧約聖書学の見地から

　まずは、「アブラハムの執り成し」としばしば呼ばれる創世記 18
章後半が想起されよう。実際、新共同訳の「ソドムのための執り成
し」を受けて、聖書協会共同訳では「アブラハムの執り成し」という
見出し語が、18 章 16 節から 33 節に至る単元に添えられている[13]。た
だし、18 章 16 節から 33 節にはヤハウェとアブラハムの対話が記さ
れているのであって、アブラハムが「執り成した」行為を直截に示す
動詞や名詞はマソラ本文にない。アブラハムがヤハウェとソドムの
人々の間を「執り成した」という理解は、「10 人のために［ソドムの
町を］壊すことをわたしはしない（אשחית：ヒフィル）」というヤハウ
ェの結語（32 節）に着目し、単元全体の含意を帰納的に導き出したも
のである[14]。

　しかしながら、創世記には、「執り成す」のみならず「嘆願する」
や「祈る」という意味をも有する動詞が登場する箇所がある。それは
20 章 7 節、17 節及び 48 章 11 節であり、その動詞とは פלל（パーラ
ル）である。以下に、英独の 3 つのヘブライ語辞書による語義説明を
紹介する。

　　いられているのは、ヨブ 9:33「我々の仲介者がいればよいのだが
　　（εἴθε ἦν ὁ μεσίτης ἡμῶν）」である。「我々の間には仲裁者がいない」と
　　いうマソラ本文に比べ、ヨブの願望が強調されている（「仲介者」のヘ
　　ブライ語はモーキーアハ）。

13　TOB は聖書協会共同訳と同じ "Intercession d'Abraham (vv. 16–29)"、
　　LB は "Abrahams Fürbitte für Sodom (vv. 16–33)"。一方 NIV（新国際
　　版）は、"Abraham Pleads for Sodom (vv. 16–33)"。NRSV とドイツ語
　　共同訳（EHS）、Jewish Publication Society（JPS）は 20 章を単元に分
　　けず、章全体のタイトルも付していない。

14　それゆえ、「ソドムに対するアブラハムの嘆願」と題する LB や NIV
　　（「嘆願」を意味する語は順に Fürbitte、plead）の方が本文に即している。

第 4 章　律法における「和解」（藤田潤一郎）

HALOT: Piel 1) to pronounce judgement, 2) to be arbitrator, intercessor; Hithpael 1) to act as an advocate, 2)-a. to make intercession for, act as an intercessor for. 2)-b. pray.

BDB: Piel (to meditate, judge, and arbitrate); Hithpael (to intercede, pray)

Gesenius: Piel (richten, entscheiden); Hitphael (beten, flehen)

いずれの辞書でも、ピエル（強意）では「裁く」「仲裁する」、ヒトパエル（ピエルの再帰形）では「執り成す」「祈る」[15] という語義が כלל に与えられていることを確認しておきたい。以下では、辞書のこのよ

15　「執り成す」と「祈る」は類義語とは言い難いが、キリスト教徒にとってはそうではない。「執り成しの祈り」は、ローマ・カトリック教会とプロテスタント教会のいずれでもなされる。カトリック教会のカテキスム 2634 から 2636 に付されているタイトルは Oratio intercessionis（執り成しの祈り）であり、2634 は Intercessio oratio est petitionis quae nos orationi Iesu prope conformat（執り成しとは、懇願の祈りであり、懇願することは私たちを祈りへと［導く。］まさしくイエスがされたように）という一文から始まる。Cf. *Cathechismus Catholicae Ecclesiae*, Vatican: Libreria Editrice Vaticana, 1997, 664.「執り成し」と「祈り」が est で結ばれ同格の関係が成立するのは、直後の文にある通りイエス・キリストという「すべての人のために父に執り成したただ一人の方（unus est intercessor apud Patrem pro omibus hominibus）」が存在するからである。それゆえ、旧約聖書の文書における כלל を理解しようとする際、「執り成し」と「祈り」が同格の関係にあるキリスト教を前提とした読解は避けねばならない。他方で、「仲介者としての預言者」という概念を与件として創 20 章を読み込むことも控える必要がある。

第 2 部　旧約聖書学の見地から

うな説明を参考にしつつも、日本語を含む諸言語の聖書翻訳を所与とせず、פלל（パーラル）が二度登場する創世記 20 章のマソラ本文の読解を試みる。拙訳は、テクストの読解を進めるための礎である。

3　創世記 20 章

3-1　「だから、その男の妻を返しなさい」（20:7）

ועתה השב אשת־האיש כי־נביא הוא <u>ויתפלל</u> בעדך וחיה ואם־אינך משיב דע כי־מות תמות אתה וכל־אשר־לך

「だから、その男の妻を［彼に］返しなさい。というのは、この男は預言者であるから、お前のために執り成してくれるからである。そうすれば、お前は生きることができよう。だがもしお前が彼女を返さなければ、覚悟しなさい。おまえは死ぬことになる、おまえの手にある全てのものも」。

　7 節のこの言葉は、ゲラルの王アビメレクに対する神（エローヒーム：6 節）の言である。יתפלל はヒトパエルの未完了三人称男性単数である。理由を示す接続詞キー以降の節を、英独仏の代表的な聖書は次のように訳している。

　TOB（フランス語共同訳）: car c'est un prophète (sc. Abraham) qui <u>intercédera en ta faveur</u> pour que tu vive

　EHS（ドイツ語共同訳）: denn er ist ein Prophet. Er wird <u>für dich eintreten</u>, daß du am Leben bleibst

　LB（ルター訳）: denn er ist ein Prophet, und lass ihn <u>für dich bitten</u>

　NRSV（新改訂標準訳）: for he is a prophet, and <u>he will pray for you</u> and you shall live

第 4 章　律法における「和解」（藤田潤一郎）

　このように、TOB は「執り成す（intercéder）」、EHS が「弁護する
（eintreten）」、そして LB と NRSV は「祈る（bitten, pray）」と訳して
いる。「執り成す」を前提とした議論を避けるため、「弁護する」と
「祈る」という理解に対して吟味を加える。

1　アブラハムがアビメレクのために「弁護する」
　→この場合、アブラハムはアビメレクに奸知を働かせる（サラに
　「彼はわが兄（אחי）」と言わせる＝ 20:5）当の本人であるにもかか
　わらず、当の相手を弁護する者でもあると、神が認めていること
　になる。

2　アブラハムがアビメレクのために「祈る」
　→ 1 に見られる違和感はないものの、アブラハムが自分以外の
　者のために祈る（あるいは懇願する）という、キリスト教におけ
　る「執り成しの祈り」に近い。神名がヤハウェである 18 節を除
　き E 資料と考えられてきた[16] 20 章のこの章句が、カトリック教

────────────────

16　18 節の神名はヤハウィストに特徴的な「ヤハウェ」であり、しかも内
　容的に 17 節とは全く逆の内容を持つ。「そこで、ヤハウェはアブラハ
　ムの妻サラのゆえに、アビメレクの家のすべての［女たちの］胎を固
　く閉ざした」（原文は「閉ざす עצר」を重ねて用いることで強調してい
　る）。「すべての胎」という表現から、「アビメレクの家」の「家（ベー
　ト）」は、アビメレク自身の家ではなく、彼が治めるゲラルの地と解す
　べきであろう。シュパイザー（Speiser）は、1 節から 18 節全体を E と
　する。E.A. Speiser, *Genesis* (AB 1), 150.「これは、E の手によって（恐
　らくはより古い断片から）最初に繋ぎ合わされた物語（ナラティヴ）
　である」。ヤハウェの名で終わる 20 章を、ヤハウィストによって全体
　的な編集がなされるより前の（antidating）部分と捉える立場がある。

第 2 部　旧約聖書学の見地から

会のカテキスムの「執り成しの祈り」の教理に記された「アブラ
ハム以来（ab Abraham）」[17] をまさしく示すと解するのは、キリス
ト教神学から捉えた創世記 20 章解釈としてはありうるが、旧約
聖書の律法（トーラー）のテクスト解釈としては性急に過ぎる[18]。

一方で、20 章は独立した E ではなく、12:10–20 を下敷きにしており、
J の一部であるとする研究者（Van Seters）もいる。Cf. G. Wenham,
Genesis 16–50 (WBC 2), 68.

17　Cf. *Cathechismus Catholicae Ecclesiae*, 2635.「他の人たちのために執り成
し、懇願すること（Intercedere, petere pro aliis）は、アブラハム以来、
神の憐れみによって形作られた心の持ち主に固有の行いである」。

18　「祈る」という理解は、現代になって初めて提示されたわけではない。
七十人訳は創 20:7 の יתפלל を προσεύξεται、17 節の יתפלל を προσηύξατο
と訳している。各々 προσεύχομαι の直接法未来形とアオリストであり、
この動詞の語義は「祈る（to pray）」である。Cf. T. Muraoka, *A Greek-
English Lexicon of the Septuagint* (Leuven: Peeters, 2009), 594. このように、
創 20:7 の יתפלל はアブラハムによる祈りであるという解釈は古くから
存在する。ただし、七十人訳の訳者たちが יתפלל をギリシア語に訳す
際に当てた προσεύχομαι は、彼らが生きていた時代より数世紀前から
同じ語義で用いられていた。というのは、Liddell-Scott が offer
prayers or vows と説明する προσεύχομαι は、プラトンの『饗宴』220d4
や『クリティアス』106a4 に登場するからである。『饗宴』220d4 には
こうある。「それから彼［ソクラテス］は、東の太陽に祈りを捧げ、去
っていきました（ἔπειτα ᾤχετ᾽ ἀπιὼν προσευξάμενος τῷ ἡλίῳ）」（テクス
トはオックスフォード古典叢書）。
　なお、村岡氏が列挙する προσεύχομαι の七十人訳での用例は、創世記
の 2 箇所以外に数か所ある。そのうち、エレ 7:16; 11:14（マソラ本文
は同一）とヨナ 2:2 のヘブライ語は פלל である。HALOT は、ヤハウ
ェがエレミヤに語る行（エレ 7:16; 11:14）でのパーラル（未完了形二
人称男性単数）を to make an intercession for に分類している。Cf.

だからといって消去法的に「執り成す」と結論付けることはせず、20章全体についての検討を続ける中で7節のパーラルの意味を考えることにしたい。

3-2 「なんということをあなたは我々にしてくれたのか」（20:9）

　7節で、神はアブラハムが預言者（ナービー）[19]であるとアビメレクに明かしている。もっとも、アブラハムはイザヤやエレミヤのように召命を受けて預言者になったわけではない。ゆえに、神の言は彼が既に預言者であったことを意味し、アブラハムの預言者としての本性は、ゲラルに到着した彼が妻サラのことを「わが妹（אחתי）」であると周囲に説明する2節から既に表れていることになる。夜眠っていたアビメレクの夢に神が現れ語りかける行が3節から7節まで続くが、神の言葉に対する王の応答は記されていない。法（掟）に反した行為を危うくしそうになったアビメレクは、神ではなくアブラハムに対して、明らかに怒りを込めた言葉を発する。「なんということをあなたは我々にしてくれたのか（מה־עשית לנו）」（9節a）。

　アブラハムは神からすれば預言者であるが、王にとっては自分の妻なのに「我が妹」と説明した理解しがたい人間である。注目すべきことに、9節の問いかけの接尾人称代名詞は、「私」ではなく「我々」である[20]。アブラハムがサラを介して策を講じた相手はアビメレクで

　　HALOT, 934. 預言書における כלל は一つの研究対象になりうるが、本稿は創20章でのこの語の考察に絞る。

19　ここでの「預言者（ナービー）」が預言書における預言者と同じでないことが、本稿を通じて明らかになるであろう。

20　ペシッタ（シリア語訳）は עשית לנו を 'bdt lk と訳している。lk は לך（あなたに）であるとすれば、「私があなたに対して何をしたのか」と

第2部　旧約聖書学の見地から

あるにもかかわらず、当の王は「私に（ﾘ）」とは言っていない。一人称単数ではなく複数であるこの人称語尾は、王の認識を表しており、まさしく複数性に 20 章の編集者たちの意図が存する。彼らは一方で、預言者であるが謀をする人間でもあるというアブラハムのヤヌス的特質を強調し、他方で一個の人間たる王だけではなく、王が治めるゲラルの地と人々に光を当てている。

4 節でアビメレクが神に対してなす問いかけは、ゲラルの地に生きる人々の信仰がこの単元の主題であることを示す。

「わが神よ。あなたは、義しいにもかかわらず（גם־צדיק）、民（הגוי）[21] を滅ぼすおつもりですか」。

彼の発話は、3 節で神がアビメレクに語った言葉を受けている。

「気を付けるがよい。お前は、自分が娶った女のゆえに死ぬ（מת）ことになる。というのは、彼女は［彼女の］夫のものだからである」。

神は「お前が死ぬことになる」と言っているのに、当のアビメレクは「なぜ私が死ななければならないのですか」と自己を守るための弁論を展開してはいない。「あなたは、義しいにもかかわらず、（そんな義しい）民を滅ぼすおつもりですか」と、控えめながら抗議の姿勢を露わにした問いをする。一見すると嚙み合っていない遣り取りの中に

訳せよう。「私に」ではなく「我々に」と王が語る理由を見いだすのに苦労した訳者たちは、直後の「あなたに対して一体どんな罪を私が犯したというのか」と平仄を合わせるべく、人称語尾を読み替え、かつ主語をアブラハムからアビメレクに変えた。「我々」を削除したこの作為は、彼らがアブラハムとアビメレクの二者関係の枠内で 9 節を理解したことを示唆する。だが、これではこの節の前半と後半の連関性が失われる。

21　「民（ゴーイ）」が伴っているヘー（ה）は、定冠詞ではなく疑問詞である。

第4章　律法における「和解」（藤田潤一郎）

表れる、「私」ではなく「我々」という王の自己認識は、「我が民は義しい（ツァディーク）民である」という強い自覚と表裏一体である。9節bでアビメレクがアブラハムになす反語の問いは、4節と9節aに内包される王の自己認識を凝縮している。

「いったい私はあなたに対して罪を犯した（חטאתי）のでしょうか。それであなたは、私に対してなされるべきではない数々のことをして、私と我が王国に対して途方もない罪（חטאה）をもたらしたのですか（עלי ועל־ממלכתי חטאה גדלה）」。

「私が罪を犯した（のでしょうか）」には一人称単数を用いているアビメレクは、にもかかわらず「あなたは私と我が王国に対して罪をもたらしたのですか」とアブラハムに問うている。「罪」は、動詞（חטה）と名詞（חטאה）で用いられている。王にとって、自分が犯してもいない罪ゆえに別なる罪を被る [22] のが不当なのは、自分一人が義しいからではなく、己が統べるゲラルの地と人々全体が義しいからである。アビメレクにとって、アブラハムがなした謀は、自分に対してだけでなく、義しい地の人々に対する不当な罪に他ならない。

だがまさしく、自らが治める臣民や土地との強い紐帯の感情を抱くアビメレクの内にある、「義しい民、義しい国ひいては義しい王」という「義しさ（ツェダーカー）」を巡る確信を、預言者アブラハムは問題視した。11節は、アビメレクの自己確信に対するアブラハムの批判として解釈しうる。

22　創世記には、箴言に頻出し（3:11; 13:24; 23:13 他）、律法書では申命記（11:2）で、さらにエレミヤ書（2:30; 5:3, 7:28 他）でも用いられる מוסר のような、明確に「罰」を含意する語がない。よって、ここでのアビメレクの言葉に、申命記史家が重んじる罪と罰の応報思想を読み取るべきではない。

第 2 部　旧約聖書学の見地から

　「かつて私は思ったのです。この地には神に対する畏れが全くない（רק אין-יראת אלהים במקום הזה）と。彼らは、我が妻ゆえに私を殺そうとしています（והרגוני）」。

　「ない（אין）」を強調する強意語（רק「全く」）によって、アブラハムは、ゲラルの地では神への畏れが完全に失われている状態を厳しく指摘する。アビメレクにとって、アブラハムは計略によって自分と自分の王国に「重大な罪（חטאה גדלה）」をもたらそうとした厄介極まる異邦人だが、当の本人からすれば、自分の行為は悪意に発したものでない。アブラハムは、「この地にある（במקום הזה）」人々の信仰の在り方に警告を発する。彼が問うているのは、アビメレクを為政者とするゲラルの地の人々である。「民は義しい」（4 節）という自己確信のもとに、アブラハムの「重大な罪」への憤りを抱くアビメレクに対する当のアブラハムの応答には、この地では神に対する信仰が「完全に」失われていると断じた――「私は思った（אמרתי）」――理由も、ゲラルの民には信仰が全くない理由も記されていない。E の編集者の本意は、神に対する恐れを失った「この地」ゲラルの人々が犯してきた何事かを王に自覚させることにある。明示されないその何事かとはアビメレクを為政者とするゲラルの民の不正義や罪であることを、11 節は暗示している。

　我々は、7 節でワウから始まるヒトパエル動詞 ויתפלל の理解を目指している。神の発話の中に登場するこの動詞の直前の言葉は、「だからあなたはその男の妻（אשת-האיש）を［彼に］返しなさい。なぜならこの男は預言者だから」である。一方、「我が妻（אשתי）」という語がアブラハムの語る 11 節の最後にある。既に指摘したように、20 章でアブラハムが語る言葉には、預言者――ホセアやイザヤのような記述預言者と同じではない――の言葉（デバーリーム）の特質が賦与されている。それゆえに、「執り成す」と我々が訳した 7 節のパーラルの

理解のために、20章のテクストの読解をさらに続けなければならない。

3-3 「彼らは私を殺すでしょう」(20:11)

「彼らは私を殺すでしょう（והרגוני）」と、アブラハムはアビメレクに訴える（20:11）。カル三人称複数形完了に対格の人称語尾（「私を」）が付いたこの動詞の主語は、明らかにゲラルの人々である。つまりアブラハムは、アビメレクが自分を殺そうとするのを察知し、先んじて王に計略を巡らせたわけではない。もっとも彼の言葉には、ゲラルの人々が自分を殺すと考えた理由は一切記されていない。

そもそもメソポタミアからひたすらカナンを目指してたどり着いて、とある町に定住していれば、アブラハム（アブラム）は、ゲラルで人々に殺される危機に直面することも、妻であるサラの誠実さをないがしろにするような計略を働かせることもなかった。彼には、未知のゲラルに行く内的必然性は全くない。

「神（エローヒーム）が私を、父祖の地から出て（מבית אבי）当て所なくさまよう（התעו）[23] ように仕向けた時（כאשר）、私は彼女に言いました。『お前が私のために示すべき（自らの）真心（חסדך）、それは我々が行った場所の先々で、私のことを《彼はわが兄です》と言うことだ』」（13節）。

---

23 サマリア五書が התעו を התעה と読み替えたことに表れるように、最後が、動詞の三人称男性複数形の活用語尾と解しうるワウで終わるこの語の理解は難しい。HALOT を手掛かりに、תעה のヒフィル（to cause error）三人称単数完了形と捉える。ヒフィルでの他の用例は、エレ 23:13, 32; アモ 2:4; ヨブ 12:24–25。

第 2 部　旧約聖書学の見地から

「時（כאשר）」は示唆的である。アブラハムは、ゲラルに到着した後で、自分の兄であるとサラに言わせることを思いついたわけではない。アブラハムの謀とゲラルでの彼の試練は、「父祖の地から出て、当て所なくさまようよう」強いた神の意思が発端になっている[24]。この地では神への畏れが完全に失われていると 11 節で言明した直後の 12 節冒頭で、アブラハムは「それに実のところ（וגם-אמנה）」と前言に付け加える形で、妻サラに「わが夫」ではなく「わが兄」と言わせたのは彼女が自分の異母妹だからであると説明している[25]。そして次の 13 節で彼は、父祖の地を後にしたのは神の意思であると明かす。このように、11 節[26]から 13 節への展開は、極めて周到である。神と、神に対する

24　創 12 章（アブラムの召命）の冒頭で、アブラムはヤハウェの命令によって「父の家」を後にする（12:1）。しかしながら、12 章に פלל の語は用いられていない。このことは確認しておく必要がある。

25　もとより、サラは夫アブラハムのことを「この人は私の兄です」と、ゲラルの地で自発的に言う必要は全くない。13 節で「彼女［サラ］に言いました」の後に、間接話法で表された文章は、「あなたの真心（ヘセド）を私のために行動によって示しなさい（תעשי עמדי）」という実質的な命令である。単なる夫から妻への命令ではない。アブラハムは神が認めた預言者であり（7 節）、預言者が妻に、自らの真心を実践する（עשה）よう強く促している。

26　11 節後半冒頭のワウ（והרגוני）が逆接でないのは明らかだが、並列的用法としての順接（そして）か、因果連関を示す順接（したがって）かは難しい。TOB は訳出せず、EHS や LB は und、JSB や NRSV は and、イタリア・カトリック司教団公認訳は e と訳しており、「そして」とも「したがって」とも読める。対するに、日本語訳は教派を超えて因果連関のもとに理解している。聖書協会共同訳の 11 節前半は「この地には、神を畏れるということが全くありませんので」であり（新共同訳は「全くないので」）、フランシスコ会訳は「この土地には神に対

第 4 章　律法における「和解」（藤田潤一郎）

畏れを完全に失い「私を殺そうとする」「この地」（11 節）の人々の間
に、アブラハムは立っている。単に異邦人であることが理由で、彼は
殺されそうになっているのではない。彼は、神によって異教の神々を
信ずるに至った人々が住む地に遣わされた第三者なのである[27]。

　上に引いた 13 節が、アブラハムがアビメレクに述べた最後の言葉
であり、次の 14 節ではアビメレクがアブラハムに対してなした行為
が記されている。

　　「（そこで）アビメレクは、羊や牛、男女の奴隷を連れてこさせた
　　（ויקח）。そして、（その全てを）アブラハムに与えた（ויתן）。そして、
　　彼の妻であるサラを彼に返した（וישב）」。

　לקח（連れてくる、持ってくる）、נתן（与える）、שוב（返す）という三
つの動詞が順に用いられている。仮に「返す」を含む構文を「連れて
くる」の構文の前に据えた——「サラを返す」「家畜や奴隷を連れて

　する畏れがまったくないので」、新改訳 2017 は「この地方には、神を
　恐れることが全くないので」。解釈としてはありうるが、そもそも「私
　のためにお前が示すべき真心とは、『この人はわが兄』と行く先々で言
　うことだ」とサラに命じた（13 節）のは当のアブラハムであり、「わ
　が妻のゆえに（על־דבר）」殺される危機を自ら作っている。ヤハウェの
　名によってユダに敵対する預言をしたことを理由に、エレミヤに対す
　る死刑を求めた祭司、預言者、高官たち（エレ 26:9, 11）は、ここに
　登場しない。私には、このワウについての十分な理解を示すことは未
　だ困難である。
27　20 章で、サラを主語とする動詞を含む文章は、アブラハムが語る 13
　　節の間接話法の文中のみである。第三者の役割が与えられているのは、
　　あくまでアブラハムである。

93

第2部　旧約聖書学の見地から

くる」「それらを与える」の順番──としても、文意は成立する。だがそうなっていないのは、三つの構文の順序が意味をもつからである。最後にサラをアブラハムに返すに至る、アビメレクの一連の行為は、アブラハムに対する心からの感謝の具現化に他ならない。ではなぜ、王は夢の中に神が現れなければ危うく乗ってしまった計略をしかけたアブラハムに、自分が所有している数多のものを与えるという最大限の謝意を示した上でサラを返したのか。それはむろん神がアビメレクに命じたからであるが、我々が注視する יהפלל が中央に位置する7節冒頭で神は、「そこで直ちに（ועתה）、妻の夫に返しなさい」と述べている。ところが、神は直ちにと言ったにもかかわらず、アビメレクは翌朝目覚めて直ちに神の命令を実行してはいない。彼がなしたのは、自分の僕たちに夢の一部始終を語った後に、アブラハムを呼び寄せ問い質すことであった（8-9節）。

　もとよりアビメレクの心が偽りなきものであることは、神自身が認めている。「この私はお前の心が嘘偽りなきことを、前から知っている（אנכי ידעתי כי בתם-לבבך）」（6節）。これは、「私の心は真です（בתם-לבבי）」（5節）とのアビメレクの言い分に神が同意していることになる。だが、アブラハムが指摘するまで、アビメレクは自分が治める地では神を畏れることが「全くなくなっている」（11節）事実に気づかなかった。換言すれば彼は、アブラハムに対して用いた「罪（חטאה）」を自ら免れていたわけではなかったと、漸く気づいた（14節）。己の民が義しいこと（ツァディーク：4節）と、自分の心が真であること（ターム：5節）に対する確信が、信仰を完全に失ったこの地の現実を直視することを妨げていた。もっとも、神自らがアビメレクに気付かせたのではない。彼に自覚させる役割を担ったのは、実は彼は預言者なのだと神が明かすところのアブラハムである。14節が13節に続く文章として置かれているのは、アビメレクがなした一連の行為（14節）が、13節でのアブラハムの言葉の意味を漸く理解した王による応答

だからである。

サラをアブラハムに返した後、アビメレクは次のような言葉をアブラハムに言う。

「そうです。我が領土はあなたの目の前にあります。公明正大に（בטוב）滞在してください。あなたの両の目が気に入るのであれば」（15節）。

神が現れた夢から目覚めた直後ではなく、アブラハムの言葉を聞いた後で漸くサラをその夫に返すに至ったアビメレクの挙動を綴った14節と15節のテクストは、いずれもアビメレクを主語とし、継起的な展開になっている。とはいえ王は、自分が治める地にアブラハムやサラが「公明正大に（בטוב）」留まることを認めるに至った理由を何ら述べていない。アビメレクは君主である。自分が有する権力を行使するか否かは、支配者の意思に依存する。他の地からやって来たアブラハムとサラを、公認の滞在許可（一種の勅許）を与えることなく別の地へと追放することも可能である。現に、創世記12章で、娶ったばかりの美しいサライがアブラムの妻であると分かったエジプトのファラオは、「［サライを］連れて出ていけ（וקח）」と、命令形でアブラムに言い渡している（12:19）。

だがアビメレクはファラオのようにはしなかった[28]。ここで立ち戻るべきは、「なぜなら彼は預言者であるから、あなたのためにיתפללするであろう」という7節での神の言葉である。我々はこのヘブラ

---

28 「［サライを］連れて出ていけ」と「公明正大に滞在してください」の距離は決して小さくない。創12章と20章の相違については、本稿第4節で改めて言及する。

95

第 2 部　旧約聖書学の見地から

イ語動詞のヒトパエルを「祈る」ではなく「執り成す」と訳したうえで、しかしこの訳を我々の解釈の前提とせずに 20 章の読解を始めた。読解を進める中で、神―ゲラルの王アビメレクと民―アブラハムという三者の関係性が次第に明らかになってきた。神と人間の間の関係性を執り成すべく、第三者が役割を果たすとすれば、それは両者が対立ないし敵対関係にある時である。「かつて私は思ったのです（אמרתי）。この地には神に対する畏れが全くないと」という一文（20:11）は、かつて思った（完了形）ことをアブラハムが持ち出す構文になっている。それは、神とゲラルの人々が依然として対立関係にあるという現状を、読者に印象付けるためである。対立関係が既に解消されていたのであれば、アブラハムは今になって王に述べる必要はない。14–15 節は、アブラハムが自分のために「祈ってくれた」ことに対するアビメレクの御礼ではなく、神と、神への信仰を失った民及びその支配者たる自分の間を「執り成した」アブラハムの言動が実を結んだ証しである。

　11 節の「この地には神に対する畏れが全くない」というアブラハムの言は、これほどまでに重要である。夢に神が現れたことで、アビメレクは、別の男性と結婚した女性との関係をもつには至らなかった [29]。「このわたしが、わたしに対する罪をあなたが犯すのを回避し（גם־אנכי אותך מחטו־לי）、だから、わたしはあなたには彼女に触れさせなかったのだ（על־כן לא־נתתיך לנגע אליה）」（6 節―「触れさせなかった」は神の作為を表すヒフィル）。よって、サラとの関係において彼は些かの罪も犯していない。アビメレク自身がそのことを分かっているから

29　申 22:22 で掟として明文化される、結婚した女性と関係を持つことが罪であるという法的規範の存在が、12 章（アブラム、サライ、ファラオ）と 20 章（アブラハム、サラ、アビメレク）の前提である。

第 4 章　律法における「和解」（藤田潤一郎）

こそ、アブラハムに向けて「罪」の語を持ち出す。つまり彼は、アブラハムのなした計略を、自分一人ではなく「私たちに対して（לנו）」なした罪と捉え詰問した（9 節）。「いったい私があなたに対してどんな罪を犯した（חטאתי）というのか」は反語であり、アブラハムこそ「重大な罪（חטאה גדלה）を私と我が王国に対して犯した」。上述のように、アビメレクの心が偽りなきものである（ベタ−ム）と、神は夙に認めている（6 節）。片やアブラハムも、アビメレクに「あなたは神に対する畏れが全くない」と言ってはいない。ゆえに、神への信仰を完全に失った状態が続いているゲラルで罪を犯しているのは、不信仰の民であり、アビメレクは罪を免れていると考えることも可能である。

　だが、E の編集者はそのような理解をしていない。アビメレクは、アブラハムに対して家畜や奴隷を含む自分の所有物を与えるという最大限の謝意を示した後にサラを返し、ついには己の領土に滞在する正式な許可を与えた。14–15 節は、アブラハムに対して用いた「罪」という語が、他ならぬ自分に戻ってきたことに、アビメレクが漸く気づいたことを示している。自分自身の心が真であり、自らが治める共同体の構成員は義しいという為政者の自己確信（4–5 節）が、時として当地での不信仰の罪を助長する。こう彼に気づかせたのは、アブラハムの言葉である。罪を犯したのは、「義しい」と確信していたが実は神への畏れを完全に失っていた民だけでなく、民を統べる自分自身である。民が不信仰に陥った時、その支配者は連帯責任を負わねばならない。神への信仰を保つ責任は、共同体（カ−ハ−ル）の構成員全体にある。これが、20 章を編集した人々の倫理的な思想である。

　アブラハムは、神と、信仰を失くした人々が住む地を治める王との間に立っている。「というのは、この男は預言者であるから、お前のために執り成してくれる（יתפלל—未完了形）からである」（7 節）は、神、神を畏れるアブラハム、神への畏れを失ったゲラルの人々や彼らの支配者アビメレクという三者の関係性を結晶化した表現である。も

97

第 2 部　旧約聖書学の見地から

っとも、父祖の地から離れるようアブラハムに促し（13 節）、自身と王との間の執り成しの役割を担わせているのは神である。そして、アビメレクが語る 9 節における「罪」——前述のように名詞と動詞で用いられている——が、7 節と彼の言動を記す 14–15 節の間を繋ぐ鍵概念の役割を果たしている。創世記 20 章は、章全体は短いにもかかわらず複雑な構成をとっており、そこに込められた思想は深い。

4　神に対する共同責任のアポリア

　創世記 20 章で、7 節以外に פלל が登場するもう一つの箇所が 17 節である[30]。

　　「アブラハムは、神に対して願い求めた（ויתפלל אל־האלהים）。すると、神はアビメレク、彼の妻、彼の（女性の）奴隷たちを癒した（וירפא）。彼女らは子を産んだ」。

יתפלל は、7 節と同じくヒトパエルの三人称単数男性未完了形である。動詞が 7 節と同形であることは、7 節と同じ動詞を使って訳す理

─────────────────

30　人間を主語とした文章はこの 17 節で終わる。注 16 で述べた通り、18 節の神名はエローヒームではなくヤハウェである。「そこで、ヤハウェはアブラハムの妻サラのゆえに、アビメレクの家のすべての［女たちの］胎を固く閉ざした」。我々は、1 節から 17 節までは E、18 節は不信仰に対するゲラルの人々の罪を強調し、ヤハウェ、ゲラルの民、王アビメレクそしてアブラハムの関係性を巡る自分たちの理解を言語化したヤハウィストによる加筆部分と考える。

98

由にはなる [31]。"Then Abraham prayed to God"（NRSV）、"Abraham trat für ihn (sc. Abimelech) bei Gott ein"（EHS）、"Abraham aber betete zu Gott"（LB）、"Abraham intercéda auprès de Dieu"（TOB）のいずれも、7節と同じ動詞を用いている。しかしながら、7節と17節のיתפלל には異なる含意がある。神は7節で前節から言葉を続け、「この男は預言者だから、あなたのために執り成してくれるであろう」と言った。それに対しアビメレクを主語とする17節は、14–16節（16節でアビメレクはサラに対して述べる）を承けている。「神に対する（אל-האלהים）」アブラハムの行動は、この3つの節に記されたアビメレクの言動を踏まえたものであると理解するのが適切であろう。7節と17節では前後の文脈が異なっている。

　「すると、神はアビメレク、彼の妻、彼の（女性の）奴隷たちを癒し

31　但し、TOB の場合文脈に応じて未来形 intercédera（7節）と単純過去intercéda（17節）に違えている。NRSV、EHS、LB も時制を未来と過去で区別している点では同じであり、恐らく七十人訳に由来する。LB は接続語を dann（そこで）ではなく aber（しかし）にしている。神がアビメレクを「癒す」には、後者の言動（14–16節）は不十分だった、つまり神を納得させるには至らなかったという解釈が背景にあるのかもしれないが、17節冒頭のワウを逆接として理解するのは無理がある。アビメレクの心が「嘘偽りなきもの（בתם）」であると神が評価していたこと（6節）を、思い起こす必要がある。
　　なお、注16で挙げた創世記の註解書について言えば、シュパイザーは7節の יתפלל を he will intercede (for you)、17節のそれを（Abraham then) interceded (with God)、ウェンハム（Wenham）は各々 he may pray (for you)、(Then Abraham) prayed (to God) と訳している。もっとも、二人とも7節と17節のこの語に対して注を付していない。

第 2 部　旧約聖書学の見地から

た」。「癒す（רפא）」という語が用いられているものの、アビメレクたちが何らかの病に罹っていたのかどうかは全く記されていない。極めてメタフォリカルな「癒す」の理解には、7 節が手掛かりになる。アビメレクに対して神は、「覚悟しなさい。お前は死ぬことになる、おまえの手にある全てのものも（דע כי־מות תמות אתה וכל־אשר־לך）」と、3 節に続いて死の警告を発した。但し、この警告が 3 節の「お前は死ぬことになる」と同じではないことは、確認しておくに値する。王一人が何らかの身体的な病に罹っていたのであれば、神は彼一人を癒せばよいはずであるが、「お前」という主格の人称代名詞の後に「お前の手にある全てのもの」が続く。この表現は、為政者たるアビメレクが統べるゲラルの地に病が存在することを暗示している。E の編集者が 11 節でアブラハムに語らせる、神への畏れを完全に失ったこの地の不信仰。それこそが、具体的に記されることなき《死に至る病》であろう。

　7 節の「お前は死ぬことになる、お前の手にある全てのものも」という帰結節に先行する条件節は、「だがもしお前が［この男の妻を］返さないのであれば」である。先述したように、夢の中で神のこの警告を聞いたアビメレクは、翌朝起床した後ただちにサラをアブラハムに返してはいない。死ぬという警告を神から受けたのに、目前の死を回避する行動をすぐに取るどころか、神が「彼は預言者だ」というアブラハムに対し、抗議の言葉を述べている。「サラを返しなさい（השב）」（שוב のヒフィルの命令形）という、夢の中での神の命令（7 節）をアビメレクが遂行したことが記されているのは、アブラハムの発話を承けた後の 14 節最後である。すなわち彼は、所有している数多の人とものを与えるという謝意を示した上で、サラを夫の許に返す。

　およそ執り成しは、二者の間の対立状況を回避するために、第三者がなす。アビメレクは、自らと自らの手にある全てのものが死ぬという危険に直面していた。だが、アブラハムの執り成し──最初の פלל

100

第4章　律法における「和解」（藤田潤一郎）

（パーラル）——によって、ゲラルの地で広がる不信仰という現実を直視したアビメレクは、罪が誰にあるのかを自覚するに至り、数多のものを彼に与えた上にサラを返した。そのアビメレクのためにアブラハムが<u>懇願</u>——二番目のパーラル——を神にした結果、神は彼の子孫の繁栄をもたらした（17節）。「サラをその夫に返さないとお前は死ぬことになるが、この預言者である男がお前のために執り成せば、お前は生きるであろう（ויחי）」（7節）と、アビメレクの子孫の繁栄（17節）は、人間の「死」と「生」のコントラストを描いている。死の危機に瀕していたのは王の命だけではなく、「人々の義」（4節）でもある。

　創世記の中で動詞パーラルは20章（7, 17節）と48章（11節）にしか登場しない[32]。20章について、アブラハムを主語とする「彼が執り成す（יתפלל）」（7節）に着目して、「彼が懇願する（יתפלל）」を含む17節までのテクストを読み解くとき、この章に内包された複雑な応答の構造が明らかになる。יתפלל は、פלל のヒトパエルである（強意を示すピエルの再帰形）ことは既に述べた通りである。アビメレクのた

32　48章で余命幾ばくもないイスラエル（ヤコブ）は、呼び寄せたヨセフに対し、自分は生きてお前の顔を見ることはないと「決め込んでいた」と語る（48:11）。協会共同訳では「（お前の顔を見ることができるとは）思わなかった」と訳されている元の動詞はパーラルのピエル一人称単数完了形である。本稿83頁で紹介した英独のヘブライ語辞典におけるパーラルの語義で照らせば、ピエルでの語義である judge や richten、entscheiden（判断する）に当たる。実際ゲゼニウスでピエルでの用例として挙がっている48章11節のパーラルは、ヤコブとヨセフ親子の二者の間柄を巡る文脈の中で用いられている。そのため、パーラルのヒトパエルでの語義に着目して、神、人間、執り成す人物の三者の関係性の解明を試みた本稿での考察対象とはしなかった。

101

第 2 部　旧約聖書学の見地から

めに執り成すことも神に対して強く懇願することも共になしうるのは、アブラハムただ一人である [33]。彼の言動の礎には、神の意思がある。神の意思を受けたアブラハムが自らの言動をなしているという点において、20 章でのパーラルにはまさしく再帰的含意がある。

　17 節の「癒す」がいかなる病を癒したのか記されていないことは上に指摘したとおりであるが、20 章には書かれざる事柄は他にもある。11 節でアブラハムは、「この地では神への畏れが全くなくなっている」と断じる。ところが、自分を殺そうと目論んでいる当の人々が、彼の言葉、さらに王アビメレクの言動を承けてどのように行動したかは、一切書かれていない。ゆえに、ゲラルの人々が、自分たちが不信仰の罪を犯していたことに気づき悔悟したかは、テクストから読み取ることはできない。敷衍すれば、紀元前 8 世紀のホセア、アモス、イザヤから捕囚期のエレミヤに至るまで、記述預言者たちが強く訴える「ヤハウェに立ち戻るべきイスラエルの民」を、創世記の E の編集者は主題化していない。アビメレクがアブラハムの滞在を公認したことから、アブラハムが人々に殺されるという危機はもはや去ったという

33　注 18 で言及したように、七十人訳は 20 章 7 節と 17 節の יתפלל を、「祈る」を意味する προσεύχομαι を使って訳した。このギリシア語がひれ伏す行為を含意することは、接頭辞の πρός（前に）が示唆する。しかしながら、仮に 20 章 7 節と 17 節の יתפלל が共に「祈る」を意図しているのであれば、ギリシア語の πρός を意味する לפני を伴うと思われるが、神が語る 7 節は「わたしの前で」とはなっておらず、アブラハムがなした行為を記す 17 節の「神」の直前にある前置詞は אל（に向かって、対して）である。七十人訳 20 章 7 節の προσεύξεται と 17 節の προσηύξατο には、訳者たちの解釈が投影されており、現代の聖書翻訳にも影響を及ぼしている。

第4章　律法における「和解」（藤田潤一郎）

推論を提示することは可能である。ただ、仮にこの推論が成立すると
しても、その帰結は人々が王の命令に従った結果か、あるいは自らの
不信仰を悔悟したゲラルの民が神を畏れるようになったのかを判断す
る手掛かりは、テクストの中に一切ない。そもそも、なぜアブラハム
は殺されようとしていたのかも書かれていない。

　ところで、創世記20章と12章との関係性が夙に指摘されてきた
のは、類似性が窺える構成にある。12章にて、父の家を出るようヤ
ハウェに命じられたアブラム（アブラハム）は、エジプトに行った際、
妻サライ（サラ）に自分の妹と言うよう頼む（12:13）。そのサライを
娶ったものの、事の次第に気づいたファラオは、「あなたは何という
ことをしてくれたのか」とアブラムを問い質す（12:18）。だが、12章
には、パーラルという動詞も、罪（ハッター）という名詞もない。そ
の上3-3で述べたように、「妹」の美しさゆえに厚遇され家畜や僕が
与えられたアブラムは、サライを連れて早々に立ち去るようファラオ
に命じられる（12:19）。

　翻って、20章のナラティヴは、一見するとギリシア悲劇における
「逆転（ペリペテイア）」[34]に近い要素をもつ。夢の中での神は、アビメ
レクに対してお前は死ぬことになると警告するものの、寛大である。

34　アリストテレスは『詩学』でこう述べている。「逆転（ペリペテイア）
　　とは、諸々の行為が反対方向へと転回すること（メタボレー）である
　　ということは、既に述べたとおりである。但しこのような転回は、
　　我々が言ってきたようにいかにもそうだと思えるような仕方で、もし
　　くは必然的な仕方で（κατὰ τὸ εἰκὸς ἢ ἀναγκαῖον）［起こることが］重要
　　である。たとえば『オイディプス王』においては（後略）」（1452a22–
　　25）。テクストはオックスフォード古典叢書（邦訳は松本／岡訳『アリ
　　ストテレース　詩学　ホラーティウス　詩論』岩波文庫、その他）。

103

第 2 部　旧約聖書学の見地から

　それに対し、サラのことでアビメレクを混乱に陥れたアブラハムは、この地には神への畏れが全くなく、自分は人々に殺されると言明する。にもかかわらず、王はアブラハムに対する反発——9 節で מה を二度用いて反語と疑問を発する彼の憤りの感情——を克服し、家畜や僕を与えた後でサラを返し、滞在を公に許可するに至る。確かに逆転ではある。しかしながら、ギリシア悲劇と異なりこの逆転は、カタルシス（浄化）を聴衆に与えることを目的とした作品（ポイエーシス）を構成する筋（ミュートス）ではない [35]。

　トーラー（律法）の成立を巡るヴェルハウゼン以来の資料仮説に対する疑問が提起されて久しいことを了解した上で、我々は創世記 20

────────────

35　前注で引用した『詩学』の中で、ソフォクレスの『オイディプス王』を例に挙げて説明するアリストテレスにしてみれば、逆転してしまったオイディプスの境遇は、「過去の諸々の行いがもたらした帰結（συνέβη ἐκ τῶν πεπραγμένων）」（1452a28–29）だからこそ、「いかにもそうだと思えるような仕方で、もしくは必然的な仕方で起こった」と観客が認知（アナグノーリシス：1452a16）できるのである。しかるに、創世記 20 章の展開は、アリストテレスが定義し検討を加えるような「逆転」とは根本的に異なる。アビメレクが「あなたは重大な罪を、私と我が王国にもたらした」とアブラハムに難詰したこと（9 節）と、当のアブラハムに家畜や奴隷まで進呈しサラを返したこと（14 節）の間には、もっともらしさは全くなく、読者が認知できるような必然性もない。
　あくまでテクストの解釈学（ヘルメノイティーク）に定位した本稿は、1980 年代以降（とりわけ英米圏）の旧新約聖書学研究における主要な潮流である文学批評理論（Literary-criticism）——今世紀に入って様々な研究が展開している Narrative space theory はその一類型である——に掉さしてはいない。

第 4 章　律法における「和解」（藤田潤一郎）

章 1–17 節までを E とする研究史に掉さし、テクストの読解を続けて
きた。冒頭に述べたように、旧約聖書正典の本文に「和解（する）」
を意味する語を見出すことはできない。そのことを認識した上でパー
ラルという動詞に着目した本稿の考察と題名の間には、齟齬が存在す
る。しかしながら、聖書における和解を考える際の要諦は神と人間の
間の対立関係が克服される過程にあると考えるならば、20 節にも満
たない創世記 20 章は、神（エローヒーム）と民の対立関係が両者の間
に立つ第三者によってどのように執り成されるかを巡る捕囚期以前 [36]
の古代イスラエルの人々の思考を、我々に教示している。それだけで
なく、ある共同体の構成員が神への信仰を保ち続ける共同責任を履行
しているか、さらに、不信仰に陥った民はその事実を直視し認識でき
ているかという神学的かつ倫理的な難問を、現代に生きる人間に提示
している。

36　仮に創 20:1–17 をヤハウィストが組み込んだものと考えるとしても、
　　この単元が古い資料を留めているという見解それ自体が否定されるわけ
　　ではない。

第 2 部　旧約聖書学の見地から

第 5 章

預言書と諸書における「和解」

左近　豊

はじめに

　預言書と諸書において「和解」概念がどのように展開しているのか
について、イザヤ書（特に 40 章以下）と哀歌に絞って探求を進める。
これまでの研究史の中で両テクストの関連性については語彙やモチー
フの対応にとどまらず、神学的な連関についても議論がなされてきた。
特に「慰め」を鍵概念としての探求が顕著であった。本稿においては、
両テクスト間における「和解」に関する神学的考察を試みる。

106

1 哀歌と第二イザヤの関連性に関して

この 2 つの書の関連性については、既に 1954 年に哀歌研究史に社会学的視点を導入して一石を投じた Norman Gottwald によって言及されていたものである。

> 哀歌とイザヤ書 40–66 章に関しては、一方が他方から借用したかどうかといったような主観的な基準以外に、それぞれの成立年代を確定できるようになったことで、両文書の非常に興味深い文学的関係が明らかになった[1]。

Gottwald は、両書に共有されている 30 カ所近いフレーズのみならず、文体、修辞的問い、敵の「娘」に対する嘲り、主への訴え、共同体の嘆きなどのテーマも参照しながら、イザヤ書 40 章以下の著者は、哀歌を知っていたと結論付けている[2]。

その後、Carol Newsom が Gottwald との対話的論文の中で、第二イザヤは、単に哀歌の語り口やテーマを反復しただけではなく、直接的かつ選択的に応答をなしていることに言及した。バビロニア捕囚からの帰還への道備えのために、捕囚を再解釈する修辞的戦略として、第二イザヤは哀歌に応答している、と論じたのである。第二イザヤは

1　Norman Gottwald, *Studies in the Book of Lamentations* (SBT 14; London: SCM Press, 1954), 44.

2　Gottwald, *the Book of Lamentations*, 45. Gottwald が参照した語彙的対応の研究は、M. Loehr による "Der Sprachgebrauch des Buches der Klagelieder," *ZAW* 14 (1894), 41–49 である。

第 2 部　旧約聖書学の見地から

哀歌の訴えと嘆きに応答すべく、慰める者のいなかったシオンに
YHWH が慰めを語り、シオンの汚れた衣を祝いの衣に変え、恥辱で
はなく聖性を纏わせ、散らされる代わりに帰還させることを懇ろに語
りかけているのだ、と [3]。

　哀歌と第二イザヤの呼応関係について、さらに相互テクスト性に注
目して展開したのが Newsom の元で博士論文を完成させた Patricia
Tull Willey の *Remember the Former Things: The Recollection of Previous
Texts in Second Isaiah* である。同書の第 3 章で Willey は「主の僕の
歌」と「シオンの歌」が交互に綴りあわされているイザヤ書 49–54
章において [4]、特に 51:9–52:12 を丁寧に釈義しながら、都エルサレム
が人格化された「娘シオン」に焦点を当てて、いかにこの箇所が哀歌
との相互テクスト性を有しているかを論じる。

　ちなみに破壊された都を、嘆く一人の女性（哀歌の場合は「娘シオ
ン」）の視点とイメージで描き出す特徴は、古代メソポタミアの「都
市滅亡哀歌」にも顕著に見られるものであることは、D. Hillers や
W.C. Gwaltney が言及していたことである [5]。Dobbs-Allsopp は哀歌と

3　Carol Newsom, "Response to Norman K. Gottwald, 'Social Class and
　　Ideology in Isaiah 40–55: An Eagletonian Reading,'" *Semeia* 59 (1992),
　　73–78.

4　イザヤ 49:1–13　主の僕／ 49:14–50:3　シオン
　　　　50:4–11　主の僕／（51:1–8　男性複数の「あなた」への呼びかけ）
　　　　　　／ 51:9–52:12　シオン
　　　52:13–53:12　主の僕（「苦難の僕」）
　　　　　　／ 54:1–17　シオン

5　D.R. Hillers, *Lamentations* (AB 7A; NY: Doubleday and Co., 1972);
　　W.C. Gwaltney, "The Biblical Book of Lamentations in the Context of
　　Near Eastern Lament Literature," in W.W. Hallo et al. (eds.), *Scripture*

古代オリエント「都市滅亡哀歌」の両テクストの関係について
Hillers や Gwaltney の主張したような「都市滅亡哀歌」から哀歌が直
接的な影響（例えば、引用、引喩による）を受けたという理解を批判し、
むしろ、哀歌は、旧約聖書独自の神学やイメージを反映させながら発
展した「（都市滅亡哀歌）ジャンル」であると論じた[6]。哀歌は、（神殿改
築等で用いられた）古代メソポタミアの「都市滅亡哀歌」に不可欠な 2
つの要素、すなわち、「神殿の再建」、そして「都への神の帰還」とい
うクライマックスを意図的に欠く仕方で独自のジャンルを形成し、都
の嘆きを際立たせるものとなっている。このように古代オリエント文
化圏で共有される「都市滅亡哀歌ジャンル」に属する哀歌で展開され
た、悲嘆の象徴としての「娘シオン」を第二イザヤのテクストは対話
相手としていると言えよう。

2　哀歌と第二イザヤのテクスト間対話（P.T. Willey）

哀歌 4 章とイザヤ書 51:9–52:12（シオンの歌）

　P.T. Willey は、イザヤ書 49:14 で、「娘シオン」が嘆きの叫びを発
していることに注目する。それ以降 54 章までに 3 回登場することに
なる。その中心にあるのが 51:9–52:12 である。Willey は、この箇所
に哀歌との相互テクスト性の顕著な例を見出している。この単元は、

---

　　in Context II: More Essays on the Comparative Method (Winona Lake, IN:
　　Eisenbrauns, 1983), 191–211.

6　F.W. Dobbs-Allsopp, *Weep, O Daughter of Zion: A Study of the City-
　　Lament Genre in the Hebrew Bible* (Rome: Pontifical Biblical Institute
　　Press, 1993).

第 2 部　旧約聖書学の見地から

類似した導入を共有する形で、3 つに区分される。① 51:9-16 は、
「YHWH の腕」に向けられた二重の呼びかけが Qal の 2 人称女性形
をもってなされる、「目覚めよ！目覚めよ！」と。② 51:17-23 も二重
の呼びかけが、同じ動詞ではあるが Hithpael の 2 人称女性命令形で
「エルサレム」に向けてなされる、「奮い立て！奮い立て！」と。そし
て③ 52:1-12 では、①と同じ Qal の 2 人称女性命令形で二重の呼び
かけが、「シオン」自身に向けてなされる、「目覚めよ！目覚めよ！」
と。しかも①において「YHWH の腕」に向けて訴えかけられていた
のと同じ「力を纏え」も再び言及されている。そして①では「かつて
の日々」が強調されていたが、③では将来に視点は向かってゆく[7]。

　3 つの区分を通して段階的に漸進するレトリックが施されているこ
とがわかる。①では「かつての日々」における天地創造と出エジプト
が隠喩的に語られ、「慰める者」としての YHWH が「虐げる者」に
勝ちて余りある事が宣言される。続く②では、直近のバビロニアによ
る苦渋を舐めた「シオン」が、主の手から「憤りの杯」を飲みほした
隠喩で描写され、とくに彼女の子らに関する描写は哀歌と重なるもの
と言える。そして第 3 区分に属する 52:1-12（3-6 節の散文による挿入
部分は除いて）は、先行する 2 つの区分とはかなり趣を異にして将来
に照準を絞って語られ、哀歌に登場する「シオン」のイメージが用い
られている。例えば「美しい衣をまとえ」「汚れた者があなたの中に
入ることは二度とない」は明らかに哀歌 1:9-10 で敵に力ずくで押し
入られ、辱められて横たわるシオンの着物の裾の汚れへの言及に呼応
している。そして YHWH の慰め、贖い、救いを伴う捕囚からの帰還
が望み見られている。

7　P.T. Willey, *Remember the Former Things: The Recollection of Previous Texts in Second Isaiah* (Atlanta: Scholars Press, 1997), 105ff.

第 5 章　預言書と諸書における「和解」（左近　豊）

　Willey はイザヤ書 52:7–12 に不可分離に編み込まれている旧約聖
書中の他の書物からの引用や参照としてナホム書 2:1、詩編 98、いく
つかの五書からの暗示（出 12:31、申 16:3、民 14:14）と並行して、哀
歌 4:15 と哀歌 1 章を挙げている[8]。その中で特に哀歌に関して、イザ
ヤ書 52:11 が哀歌 4:15 を逆接的に引いていることに言及する。哀歌
4:15 で「去れ、汚れた者よ」「去れ！ 去れ！ 触れてはならない」と
不可触[9]の漂泊者となって彷徨うシオンへの罵倒がこだまする。蔑ま
れ（2 節）、飢え（3 節）、見捨てられ（4 節）、さらには飢餓に苛まれ
た「憐れみ深い」母に食われる子ら（10 節）のイメージに、預言者ら
の罪と祭司らの悪が流血の惨事と結びつけられた描写を伴っている。
それがイザヤ書 52:11 では「去れ、去れ、汚れた者よ」「触れてはな
らない」という呼びかけは全く同じながらも、漂泊の地、捕囚からの
退去、さらには自らの汚れゆえに他者に触れてはならないのではなく、
清められるものとして、異邦の汚れに触れることが禁じられる。これ
は 52:1 の「無割礼の汚れた者があなたの中に入ることは二度とない」
との言及とも呼応する。

　Willey は哀歌 1 章とシオンの慰め手を巡る第二イザヤの言及との
対応についても論じる。Willey によれば、両テクスト共に崩壊後の
エルサレムを、慰めのない苦難の中にある娘シオンとして描き出して
おり、「慰めの不在」を基調とする哀歌と「慰め」を基調とする第二
イザヤには密接な関係がある。哀歌への応答として第二イザヤを捉え
るものである[10]。

　Willey による哀歌とイザヤ書のテクスト間にある呼応についての

8　Willey, *Remember the Former Things*, 116–42.

9　レビ 13:45。

10　Willey, *Remember the Former Things*, 130–32, 155–56.

111

第 2 部　旧約聖書学の見地から

考察は有益である。ただし、第二イザヤによる哀歌の引用という視点にとどまっており、相互のテクスト間の対話ではなく、哀歌の問いに対する第二イザヤの応答という一方的な関係に着目したものと言わざるをえない。

Willey と相前後して、Benjamin Sommer が *A Prophet Reads Scripture: Allusion in Isaiah 40-66* において、捕囚後の古代イスラエル宗教が、聖所や神殿ではなく、聖なるテクストに神を見出す傾向を強くしていったことに伴い、特に第二イザヤは、それ以前の預言者（第一イザヤやエレミヤなど）や詩編、哀歌といったテクストの語彙やイメージ、アイデアなどを、引喩的に、あるいは、相互テクスト的に用い、テクスト間対話を経て語りなおしていることに着目した画期的な研究を著した[11]。

Sommer は第二イザヤが哀歌の仔細な文言に基づいて、これを借用なり引用して応答したとする議論には疑問を呈している[12]。両者に共通する語彙は厳密には嘆きの伝統にあるものとは言えない、むしろ両者間に見られる類似性は、暗示（allusion）であると述べる。この視点は重要である。引喩のみではなく、テクスト間の対話へと道を開くものだからである。

その後、Katie M. Heffelfinger は、Willey、Sommer、そして Tod Linafelt によって論じられてきた、第二イザヤと哀歌の間には「慰め」のテーマを巡る密接な関連性があるという視点に注目をしつつ[13]、

11　B.D. Sommer, *A Prophet Reads Scripture: Allusion in Isaiah 40–66* (Stanford: Stanford University Press, 1998).

12　Sommer, *A Prophet Reads Scripture,* 127–28.

13　Willey, *Remember the Former Things,* 130; Sommer, *A Prophet Reads Scripture,* 165; Tod Linafelt, "Surviving Lamentations," *Horizon in*

第5章　預言書と諸書における「和解」（左近　豊）

より修辞的に、そして神学的に哀歌における神の沈黙への応答として第二イザヤを捉える視点を発展させている[14]。

　神の沈黙から応答へと、哀歌と第二イザヤの間に修辞的な移行を見る Heffelfinger の視点は、本研究においても有効なものと言える。和解は概念や静的状態ではなく、ダイナミックなプロセスと捉える時[15]、神の沈黙から応答への移行にはテクスト間の対話が前提とされるからである。このプロセスを可能ならしめる哀歌における神の応答を喚起する詩的技巧については、すでに Dobbs-Allsopp が哀歌註解で言及している通りである[16]。

哀歌1章の修辞

　哀歌テクストには第二イザヤにおける神の応答を渇望する「シオン」の叫びが修辞的な仕方で次のように刻まれている。哀歌1章は、その語り手の推移が動詞の人称によって明らかであるが、前半部

Biblical Theology 17 (1995), 51.

14　Katie M. Heffelfinger, "'I am He, Your Comforter': Second Isaiah's Pervasive Divine Voice as Intertextual 'Answer' to Lamentations' Divine Silence," in Chap. 6 of *Reading Lamentations Intertextually* (eds., H.A. Thomas and B.N. Melton; London: T & T Clark, 2021), 85–96.

15　本書第2章参照。

16　F.W. ダブス＝オルソップ『哀歌』現代聖書注解、左近豊訳、日本キリスト教団出版局、2013 年、56–57 頁。「（哀歌の詩は）この世の現実を生きる辛酸と痛苦をもって神に対峙し、かつて神が約束された癒しと養いを思いおこさせ、嘆きと怒りと遺棄を吐露し、神の行いの正しさを問い、神の臨在と不在の両方の弊害について率直に証しする。全ては神を促して、かつてのようにヤハウェが再び行動し、神の現在の怒りを将来の顧みへと転じさせようとするものなのである」。

113

第 2 部　旧約聖書学の見地から

（1–11 節）の語り手は、ひたすら「シオン」の悲惨を第三者の視点から叙述してゆく形式を取っており、後半部（12–22 節）では「シオン」が語り手となって自らの惨状を 1 人称文体で嘆くものとなっている。ところが、前半部で客体化されて、専らその惨状が哀歌詩人によって描写される「シオン」が唐突に、あたかも感情が溢れ出たかのように、9 節と 11 節で 1 人称で割って入る詩的修辞が見いだされる。

　前半部の語り手による叙述を切り裂くかのように、突然の神への呼びかけとして「ご覧ください（ראה）！」（9 節）「ご覧ください（ראה）！ 見てください（נבט）！ [17]」（11 節）が発せられる。ちなみに、これらの叫びが発せられる前後の叙述（8–10 節）ではバビロニアによるエルサレム崩壊が、性的暴行によって人格も尊厳も蹂躙され、打ち捨てられ、軽蔑され、慰めるものもいない一人の女性のイメージで語られている。8 節後半で「彼女は大声で叫びつつ」背を向けるが、それが 9 節後半、そして 11 節後半の 1 人称による具体的な叫びへ、更に 12 節以下の彼女自身の絞り出す嘆きへと展開してゆくことになる。

　9 節後半の叫びでは、「ご覧ください（ראה）！、主よ。私の惨めさを！ 敵の驕りを！」とある。その声は「見る」ことを促す。1 節以降ここまでは一貫して語り手のナレーションであり、シオンは悲劇の描写の対象であった。ところがここで突然、一人称による語りで「私」が出てくる。この「私」とは誰か。これは「私の」ではなく「彼女の惨めさを [18]」と述べるはずのところを写本家が間違えたのだ、と考える向きもある [19]。他方、伝承過程におけるミスではなく「私」とは哀歌詩

17　本文では Hif 形が用いられている。

18　עניה

19　BHS の校訂者は、3 人称女性形の人称代名詞語尾を示唆するが、これを支持する主要な古代訳はない。

第 5 章　預言書と諸書における「和解」（左近　豊）

人自身のことであり、対象のあまりの惨さに感極まって、感情移入して、語りに引き込まれて、娘シオンに自らを重ね合わせて主に呼ばわったのだという解釈もある。第三の可能性として、ここまで語り手の描写を黙って聞いていた娘シオンが思わず耐え切れずに割って入るようにして主に叫び声をあげたのだ、とも考えられる。第二と第三の可能性を重ね合わせて、詩人が一人二役で、語り手と娘シオンという 2 つの別個の人格にそれぞれ悲しみを別の角度から語らせる、そうすることで悲しみの多面性、嘆きの様々な側面を照らし出す演劇的手法が取られているとの見方もあろう [20]。テクストにおける読み手の存在に気

20　広島の原爆を題材にして書かれた『父と暮せば』の「あとがき」で作者の井上ひさしが、この修辞について次のように書いている。「ここに原子爆弾によってすべての身寄りを失った若い女性がいて、亡くなった人たちにたいして、『自分だけが生き残って申しわけがない。ましてや自分がしあわせになったりしては、ますます申しわけがない』と考えている。このように、自分に恋を禁じていた彼女が、あるとき、ふっと恋におちてしまう。この瞬間から、彼女は、『しあわせになってはいけない』と自分をいましめる娘と、『この恋を成就させることで、しあわせになりたい』と願う娘とに、真っ二つに分裂してしまいます。……ここまでなら、小説にも詩にもなりえますが、戯曲にするには、ここで劇場の機知に登場してもらわなくてはなりません。そこで、じつによく知られた『一人二役』という手法に助けてもらうことにしました。美津江を『いましめる娘』と『願う娘』にまず分ける。そして対立させてドラマをつくる。しかし一人の女優さんが演じ分けるのはたいへんですから、亡くなった者たちの代表として、彼女の父親に『願う娘』を演じてもらおうと思いつきました。べつに云えば、『娘のしあわせを願う父』は、美津江のこころの中の幻なのです。ついでに云えば、『見えない自分が他人の形となって見える』という幻術も、劇場の機知の代表的なものの一つです」（井上ひさし「劇場の機知――あ

第 2 部　旧約聖書学の見地から

づかせられる手法である。神への訴えを通して読み手にも、無関心と
忘却への警鐘を鳴らし、しっかと惨劇に目を凝らすことを求める。

　シオンが 11 節で主に見ることを求める自らの恥ずべき様は זוֹלֵלָה
が用いられていることは注目に値する。זוֹלֵלָה は七十人訳では
ἠτιμωμένη「不名誉なもの」、Vulgate では vilis「下劣なもの」、
Peshitta では zlylt'「軽蔑されるもの」と訳出されているものであり、
動詞 זלל「軽んじる」、「無価値なものとする」の Qal 形分詞の女性単
数形として理解されている。聖書の他の箇所でも、この動詞は Qal
では常に分詞形を取り、「つまらぬもの」（エレ 15:19）、「放蕩者」（申
21:20; 箴 28:7）、「身を持ち崩す者」（箴 23:20, 21）を意味している。こ
の語彙のもつ含みとして、伝統的なユダヤ教の解釈では、「大酒飲み
（סבאי יין もしくは סבא）」と並行して出てくることから、特に食におけ
る「むさぼり」"gluttony" を暗示するのである（例えば Ibn Ezra）[21]。こ

とがきに代えて」『父と暮せば』新潮社、2001 年、109-10 頁）
　また哀歌研究者 Tod Linafelt は次のように述べている。「詩人が読者
に対して占有していた立場は、一瞬にして崩れる。今、語られた者が語
る者となるのだ。同様に、詩人が主について語った後、最初に主に向か
って語りかけるのはシオンである。神学は留保されて、シオンが主（そ
して読者）に、彼女の苦悩を説明することよりも、彼女の苦悩を見つめ
るよう迫るのである」"Margins of Lamentations or, The Unbearable
Whiteness of Reading," in Reading Bibles, Writing Bodies; Identity and
the Book (eds., T.K. Beal and D.M. Gunn; New York: Routledge, 1997),
222.

21　これに対して V.A. Hurowitz は、アッカド語名詞 zilulû、あるいその副
　　詞形 zilulliš との関連を示唆し、「乞食 "begger"」の訳を提唱している
　　（"זוֹלֵלָה =PEDDLER/TRAMP/VAGABOND/BEGGAR Lamentations I
　　11 in Light of Akkadian ZILULŪ." VT 49/4 (1999), 542-45 参照）。A.

れは共同体内における恥ずべきあり方を指して使われているといえよう。

ここで זוללה のおかれた文脈に注目してみる。哀歌 1:11 前半には、激しい飢饉の様子が描かれ、さらに מחמד を Qere で読むと「大事なもの」を生き延びるために食料に代えたとなる[22]。「大事なもの」が何を指しているかについては諸説があるが、哀歌 2:4、エゼキエル書 24:16 などでは「目に尊い者たち」、そしてホセア書 9:16 では「子どもたち」を示唆して使われており、生き延びるために糧に代えたのが貴重品ではなく、かけがえのない存在であったことになる。D. Hillers が「Atra-hasis 叙事詩」を引き合いに出し、激しい飢饉に際して家族を「食い扶持」として売りに出すのは、人肉食の一歩手前の段階と解釈していることは示唆に富んでいる。ちなみに「叙事詩」は次のように飢饉下にある社会を描く。「5 年目がやってきたとき、娘はその母が入ってくるのを目にする。母は娘に扉を開けることさえしない。娘は母の秤を見る。母は娘の秤を見る。6 年目がやってくると、彼らは娘を食料のために差し出し、息子を食料のために差し出した」と[23]。

おぞましい「人肉食」はあくまでも暗示に過ぎないものの、哀歌 2:20、4:10 と呼応する隠喩として読めば、親たちが子どもたちの命を犠牲にして生き延びる姿を描いたものと解釈することが可能である[24]。

Berlin は Hurowitz に従う。

22 מחמד は他に 1:10, 11; 2:4 に登場する。

23 S. Dalley, *Myths from Mesopotamia* (Oxford: Oxford Univ. Press, 1989), 26.

24 ダブス＝オルソップ『哀歌』122 頁 ; P.R. House, "Lamentations," in *Song of Songs/Lamentations* (WBC; Nashville: Thomas Nelson, 2004), 356. この解釈には、いくつかの反論がある。例えば、J. Renkema,

第 2 部　旧約聖書学の見地から

たとえ背に腹は代えられず、極限状況において何人もその行為を
「罪」に定めることはできなくても、自らの命を保つために子を食に
供して生き延びてしまった親が、それ以後抱えてゆかなければならな
かった恥辱と苦痛がどれほどのものであったかを想起させる表現であ
る[25]。危難の中で、人間性を喪失して生き延びるしかなかったものの
みが抱える壮絶な現実がある。テクストの中から私たちに叫ぶ声は、
このおぞましさから目を背けさせないのである、「見よ（ראה）！ 目を
凝らせ（נבט）！」と[26]。

Lamentations (Leuven: Peeters, 1998), 149 は、「子どもにはそれ自体に
価値はなく、さらなる扶養家族としての価値もない。代金を支払って
子どもを引き受けた人々の食料備蓄に、さらなる負担をかけることに
なる」と論じる。A. Berlin も攻略時の都市において飢えた人間に商品
的価値はほとんどなく、この解釈に困難を覚えるとし、むしろ子ども
たちを生き延びさせるために、彼らを食べさせることのできる者たち
に、親が子どもを安く売るか、もしくは値なしに引き渡したと理解す
る。親たちが自分の利益のために子を売ったのではなく、むしろ、も
はや子を育てられなくなって追い詰められた親が、子どもを食べさせ
るために差し出したというのだ。その論拠は、テクストにおいて、誰
の命を「生き延びさせるため」なのかが曖昧にされているからである。
この解釈の論拠に Berlin はホロコーストにおいて多くの親たちが陥っ
たジレンマ、子どもを手元においておくか、それとも希望を託して誰
かに委ねるか、を引き合いに出している。

25　左近豊「苦難としての恥──哀歌第 1 章の文学的研究」『聖学院大学論
　　叢』22(2)、26 頁。
26　左近豊「御覧ください、主よ！　哀歌第 1 章 1–11 節」『説教黙想アレ
　　イテイア特別増刊号　危機に聴くみ言葉』日本キリスト教団出版局、
　　2011 年、101–6 頁参照。

3 哀歌と第二イザヤのテクスト間の相克

　神の応答を迫る呼びかけに対して、哀歌全体にわたって神の沈黙が貫かれている。叫びが届かない虚しさに苛まれるようにして、ついには「道行く人」、すなわち傍観者（潜在的に想定される「読者」）に向けて（11節と同じ動詞を用いて）「見よ（נבט）！ しかとご覧あれ（ראה）！」（12節）と呼ばわる他ないところに、哀歌における神の沈黙の重みが際立つ。

　言い換えれば、哀歌においてはシオンの（そしてシオンについての）「語り」のみがあり[27]、神の「語り」は一切ない。「和解」には両者の語りの開陳、さらには緊張を含む相互の対話が前提となるが、哀歌テクストにおいてはそれは顕在化されない。テクスト間対話は、第二イザヤのテクストの語りを待たねばならない。

　読者はこの両者の相克する語りとストーリーに同等に耳を傾けながら、辛抱強く、かつ誠実に、あたかも裁判において検察側と弁護側の証人の証言、及び両者の尋問への応答に耳を傾ける裁判人のようにテクスト間の語りの間に横たわる他者性を踏まえつつ、両テクストの和解のプロセスに参与することになる[28]。

27　哀歌の叙情詩には筋立てや論理的筋道、すなわちストーリーと呼べるものが欠落している点に特徴がある。アルファベット・アクロスティークによって、断片的かつ並列的な詩行が結び合わされ、散逸と混沌を防いで、読者をאからתへと導いてゆく形式が用いられている。非ストーリーとしての「ストーリー」が物語られていると言えよう。ダブス＝オルソップ『哀歌』38-55頁参照。

28　Walter Brueggemann, *Theology of the Old Testament: Testimony, Dispute,*

第2部　旧約聖書学の見地から

　テクスト間対話を促すのは先述の「叫び」、すなわち9、11、12節の
テクスト内にこだまする1人称による訴えである。あたかもそれらは、
哀歌テクストを越境して、この書に想定されている読み手への訴えと
もなっている。さらに書物と読み手の境目を超え出た叫びは、哀歌テ
クストを越境して第二イザヤでの神の応答を見出させることになると
いえよう。先述したように哀歌と第二イザヤの間のテクスト間の連関
については議論の余地がない。そこで、ここでは、哀歌から第二イザ
ヤへ、という一方的な引喩や引用だけでなく、相互のテクスト間でな
される対話性に注目して、特に第二イザヤにおける重要な構成要素で
ある「シオンの歌」、中でもイザヤ書54:1–17を取り上げて考察する。

哀歌とイザヤ書54章

　イザヤ書54章は、直前の「苦難の僕の歌」（52:13–53:12）と対をな
す「シオンの歌」である[29]。哀歌において人格化された都エルサレム
の象徴「シオン」の激しい苦難と悲嘆への、神の語りと言える。直前
の「シオンの歌」（51:9–52:12）ではシオンの慰めと贖い、そして主の
帰還が語られてきたが、54章の「シオンの歌」では主がシオンを妻
とし（54:5）、子孫の約束もなされ（54:1–3）、約束の地を相続するも
のとされる（54:17）。特に後半部の9–17節には、「慰め」「贖い」が
語られるとともに「平和（שלום）」への言及がなされており（10, 13節）、
本論文のテーマである和解において重要なテクストであることから丁

　　Advocacy (Minneapolis, MN: Fortress Press, 1997).
29　第二イザヤでは、40:1において「慰めよ！」と命じられて以来、慰め
　　が約束され、息子たち、娘たちの帰還（49:22）、そして直前の「シオ
　　ンの歌」の結びには主ご自身の帰還と「慰め」「贖い」が記されている
　　（52:7–12）。

寧に釈義を行う。

イザヤ書 54:1–17 の修辞

この章は文学構造的には 1–10 節、11–12 節、13–17 節の 3 つの部分から構成されている[30]。1–10 節はいくつかのキーワードが枠をなし、更に哀歌との逆接的連関をもって展開される。以下で各部分の哀歌との対話に注目しながら丁寧に解釈してゆく（以下の私訳はヘブライ語の語順、品詞、人称代名詞、そして修辞などを重んじたものであり、語の対応を際立たせるためにヘブライ語を添え、あるいは行をずらしている）。

1 節

歌え！ 不妊の女よ、
　　　出産したことがない。
歓声をあげよ！
叫べ！
　　産みの苦しみをしなかった（女よ）
何故なら多くなるから。
　　打ち捨てられた女 （שממה） の子らは
　　夫のある （בעל）[31] 女の子らよりも
YHWH は言われる

30　中沢洽樹は、「1–3、4–6、7–10、11–14、15–17 の 5 段落からなる賛美の混じった救済託宣」とする。『第二イザヤ研究』山本書店、1962 年、200 頁。様式史批判による分類では 1–3、4–6、7–10、11–17 の 4 段落を考える向きもあるが、ここでは修辞批判によって 3 段落に分けることにする。

31　原語では動詞の受動分詞女性形。

第2部　旧約聖書学の見地から

1節は連続する3つの動詞が命令形で、子を産むことのなかった者、暴虐に晒されて打ちのめされた者を「歌え！」「歓声をあげよ！」「叫べ！」と讃美へと招く[32]。これは 44:23、49:13、52:9 にも見られるものである。ここで讃美の理由とされている1節bでは、夫を持つ身とされた女との対比で、打ち捨てられた女への言及がある。後者に用いられているのは שוממה であり、哀歌 1:4 で崩壊後の都を言い表すのに用いられた שוממין と語源を同じくする。特に哀歌1章で用いられている語形はサムエル記におけるタマル、すなわちアムノンによるレイプ後、残された生涯を閉ざされた孤独と恥辱の内に侘しく終えることを余儀なくされた女性を想起させる語と言える（サム下 13:20）。

夫（原語では「בעל」）によって保護され、結婚して家庭を築いた女性との対照が際立たせられている。イザヤ書 54:1 では、このコントラストを用いながら逆説的に、出産の喜びは勿論のこと、絶望的に尊厳を剥奪された女性が、子宝に恵まれることが言及される（詩 113 編でも、不妊の女性や子のない女性たちを子を授かり喜ぶ母とする神の語りかけがある）。

ただ、この節と対峙している哀歌においてのシオンは、夫と離別した寡婦の隠喩で言い表され（1:1）、子らを捕囚（1:5）、もしくは飢餓で失い、その肉さえも喰らって生き延びねばならなかった母親として描写されてきた（2:20; 4:10. 1:11 も暗示）。深いトラウマを抱えたシオンにとって、楽観的な未来を思い描くことなど死なせた子らを思えば

32　ヴェスターマンは 1–2 節を「ほめ称えの歌」に見られる「呼びかけ」とする。『イザヤ書 40–66 章』ATD 旧約聖書註解 19、頓所正／山本尚子訳、ATD/NTD 聖書註解刊行会、1997 年、465–67 頁。

第5章　預言書と諸書における「和解」（左近　豊）

断じて受容できないことであろう[33]。哀歌においてシオンは、生き延びた恥辱と「侘しさ」を抱き締めて生き抜くことしかできない存在である。イザヤ書54章の冒頭に連続する讃美への招きは、哀歌テクストとは全く異なる発話体によるものである。この他者との対峙こそが、哀歌とイザヤ書54章の間に対話を成り立たせるのである。

2節

広げよ！
　　　　あなたの天幕の場所を
　　　　あなたの住まいの幕を
引きのばさせよ[34]！
惜しんではならない！
伸ばせ！
　　　　あなたの天幕の綱を
　　　　あなたの杭を
堅くせよ！

ここではイザヤ書のテクストは一つの禁令「惜しむな！」を囲い込

33　ヴェスターマンも次のように論じている。「『喜べ、不妊の女よ……』という呼びかけは、聴衆には厳しい逆説として響いたに違いない。アカーラー＝不妊の女、という語は、変化しない死滅したものという響きがあった。人はいかにして不妊の女を歓喜へと呼びかけることができただろうか。それは無意味で、残忍なことであった」（『イザヤ書40-66章』467頁）。

34　MTではHif. 未完了形であるが、Aquilla、Symmachus、Theodotionなどは Hof. 未完了形を想定していることがうかがわれ、LXX、Peshitta、Vulgate などは Hif. 命令形で読んでいる。

123

第 2 部　旧約聖書学の見地から

む、対となる 4 つの動詞の命令形をもつ文学構造で、シオンの居住
領域の拡大に言及する。シオンについての約束が語られる 33:20–21
の描写が反映されていると言えよう[35]。1 節で垂直次元へと賞揚される
歌声に関する命令であったのに対し、2 節では空間の水平次元への拡
張が命じられる。哀歌において、孤高と孤独の中、うらぶれた姿で道
端に独り捨て置かれているシオンの姿とのコントラストが際立つもの
と言える。

3 節

なぜなら、右に左にあなたは増え広がるから
　　　あなたの子孫は、国々を継ぐから
　　　打ち捨てられた（שממ）諸都市を、住処とするから

　2 節での水平次元への拡張は、3 節にも引き継がれ「左」「右」へ
の方向性が加えられる。その上で、領域として「諸国」及び「諸都
市」への言及へと移行すると共に、改めて 1 節では一人の女性を形
容するために用いられた「打ち捨てられた」が、この節では都市を形
容するために用いられている。1–3 節を枠づけるものと言えよう。1
節で「打ち捨てられた女」の子どもたちが増大することに言及された
ものが、3 節では、その子らが「打ち捨てられた」都市に住む場所を

35　Christopher R. Seitz は、この章と 33 章との関連に加えて 53 章の「苦
　　難の僕」への約束との関連にも言及している。例えば、子孫（זרע）と
　　多くの人（רבים）は 53:10–11 における僕への約束（「子孫を見る」、「多
　　くの人を義とする」）を受けてのものと理解している。"Isaiah 40–66,"
　　in *The New Interpreter's Bible Commentary*, Vol. 4 (Nashville, TN:
　　Abingdon Press, 2001), 477.

124

第5章　預言書と諸書における「和解」（左近　豊）

広げることが告げられる。創世記の族長への約束（子孫、土地、祝福）、
そして「苦難の僕」への約束（53:10）を関連づけて思い起こさせる
第二イザヤ独自の語りとなっている。

4節

恐れるな！
　　　あなたは恥じいる（בוש）ことはないから
また、貶められてはならない！
　　　あなたは辱められることはないから

　　　　　あなたの若き日の恥（בוש）を、
　　　あなたは忘れる（שכח）のだ。
　　　　　あなたの寡婦の時[36]の屈辱を
　　　二度と思い起こすことはない。

　4節では救済託宣の定式である「恐れるな！」、そして「貶められ
てはならない！」との命令ののちに、それぞれ理由が続く。「恥じい
る（בוש）ことはない」「辱められることはない」から、と。さらに後
半部分でも恥辱に関連する語彙を関連させて「（若き日の）恥（בוש）
を忘れ」「（寡婦の時の屈辱を）二度と思い起こさない」と続ける[37]。

36　BHS は脚注で MT における名詞「widowhood、寡婦である状態」の
　　双数形 אלמנותיך、ではなく、複数形、もしくは「widow、寡婦」の複
　　数形 אלמנותיך を提案する。これは、シオンそのものではなく、エルサ
　　レムの都の中にいる「寡婦ら」を想定した提案といえる。ここではシ
　　オン自身と結びつける MT の理解をとる。
37　ここでの「恥じいる」「（若き日の）恥」（בוש）は、1:29 での偶像崇拝

125

第 2 部　旧約聖書学の見地から

5–6 節

なぜなら、

あなたを治める方（夫）（בעל）[38] は　あなたを造られた方であり
　　　　　　　　　　　　　　　　万軍の YHWH がその名であるから

あなたを贖う（גאל）方は　　　イスラエルの聖なる方であり
　　　　　　　　　　　　　　　　全地の神と呼ばれる方だから。

　　棄てられ（עזב）、また魂傷つけられた妻のような
　　あなたを
YHWH は呼んだ
　　若き日の妻を　拒めるだろうか、と。
あなたの神が言われる。

　5 節では、4 節での理由づけを更に強化する意図で 1 節のテーマが新たに展開される。1 節では「夫ある女」の子どもたちよりも「打ち捨てられた女」シオンの子どもたちの方が多くなる、という文脈であったが、5 節では、むしろシオンに対して、「あなたを治める方（夫）」は YHWH であり、「あなたを造られた方」、「万軍の YHWH」、そして「あなたを贖う方」であり、「イスラエルの聖なる方」、「全地の神」ゆえに「恐れることはない」と。

　や不信にまつわる「恥」を受けてのことと理解することもできる。
　（Seitz, "Isaiah 40–66"、中沢『第二イザヤ研究』を参照）。

38　MT では動詞の分詞形（「あなたを支配するもの、あなたを娶るもの」）が使われている。LXX、Peshitta、Targum などは名詞（「主人、夫」）と読んでいる。

第5章　預言書と諸書における「和解」（左近　豊）

　これは一方で哀歌において「寡婦のようになった」すなわち夫を失った妻のようになったシオン、あるいは親しいもの全てに蔑まれたシオンへの応答と言える。他方、ここでの第二イザヤの神観（「造り主」「万軍の主」「イスラエルの聖なるもの」「全地の神」[39]）は旧約聖書中、典型的なものであり、当然哀歌詩人もよく知っていたことと思われる。第二イザヤはここで2人称の人称代名詞を用いて、既知の神が、他でもない「あなたの夫であり、あなたを造られた方であり、あなたを贖う方なのだ」と語る。その上で、寡婦のようになったシオンの姿と悲嘆を受け止めるように、「棄てられた妻のように」なり、「（拒まれた）若き日の妻」であるシオンを[40]、YHWH＝「あなたの神」が夫として、再び呼び戻すことが語られ[41]、その呼びかけが次節に展開される。

39　これらの称号は古代イスラエルの神学に根差したものであり、「万軍の主」はイザヤ書にも多く見られるが、契約の箱を囲んでの礼拝で用いられ、エルサレム神殿での祭儀において引き継がれたもので、出エジプト、荒れ野、ヨシュアの土地取得、ダビデによる支配を思い起こさせるものである。「イスラエルの聖なる方」はイザヤの幻においてしばしば用いられるものであるが、アブラハムの選びとイスラエルを結びつける方としての神を表すものと言える。「全地の神」は、ユーフラテスからナイルに及ぶ全域がYHWHのものであるとの主張と結びつくものである（創 15:18; 申 11:24; ヨシュ 1:4; 王上 5:1 など）。J.D.W. Watts, *Isaiah 34–66* (WBC 25; Waco, TX: Word Books, 1987), 237 参照。

40　これは 49:14 のシオンの訴えを受けたものでもある。「シオンは言った。『私を棄てた עזבני のだ、YHWH が。わが主が私を忘れた שכחני のだ』」。

41　ホセ 2:18 では「あなたは私を呼ぶ、『私の夫（אישׁי）』と。もはや二度とあなたは私を『私のバアル（בעלי）』とは呼ばない」とあり、この箇所との「バアル（主、夫）」の用例に不協和音が響く。

127

第 2 部　旧約聖書学の見地から

7–8 節

ひと時、ほんのわずか、私はあなたを棄てた（עזב）

しかし大いなる憐れみ（רחם）をもって

　　　　　　私はあなたを連れ戻す

溢れんばかり[42]の怒りをもって　私は顔を隠した

　　　　ほんのひと時　あなたから

しかし永遠の慈しみ（חסד）をもって

　　　　　　私はあなたを憐れむ（רחם）

あなたを贖う方（גאל）、YHWH が言われる。

　7 節の神の 1 人称による語りにおいて、「私はあなたを棄てた」ことを認める。ただ、それが「ほんのわずか」の期間であり、むしろこれを凌駕する「大いなる」憐れみ（רחמים　複数形）をもって「私はあなたを連れ戻す（集める）」ことで上書きする構文となっている。

　続く 8 節でも、「溢れんばかりの怒り」で「私は顔をあなたから隠した」が[43]、それは短い期間のことであり、「永遠の」慈しみ（חסד）をもって「私はあなたを憐れんだ（רחם の 1 人称完了動詞）」と「あなたを贖う方、YHWH」が言われたと告げられる。「あなたを贖う方」は 5 節に登場し、8 節との枠を構成しており、そこでは「あなたの夫」と並行していることからも、慈しみ（חסד）と憐れみ（רחם）をも

42　Hapax legomenon である。おそらく、בשטף（BDB 参照）か בשפץ（BHS 参照）と考えられる。LXX は μικρῷ「短期、わずかに」、Vulgate は momento「ひととき」と 7 節との調和において訳出している。ここでは BDB の示唆に従う。

43　イザヤ書 1 章における目をそらし、耳をふさぐ神（1:15）と、不正と不実を忌避する神、罰し、報復する神（1:24–25）との対応も。

第5章　預言書と諸書における「和解」（左近　豊）

ってシオンとの関係の回復を意図する神の語りが展開される[44]。

9-10節

実に[45]ノアの洪水だ、これは私にとっては。
私は覆うことがないと誓ったのだ、
　　　　ノアの洪水[46]が再び地を。
そのように私はあなたに対して怒ることのないことを誓ったのだ
　　　　　　またあなたを責めないことを。
確かに山々は移ろい
　　　　丘は　揺らぐ
しかしあなたへの、私の慈しみ（חסד）は決して移ろわず
また私の 平和（שלום） の契約は決して揺るがない
あなたを憐れむ方（רחם）、YHWH が言われる。

44　中沢は、シオンの罪に対する神の一方的な愛と憐れみによる赦しをこ
　　こに見て、次のように論じている。「不貞の罪を罰するためにいったん
　　離縁はしたが、離縁状を渡して契約そのものを破棄したのではない、
　　なんといっても最初から長く連れ添った妻であるから、といったよう
　　なニュアンスであろう。……第二イザヤはエレミヤ［2:2 参照］のよう
　　に砂漠時代のイスラエルを理想化して考えてはいない。従って……シ
　　オンの側になんらか救済に値する理由を認めることにはならず、救済
　　はやはり純粋に神の側の理由によるものと解される」と神学的な省察
　　を加えている。中沢『第二イザヤ研究』202 頁。

45　BHS は MT のכ ではなく、前置詞כּ で読み「～のように」を示唆し
　　ているが、古代訳の支持もないので、ここでは MT に従う（4QIsa. で
　　は כימי「（ノアの）海のように」）。

46　LXX では、ここでの「ノアの洪水」は省かれている。

129

第 2 部　旧約聖書学の見地から

　9 節は唐突に創世記 6-9 章の「ノア」の洪水を引き合いに出している
ようにも読めるが、むしろ「溢れんばかりの怒り」を凌駕する「永
遠の慈しみ」の強調に供せられていることがわかる。人の悪への神の
悔恨と痛苦に起因する洪水を経ても「人が心に計ることは、幼い時か
ら悪い」ことは変わらないにもかかわらず「ノアとの契約」を結んで
（創 8-9 章）、二度と洪水が地を覆いつくすことはないと「誓った」（創
8:21）のと同じように、「あなたに対して怒らず」「あなたを責めな
い」ことを「誓う」と続ける。10 節では、「永遠の」慈しみ（חסד）
をもって臨む神の「憐れみ」の確かさが強調される。創世記の「ノア
との契約」に詩編 46 編を重ねながら [47]、たとえ混沌の中に山々が「移
ろう」とも「あなたへの私の慈しみ（חסד）」は決して「移ろわず」、
たとえ丘が「揺らぐ」とも、「私の平和の契約」は断じて「揺るがな
い」と [48]、「あなたを憐れむ方（רחם）、YHWH が言われる」と語るの
である。これは 8 節の「あなたを贖う方（גאל）、YHWH が言われる」、
さらには 5 節での並行にある「あなたの夫」である YHWH と呼応す
るものとなっており、旧約聖書における「天地創造」「ノアの洪水」
「ノアとの誓い・契約」のモチーフを引きながら、天地創造における
混沌からの秩序、歴史における捕囚からの帰還へと「憐れみ」と「慈
しみ」をもって「贖う」YHWH の「シャローム」を指向する語りが
5-10 節で物語られていることがうかがわれる。
　11-17 節は、この章の後半部分となるが、文学構造的には 11 節と
12 節で都の礎（土台）と境界（城壁）が固く、かつ高貴に神自身によ

47　天地創造における「混沌」に秩序を据える神の創造の業との関連も暗
　　示する（詩 93 編）。詩 46 編や 93 編における天地創造のモチーフとの
　　関連については Seitz, "Isaiah 40-66," 477 参照。
48　詩 46:3, 5 参照。

第 5 章　預言書と諸書における「和解」（左近　豊）

って据えられることが述べられた後、再び 13–17 節が「義」を枠とする一つの塊となっている。前段の「憐れみ」「慈しみ」「贖い」に新しい概念が加えられることになるが、「平和」「神の業」、天地創造のモチーフなどは 1–10 節と呼応している。

11–12 節

苦しめられた者、煽られ、慰められることのなかった者よ
さあ、この私が据えるのだ。あなたの礎石をアンチモンをもって
　　　　　　　私があなたの基礎を固める　　　ラピスラズリをもって
そして私は　　　　　　　　赤めのう　を置く　あなたの塔に
そしてあなたの門に　　　　輝く石を
そしてすべての境界に　　　貴重な石[49] を

11 節と 12 節は、54 章全体においては 1–10 節と 13–17 節に挟まれた中心に位置している箇所である。第二イザヤの主要なテーマの一つである「慰め」にふれるのもこの箇所である。この箇所は、YHWHの憤りに打ちのめされたシオン（哀 2 章、4 章参照）に回復を告げる 51:21 の「苦しめられた者よ」との呼びかけに呼応している。嵐に翻弄され、慰める者もいないシオンに対して、灰燼に帰した都の礎[50] が

49　「アンチモン」「ラピスラズリ」「赤めのう」「輝く石」「貴重な石」の訳語は『聖書　聖書協会共同訳』を参照。

50　哀 2:1–9 において、憤りと怒りをもってエルサレムの都と神殿に対して徹底的な破壊を行う神の姿が描写されている。哀 4 章でも、「純金」の輝きが失われ（1, 2 節）、かつて「赤真珠」や「ラピスラズリ」のような姿であったものが「すす」のように汚れた（7, 8 節）ことが述べられ、それは主の憤りの極まりと燃える怒りがシオンの礎を焼き尽く

131

第 2 部　旧約聖書学の見地から

YHWH によって据えられ、しかも宝石で彩られた壮麗さは、城郭に
及ぶことが述べられる。この華麗さは、新しい神の都、ひいては新し
いシオンの姿を表すものと言えよう。これは哀 1:1 における「女王」、
妃、姫君であった姿と対峙するものと言えよう。哀歌ではその過去の
姿と落ちぶれた今が対照モチーフとされてシオンの悲惨さが強調され
るが、ここでは逆転されて回復を印象付けるものとなっている[51]。

13–17 節
そして、あなたのすべての子らは YHWH の教え子となる
そして　大いなるものは、あなたの子らの 平和（שלום） である。
義（צדקה） によって、あなたは固く据えられる。

遠ざかれ！ 抑圧から
　　　　　　　　決して恐れることはない。
　　　　　恐怖から
　　　　　　　　決してあなたに近づくことはない。

見よ、彼は激しく攻める。私からではあり得ない。
あなたを攻める者は誰であれ、
あなたに相対して、倒れるだろう。

見よ[52]、私自身が職人を創造したのだ。
炭火を起こし、その手の業である武器を造り出す者

───────────────────────────

　　した故と述べられる（11 節）。
51　49:16 以降の再建のモチーフと呼応している。
52　Ketiv では 15 節冒頭と同じだが Qere では hinnē。

132

そして私自身が粉々に破壊する者をも創造したのだ。

全ての武器、それはあなたに対して形作られるが、使いものになら
　ない。
そして全ての舌が、あなたに対立しようとも、
　裁きにおいてあなたは（これを）有罪とする
これが YHWH の僕らの嗣業
そして彼らの義（צדקה）は私からのもの
YHWH の託宣

　13–17 節は、「義（צדקה）」で枠づけられた単元と言える。また
「YHWH の教え子」と「YHWH の僕」も枠を構成している。さらに
「平和（שלום）」がこの段落と前段落（1–10 節）とを架橋するキーワー
ドとなっている。
　内容的には、1–10 節と 11–12 節での「シオン」から、シオンの
「子ら」に焦点が移っている。13 節ではシオンの子らが YHWH の教
えを受けるものとされ、大いなる平和（שלום）を得るものとされる、
と。シオンは義（צדקה）によって揺るぎないものとされることが確証
される。これは 1:26 で YHWH による審判の後に「あなたは正義の
都」と呼ばれることを受けてのものと言える。1 章で審判の道具とさ
れているのは国々であったが、ここでは、もはや恐れは去り、恐怖は
遠景に退く。もはやシオンに対する激しい攻撃はなりをひそめ、武器
も用をなさないものとされる。また裁判においてシオンに対立する、
いかなる言説も、逆にシオンによって罪に定められるものとされる、
と。それゆえにシオンの子らは YHWH の教えを受け、YHWH の僕
とされ、YHWH からの義を受け継ぎ、確かな礎を持つものとされる
ことが語られる。そこに大いなる平和（שלום）が望み見られている。

第 2 部　旧約聖書学の見地から

まとめ

　哀歌の「シオンの嘆き」のテクストとイザヤ書 54 章の「シオンの歌」のテクストの間には、語彙やモチーフの共有のみならず、文脈的にも神の沈黙と応答の関係があることは既に論じられてきたが、本稿では両テクストが、単に語彙等の共有、あるいは沈黙と応答のテーマの連関に留まらず、互いに拮抗しせめぎあい、緊張関係にある相克する「語り」と「ストーリー」であることに注目した。哀歌はそもそも物語られることに抗う「非ストーリー」でさえあり [53]、その叫びは応答さえ拒絶するものと言える。それに対してイザヤ書 54 章は、他の「シオンの歌」と同様に整然とした文学構造とダイナミックな修辞的展開を持ち、天地創造、ノアの洪水、族長への約束、出エジプト、土地取得などのモチーフを巧みに用いつつ、ほめたたえの詩を歌い上げ、来るべき終末の平和を望み見るストーリーを軸に物語られている。すなわち哀歌とイザヤ書 54 章の両者は明らかに他者性を持ち、単に哀歌の問いにイザヤ書 54 章が直截的に応答しているというものではないことが分かる。

---

[53]　ダブス＝オルソップ『哀歌』21–93 頁参照。哀歌が用いる詩的言説の特徴について、「哀歌に論理的展開が明らかに欠如していることは、多くの注解者によって繰り返し指摘されてきた通りである」（60 頁）と述べ、さらに哀歌には全体を貫く神学的軸は見出すことができず、例えば哀歌の中心テーマであるシオンの苦しみに対する神義論的筋書を想定することを哀歌自体が拒絶し、ましてや苦難を罪と関連付けて説明しようとする試みには強い抵抗が哀歌には見られ、anti-theodicy という神義論的語りの不能がうかがわれることが論じられている（62–93 頁）。

134

第5章　預言書と諸書における「和解」（左近　豊）

　異なるテクスト同士が、その叫びも語りもそのままに、対峙しなが
ら、互いに反対尋問をもって検証を促し[54]、終わりなきテクスト間対
話を繰り広げている場に動的で流動的なプロセスが担保される。ブル
ッゲマンが言うように、この「動的なダイナミズムは、私たちに終わ
りなき折衝（ネゴシエーション）を促す」のである[55]。

　このような、旧約聖書の「和解」理解は、現代を生きる我々にとっ
て、終末において完成する究極的な「和解」を仰ぎ見ながら、「究極
から一歩手前の真剣さ」（K. バルト）をもって忍耐強く漸進的に「和
解」のプロセスを辿るあり方を示唆するものと言えよう。

54　哀歌の言説と第二イザヤの言説が互いに Cross examination を行う関
　　係にあることを想定する。
55　本書 69 頁を参照。

135

第 2 部　旧約聖書学の見地から

第 6 章

研究ノート

旧約聖書における
「和解」の語彙に関する試論

左近　豊

序

　本研究ノートは、旧約聖書における「和解」を論じるにあたって、これまで看過されてきた語彙と概念について、語義論的に探究するものである。

第 6 章 研究ノート 「和解」の語彙に関する試論 （左近 豊）

　本書第 2 章「旧約聖書における『和解』序説」で論じたように、パウロの「和解」概念は、語彙に限定すれば旧約聖書に起源を持たないものとされている（本書 51 頁以下参照）。

　パウロが用いるギリシャ語 καταλλάσσω や καταλλαγή といった「和解」に関する語彙は LXX において、ごく限られた旧約文書にしか登場しない。むしろ旧約聖書テクストと新約聖書テクストの間の時期（中間時代）の諸テクスト（「第 2、第 4 マカベア書」やフィロン、ヨセフスら）に見いだされるものである。そのため、パウロの「和解」概念は旧約聖書起源というよりも、ユダヤ諸文献やギリシャ・ローマ世界に根源を有するとの理解がなされてきた。

　ただし、旧約聖書に「和解」概念が存在しなかったわけでは勿論ない。むしろシャロームに至る「和解」の思想は旧約聖書全体に貫かれている。例えば、ヤコブとエサウ、ヨセフと兄弟たちの間の葛藤の末の「和解」について、「和解」を表す典型的な語彙は用いられていないにもかかわらず、内容において重要なテーマであることは言を俟たない。これについては、文芸学的方法を用いて解明されることであり、本研究ノートでは扱わない。

1　旧約聖書における「和解」の語彙に関して

　ここでは改めて、語彙のレベルの検証を行い、パウロ書簡も含めて新約聖書全体で用いられる「和解」概念に連なる可能性を有する、旧約聖書の「和解」の語彙について検討することを主眼とする。

　ちなみに、アンゲリカ・ベルレユング／クリスティアン・フレーフェル編『旧約新約 聖書神学事典』（山吉智久訳、教文館、2016 年）は、「和解」を「贖い」の類語と捉えて論じている。ただし、その語義的

137

第 2 部　旧約聖書学の見地から

根拠は希薄と言わざるをえない[1]。「贖い」と訳されるヘブライ語には、ゴーエール（「贖う」の意の動詞ガーアルの分詞）やキップリーム（「覆う」という動詞カーファルから派生した名詞複数形）などがあるが、これらをもって、「和解」と同義と言えるかは、甚だ疑問と言わざるをえない。他にも、「悔い改め」「赦し」「回復」「償い」などの用語を「和解」と同義と考える者もいるが[2]、いずれも十全に「和解」を表すものとは言い難い。

　ヘブライ語における「和解」の語義的根拠を求めるにあたって、一つの手がかりは、LXX におけるギリシャ語の「和解」に相当するヘブライ語を探ることである。もちろん、ギリシャ語の「和解」概念とヘブライ語における「和解」概念の間に横たわる言語的、思想的、歴史的差異には留保が必要であることは言うまでもない。

　新約聖書をひもとくと、先述のように、パウロは書簡で、καταλλάσσω や καταλλαγή を用いており、LXX で καταλλάσσω が用いられるのは 4 例が挙げられる。それらのうち、3 例は II マカバイ記に集中しており（1:5; 7:33; 8:29）、1 例のみエレミヤ書 48:39（LXX 31:39）に登場する。このエレミヤ書での用法について、本研究では検討したい。

1　C. Breytenbach, *Versöhnung: Eine Studie zur paulinischen Soteriologie* (WMANT 60; Neukirchen: Neukirchener, 1989), 40–83 参照。

2　W.J. Wessels, "'Return to the Lord your God, for he is gracious and compassionate...' (Jl 2:13), A Prophetic Perspective on Reconciliation and Restoration," *Verbum et Ecclesia* 26,1 (2005), 310.

2 エレミヤ書 48:39 (LXX 31:39) の文献学的考察

エレミヤ書 48:39 (LXX31:39) は、「モアブにたいする託宣」の文脈にある。これが LXX 中、MT との対照において、(続編を除いて) 唯一 καταλλάσσω が登場する例であるが、この例には本文上の問題が立ちはだかる。その問題を明確にするために、まずは MT と LXX を比較しよう。あえて語順に即して直訳的に訳出し、問題点を浮き彫りにする。MT と LXX の相当する語は枠線で囲んで対応箇所を示している。

MT

אֵיךְ חַתָּה הֵילִילוּ אֵיךְ הִפְנָה־עֹרֶף מוֹאָב בּוֹשׁ וְהָיָה מוֹאָב לִשְׂחֹק וְלִמְחִתָּה לְכָל־סְבִיבָיו׃

How shattered it(fs) is! They howled. How Moab turned (his) back! He was ashamed. And Moab will become a laughingstock and a terror all around him.

LXX

πῶς κατήλλαξεν; πῶς ἔστρεψεν νῶτον Μωαβ; ἠσχύνθη καὶ ἐγένετο Μωαβ εἰς γέλωτα καὶ ἐγκότημα πᾶσιν τοῖς κύκλῳ αὐτῆς.

How has he reconciled (?) How has Moab turned back? He is put to shame and Moab became a laughter, and an anger to all that are around him.

MT と LXX を比較して明らかになるのは、MT の本文にある חתה と הילילו (上記私訳枠内) の 2 語が、LXX では κατήλλαξεν 1 語で表現されている点である。しかも双方の意味に乖離が見られる。ここで、文献学的な検証が必要となる。LXX における κατήλλαξεν の Vorlage (LXX が依拠したと想定されるヘブライ語本文) が何であったのか、を

第 2 部　旧約聖書学の見地から

以下に考察する。

　実は、同じエレミヤ書 48 章（LXX では 31 章）の 20 節に、当該の
MT の 2 語（הילילו と חתה）が同様に連続して用いられている箇所が
ある。ただし、この 20 節においては MT と LXX の間には本文上の
問題を提起するような離齬は見いだされない。すなわち、20 節にお
いて LXX は、חתה に相当するものとして、συνετρίβη を用いており、
he is shattered と訳すこともできる（他には、to be dishonored, to be
ashamed, to be hopeless という訳が可能）ことから、その Vorlage は
MT と同様 חתה であったことは疑いない。הילילו に相当するものにつ
いては「They howled (wailed)」と訳しうる ὀλόλυξον が用いられてお
り、20 節に関しては MT と LXX の間には本文上の問題は見いだされ
ない。いわば LXX の Vorlage と MT は 20 節においては、ほぼ一致
していることがうかがわれる。

　そのうえでの 39 節である。Rudolph[3] や BHS の校訂者らは、この
20 節と 39 節の間の本文の異同について、MT が 20 節との調和を図
るために 39 節に הילילו を付加したと説明する。ただ、この説明では、
20 節と 39 節の、ほぼ同じ語彙の連続における LXX の用語の異同
（συνετρίβη と κατήλλαξεν）が十分に納得されえない。むしろ、39 節に
ついては LXX の Vorlage は、MT の本文とは異なっていたとする方
が妥当であろう。

　その前提から類推しうるのは、MT の 39 節は伝承過程で棄損して
いた可能性である。それゆえ、LXX の Vorlage による再構成が必要
となる。結論から先に述べるならば、39 節における κατήλλαξεν の
Vorlage が、חלה の Hitpael、pf. であった可能性である。この可能性

3　W. Rudolph, *Jeremia. Handbuch zum Alten Testament I, 12* (Tübingen:
　 J.C.B.Mohr [Paul Siebeck], 1968), 282.

第 6 章 研究ノート 「和解」の語彙に関する試論 （左近 豊）

について以下に検証する。

MT の 39 節の חתה と היליל について、前述のように伝承過程における棄損が想定される。本文棄損は二重に生じていることが看取される。当該 2 語の接尾辞と接頭辞に共通する ה の dittography（重複誤記）によるもので、この 2 語は本来は 1 語であった可能性が先ず考えられる。それは 1 語で表記している LXX とも合致する。そして、ה と ח の metathesis（よく似た文字の混同）による棄損の可能性から、この動詞は Hitpael 完了形であったことが想定される。Hitpael は、D-stem（D-語幹［語根の第二子音が重複する語幹］）に属するゆえ、第二根字が重ねられる特徴が、ל の重なりに現れる。語中の ו は、本文棄損後に matres lectionis（母音文字）として挿入されたものと考えうる。よってこの語は、חלה の Hitpael の完了形 3 人称複数と考えるのが妥当であろう[4]。

この活用形（conjugation）は、旧約聖書中に他に例はないものの[5]ヘブライ語の חלה は、LXX の κατήλλαξεν と意味上の重なりが見られる。たとえば חלה は、出エジプト記 32:11 で神の怒りを前にしたモーセの仲保の文脈で、同じ D-Stem である Piel 形で登場し[6]、主の激しい

4　P. Joüon and T. Muraoka, *A Grammar of Biblical Hebrew* (Roma: Gregorian & Biblical Press, 2018), 145–48 の Hitpael に関する叙述を参照。

5　I. חלה については、Hiphil の用例が、サム下 13:2 と 13:6 に出てくるが、タマルに対する「恋わずらう」や「病を装う」の意味であり、II. חלה とは異なる同音異義語である。

6　Hitpael Stem は Piel Stem と対応しており、再帰的意味と相互的意味の両方を持つものである。二次的に受動的意味も有する。B.K. Waltke and M. O'Connor, *An Introduction to Biblical Hebrew Syntax* (Winona Lake: Eisenbrauns, 1990), 424–32. Piel での用例は、サム上 13:12; 王上

141

第 2 部　旧約聖書学の見地から

怒りを「宥める」、「和らげる」という意味で用いられている[7]。エレミヤ書で、LXX が、そのような意味を持つ Vorlage、חלה の Hitpael 完了形に κατήλλαξεν をあてたことは十分に類推できよう。LXX の Vorlage では、モアブが、主の裁きのただなかで、「自らを鎮撫する」（Hitpael 再帰的用法）以外に術もなく、背を向けて、恥に落とされ、笑い種になる、という内容において意味上の齟齬も見られない。

結

　以上の語義的検討から、「和解」に関するヘブライ語として חלה の D-Stem（Piel、Hitpael）「（怒りを）和らげる」をも考察の対象とすることを提案したい。本稿では考察の対象とはしなかったが、「和解」に関連する語として、ἱλάσκομαι も挙げられるが、LXX マラキ書 1:9 における ἐξιλάσκεσθε の、MT の対応語は חלה の Piel Stem であり、捕囚期以降の預言書において「和解」概念を表す語彙として注目するに値しよう。

　חלה が登場する預言書には、他にゼカリヤ書 7:2、8:21, 22 がある。しばしば「願い求める」と訳されるが、原意は、神の怒りを「鎮める」であり、その帰結として神との間の関係に生起する「和解」のプロセス性を表すと言えないだろうか。

　13:6; 王下 13:4; エレ 26:19; マラ 1:9; ゼカ 7:2; 8:21–22; 詩 45:13; 119:58; ヨブ 11:19; 箴 19:6; ダニ 9:13 などにも見られる。

7　LXX は、ἐδεήθη を用いているが、訳のヴァリエーションと考えられる。

第3部

新約聖書学の見地から

第7章

神による「愛敵」としての和解

パウロの和解理解をめぐる聖書神学的考察

河野克也

はじめに

　パウロはかつて教会を迫害する者だったが、神により突然その活動を強制終了させられ「異邦人の使徒」へと召されることになる。それ以降パウロは心血を注いでその務めに忠実に生き、異邦人に対してユダヤ人の民族的徴である割礼も、安息日や食物規定を含む律法遵守も要求することなく、この御子の福音を宣べ伝えた。さらに彼は、自身の宣教活動がユダヤ人教会の一部の者たちの反発を引き起こし、自身

第 3 部　新約聖書学の見地から

の創立した異邦人教会とユダヤ人教会との間に深刻な亀裂が生じてい
る状況に心を痛め、異邦人教会から集めたエルサレム教会の貧しい者
たちへの援助の献金を、おそらくは和解の徴としてエルサレム教会に
届けに行き[1]、そこで逮捕され、ローマに移送され、最終的にはそこで
処刑されたと考えられる。したがってパウロ書簡から「和解」につい
て考察する際には、何よりもこのパウロの召命経験を神との和解とし
て捉え、さらにパウロの異邦人宣教の使命を、異邦人教会とユダヤ人
教会との和解として捉える必要がある。

　聖書における「和解」について検討する際の最初のステップは、
「和解」に関する語彙の用例を精査し、その文脈における意味や機能
を特定することであるが、そもそも旧約聖書には「和解」を表現する
語彙が不在であること、またそれゆえ語義研究的アプローチが十分で
ないことが確認された[2]。同様に、ギリシア語を使用するユダヤ教文献
においても「和解」の語彙の用例が稀であることが指摘される[3]。和解

1　パウロの使命については、E.P. サンダース『パウロ』土岐健治／太田
　　修司訳（教文館、1994 年）、第 1 章「パウロの使命」（3–16 頁）およ
　　び第 2 章「パウロの生涯」（17–38 頁）を参照。ただしサンダースがパ
　　ウロの使命として特定する、終末において「異邦人〔は〕供え物や献
　　げ物を携えてシオンの山に来る」（7–8 頁）という、いわゆる「諸国民
　　の巡礼」モティーフが、異邦人の使徒としてのパウロの当初からの理
　　解だったのか、それとも後にエルサレム教会の強硬派からの要求を受
　　け入れたものだったのかについては、慎重な検討が必要であろう。

2　左近豊「旧約聖書における『和解』序説」、本書 2 章（51–63 頁）。こ
　　の点に関するより詳細な検討は、Junichiro Fujita, "Absence of the
　　Notion of Reconciliation in the Old Testament," *Kanto Gakuin Law
　　Review*, 32/1–4 (2003), 109–65 を参照。

3　*TDNT* 1:251–59 (ἀλλάσσω, ἀντάλλαγμα, ἀπ-, δι-, καταλλάσσω, καταλλαγή,

ἀποκατ-, μεταλλάσσω) において、項目執筆者である Büschel は「和解」
に関連する語彙を網羅的に扱い、その語彙群の根底にある ἀλλάσσω の
原義を、語源 ἄλλος（別の／他の）から「別のものにする／変える／
交換する」と説明する（1:251）。その派生語のうち Büschel が「和解」
の 意 味 を 指 摘 す る の は、διαλλάσσω、καταλλάσσω、καταλλαγή、
ἀποκαταλλάσσω であり、神と人間の間の和解という宗教的用法に絞る
と、新約外のユダヤ教文献の用例はごく僅かである。Büschel 自身は
ἀπαλλάσσω の項目には入れていないものの、διαλλάσσω の説明の中で
ヨセフス『古代誌』7.295 における ἀπαλλάσσω の用例を説明する
（TDNT 1:253）。その箇所では、預言者たちがダビデに対して、飢饉の
原因がサウル王によるギブオン人殺害にあるとして、彼らにその復讐
をさせることで神が民と和解し（ἀπαλλάσσω）、その災いから救ってく
ださると告げる。この箇所はサム下 21 章の再話であるが、元記事には
「和解」への言及はない。Διαλλάσσω の用例としては『古代誌』7.153
が挙げられる（TDNT 1:253）。この箇所はサム下 12 章の再話であり、
バト・シェバの一件で預言者ナタンに罪を指摘されたダビデが悔い改
めたことを受け、神がダビデを憐れんで彼と和解した（διαλλάσσω）こ
とが描かれる。ここでも元記事には和解への言及はない。さらに『ユ
ダヤ戦記』5.415 も挙げられるが（TDNT 1:253）、この箇所は紀元 70
年に将軍ティトゥス率いるローマ軍がエルサレムを包囲した際に、す
でにローマ軍に投降していたヨセフスがエルサレムの住民に対して投
降を呼びかける場面で（5.360–419）、ユダヤ人の歴史を語り聞かせて、
神が「〔罪を〕告白する者たちまた悔い改める者たちと喜んで和解して
くださる方」（形容詞：εὐδιάλλακτος）であると告げる。最後に、
καταλλάσσω について Büschel は II マカ 1:5; 7:33; 8:29 とヨセフス『古
代誌』6.143 を挙げ、ヨセフスについては、神に関して他では
διαλλάσσω が使用されることを指摘する（TDNT 1:254）。Καταλλαγή に
ついては、Büschel は LXX の用例としてイザ 9:5 と II マカ 5:20 を挙
げ（TNDT 1:258）、ヨセフスからは『古代誌』7.196 を挙げる（TNDT

第 3 部　新約聖書学の見地から

を意味するギリシア語動詞カタラッソー（καταλλάσσω）および名詞カタラゲー（καταλλαγή）の旧約聖書ギリシア語訳（LXX）における数少ない用例は、IIマカバイ記の4回に集中し（1:5; 5:20; 7:33; 8:29）、そのすべてが神と民との和解への言及である[4]。他方、紀元1世紀にギリシア語で著作したユダヤ人歴史家フラウィウス・ヨセフスには、καταλλάσσω/καταλλαγή の用例が8回あり、内訳は動詞 καταλλάσσω が6回（5.137; 6.143, 353; 7.184; 11.195; 14.278）、名詞 καταλλαγή（7.196）と καταλλάκτης（3.315、カタラクテース：執り成し手）がそれぞれ1回ずつであるものの、神と人間（神の民イスラエルないし特定の人物）との和解に言及する箇所は 3.315 と 6.353 の2箇所のみであり、どちらも聖書の元記事に対するヨセフスによる付加部分である[5]。

1:258）。したがって用例から判断する限り、和解の用語はコイネー（共通）ギリシア語においても比較的新しいと考えられる。

4　IIマカの4回の用例については、浅野淳博「パウロの『和解』主題」、本書8章（本書189, 208–9頁）、および辻学「誰と誰の和解か？──パウロ的『和解』概念の発展と継承」、本書9章（224–25頁）を参照。LXXではこの他、イザ 9:5（マソラでは4節）に καταλλαγή が、エレ 31:39 に καταλλάσσω が使われるのみである。イザ 9:5 については、辻「誰と誰の和解か？」（225–26頁）、注4を参照。エレ 31:39 については、辻「誰と誰の和解か？」（226頁）、注5, 6を参照。

5　『古代誌』3.315 は民 14:39–45 の再話であり、神の審きとして荒れ野での40年の放浪を告げられたイスラエルの民が、モーセに対して神との間の執り成し手（καταλλάκτης）となってくれるように懇願する（神と民、14:39）。民数記の元記事にはこの嘆願は含まれず、LXX も元記事を忠実に再現する。6.143 はサム上 15 章の再話であり、神がサウルを退けたことを知らされたサムエルが、神に対してサウルと和解するように嘆願する（動詞：神と人、15:11）。辻「誰と誰の和解か？」（本書 226–27頁）参照。

148

他方新約聖書に目を移すと、「和解」に関する語彙はパウロ書簡（ロマ 5:10–11; 11:13–16; II コリ 5:16–21）およびパウロの影響下の書簡（エフェ 2:14–16; コロ 1:15–22）に集中する。したがって新約聖書における「和解」の理解のためには、当然ながらそれらの箇所の釈義的検討が重要な課題となる。これらの箇所については、本書において浅野淳博がパウロ書簡における和解を（第 8 章「パウロの『和解』主題」）、辻学がパウロ影響下の書簡における和解を（第 9 章「誰と誰の和解か？──パウロ的『和解』概念の発展と継承」）、それぞれ先行研究および同時代資料と対話しつつ歴史的な視点から詳細に扱っているため、本稿では、パウロの個人史に焦点を合わせて神学的に踏み込んだ考察を試みたい。

そこで本稿ではまず、パウロの生涯における転換点として彼の召命体験に着目することで、「異邦人の使徒」とされたパウロが取り組んだ異邦人教会とユダヤ人教会の和解の課題を中心に考察を試みたい。

1.　パウロの召命経験と「和解」

1.1.　召命経験以前のパウロ

パウロ自身の発言によれば、彼はかつてイエスを主と告白する信仰者たちの教会を迫害し、滅ぼそうとしていたが、神から直接、黙示的啓示を受けたことにより方向転換し、その迫害対象だった信仰を命懸けで伝える宣教者となった。この方向転換を「回心」と呼ぶか「召命」と呼ぶかについては、少なからぬ議論があるものの[6]、その出来事

6　この議論については、Krister Stendahl, "Paul Among Jews and Gentiles," in *Paul Among Jews and Gentiles, and Other Essays* (Philadelphia: Fortress,

第 3 部 新約聖書学の見地から

がパウロの人生における決定的な方向転換であり、価値観、使命感、アイデンティティなどを含む存在そのものの転換であったことは疑いえない。この重大な転換に関するパウロ自身の証言は、当然ながら後から振り返ったものであり、迫害者だった当時の理解そのものではないことに留意が必要である。以下、パウロ自身の証言と使徒言行録における描写を通して、パウロの「かつて」の姿への接近を試みたい。

1.1.1. 教会の迫害者 [7]

- **ガラテヤ 1:13-14** 神の教会を徹底的に迫害し、破壊しようとしていました。
- **ガラテヤ 1:23** 「かつて我々を迫害した者が、当時は滅ぼそうとしていた信仰を、今は告げ知らせている」……
- **フィリピ 3:5-6** 律法に関してはファリサイ派、熱心さの点では教会の迫害者、律法の義に関しては非の打ちどころのない者でした。
- **使徒 9:21** 「あれは、エルサレムでこの名を呼ぶ者たちを滅ぼしていた男ではないか。」
- **使徒 22:4** 「私はこの道を迫害し、男女を問わず縛り上げて牢に送り、殺すことさえしたのです。」
- **使徒 26:9-11** 「実は私自身も、あのナザレの人イエスの名に大いに反対すべきだと考えていました。そして、それをエルサレ

1976), 1–77, esp. 7–23 (2. Call Rather than Conversion); Beverly Roberts Gaventa, *From Darkness to Light: Aspects of Conversion in the New Testament* (Philadelphia: Fortress, 1986) を参照。

7 聖書引用は、旧約聖書続編を含め断りのない限り聖書協会共同訳による（引用中の強調は筆者）。

ムで実行に移し、祭司長たちから権限を受けて、多くの聖なる
者たちを牢に入れ、彼らが死刑になるときは、それに賛成の票
を投じました。また、至るところの会堂で、しばしば彼らを罰
してイエスを冒瀆するように強制し、彼らに対して激しく怒り
狂い、外国の町にまでも迫害の手を伸ばしたのです。」

　上記の記述のうち、パウロがフィリピ 3:6 において自身の教会迫害
を「熱心さ」（ゼーロス ζῆλος）と結びつけている点が注目に値する。
ただしこの教会迫害の程度については、上記の箇所の記述からは不明
である。使徒言行録は「死刑判決」への賛成票（26:10）だけでなく、
「殺害」（22:4）も含めるが、パウロ自身の手紙の記述には「殺害」そ
のものへの言及はない。しかし、ガラテヤ 1 章の「破壊する」また
「滅ぼす」という表現は、十分にその可能性を示唆する。浅野はさら
に踏み込んで推測し、パウロがエルサレムでステファノ殺害に関与し
たことをきっかけに、その「殺害ストレス」からそれまでの教会迫害
を正当化していた思想が瓦解し始め、当時のユダヤ教に広まっていた
「神秘主義的修練を通して神からの直接啓示を求める」メルカヴァ神
秘主義に傾倒するようになり、その中で神による御子の啓示（ガラ
1:15–16）を受けたのだと考える[8]。浅野はフィリピ 3:6 のパウロの発言
から、エルサレムで律法教育を受けたパウロが、偶像崇拝者を殺害し
たピネハス（民 25 章）を英雄視してユダヤ教迫害者に立ち向かった
紀元前 2 世紀半ばのマカバイ抵抗運動（I マカ 2 章）の影響を受けて、
その同じ「熱心」をもって、神殿と律法を冒瀆するキリスト共同体を

8　浅野淳博『新約聖書の時代──アイデンティティを模索するキリスト
　　共同体』教文館、2023 年、298–300 頁。

第 3 部　新約聖書学の見地から

迫害するようになったと考える[9]。そこで、ピネハスに由来する神への熱心／熱情を示す箇所を実際に確認し、パウロの教会迫害の背景を探ることにする（1.1.2.）。

1.1.2.　パウロの教会迫害の背景：律法への熱情

・民数記 25:10–13　主はモーセに告げられた。「祭司アロンの子エルアザルの子ピネハスは、私の熱情をイスラエルの人々の前に示すことで、彼らのうちから私の憤りを取り去った。それで私は、私の熱情のためにイスラエルの人々を絶ち滅ぼすことはしなかった。それゆえ、あなたはこう言いなさい。私は彼に平和の契約を授ける。彼と、彼に続く子孫たちにとって、これは永遠の祭司職の契約となる。彼がその神にひたむきな熱情を示し、イスラエルの人々のために贖いをしたからである。」

・I マカバイ記 2:26　それは、あのサルの子ジムリに対してピネハスがしたような、律法への熱情から出た行為であった。

・I マカバイ記 2:54　我らの父祖ピネハスは燃え立つ熱情のゆえに、永遠の祭司職の契約を得た。

・IV マカバイ記 18:12　お前たちに熱心家ピネハスのことを語り

9　浅野『新約聖書の時代』295–97 頁。マルティン・ヘンゲルもパウロによる教会迫害をピネハス的熱情によるものと説明する（『使徒行伝と原始キリスト教史』新免貢訳、教文館、1994 年／原著 1979 年、141 頁）。ゲルト・タイセンも同様である（『イエスとパウロ——キリスト教の土台と建築家』日本新約学会編訳、教文館、2012 年、第 4 章「パウロの回心——その原理主義者から普遍主義者への展開」［183–220 頁］須藤伊知郎訳、190–93 頁）。

第 7 章　神による「愛敵」としての和解　（河野克也）

......[10]

・シラ書 45:23-24　栄光を帯びた第三の人物はエルアザルの子ピ
　ネハスである。彼は主に対する畏れから熱情を示し／民が背い
　たとき／心の底から湧いて来る義憤に駆られて立ち上がり／イ
　スラエルのために罪を贖った。それゆえ、彼との間に平和の契
　約が立てられ／彼は聖所と自分の民の頭となった。こうして、
　大祭司の職は永遠に彼とその子孫のものとなった。

　LXX 民数記 25:10-13 はピネハスの行為を名詞 ζῆλος および動詞
ζηλόω（ゼーロオー）によって表現し、I マカバイ記、IV マカバイ記、
シラ書はその表現を踏襲するが、特に注目すべきは I マカバイ記 2:26
である。この箇所は、シリア・セレウコス王朝のアンティオコス 4
世エピファネスによる大規模なユダヤ教迫害下でユダの町々に異教の
祭壇が建てられ、その上で異教の神々に犠牲を捧げることが強要され
た際に、モデインの町の祭司マタティアが、王の命令に従って犠牲を
捧げたユダヤ人と王の役人とを殺し、異教の祭壇を破壊した出来事を
描く。その際に、マタティアについて「ピネハスがしたような、律法
への熱情〔に駆られた〕」（καὶ ἐζήλωσεν τῷ νόμῳ：動詞ゼーロオー）とし
てその熱情をピネハスと律法とに結びつける。「熱情」という語は出
てこないが、このほかに詩編 106 編（LXX105 編）もピネハスの行動
を模範として提示する（106[105]:28-31）[11]。パウロの教会迫害も同様の

10　「第四マカベア書」土岐健治訳、日本聖書学研究所編『聖書外典偽典第
　　三巻　旧約聖書偽典 I』教文館、1975 年、138 頁。

11　ヘンゲル『使徒行伝と原始キリスト教史』141 頁、タイセン「パウロ
　　の回心」190 頁参照。興味深いことに、ここではピネハスによる殺害
　　は言及されず、LXX では彼が「贖いをした」（動詞 ἐξιλάσκομαι）の一

153

第 3 部　新約聖書学の見地から

動機に基づくものと理解することができるであろう。

　パウロの背景としてこのピネハスの熱情を見る際に興味深い対照を
なすのが、ヨセフスによるピネハスの扱いである。ヨセフスは、第 1
次ユダヤ戦争（紀元 66-70 年）の数年後に著した『ユダヤ戦記』
（1.36-37）では、セレウコス朝シリアに対する反乱の嚆矢となったマ
タティアの行動について詳述することなく、マカベア戦争を要約的に
報告するにとどめる。その後に著した『ユダヤ古代誌』で I マカバイ
記 2:1-70 と並行する出来事を扱う箇所（12.265-286）では、マタティ
アの行動をピネハスと結びつけることも、律法への熱情を強調するこ
ともしない。遡ってピネハスの行動の描写（『古代誌』4.141-155）を
見ると、民数記の元記事で強調される神による称賛と永遠の祭司職の
契約および平和の契約への言及はなく、熱情を表す名詞も動詞も出て
こない。ヨセフス研究の重鎮 Louis H. Feldman は、このヨセフスに
よるピネハスの低調な描写について、対ローマ武装抵抗集団であるゼ
ロータイ（熱心党）の行為を称賛していると誤解されないためのもの
と説明する [12]。これに対して、ヨセフスと同時代で第 1 次ユダヤ戦争

　語で表現され（30 節）、それが「彼にとって義と計上された」（動詞
λογίζομαι ＋名詞 δικαιοσύνη）とされる。LXX においてこの動詞「計上
する／認める」と名詞「義」の組み合わせが当てはめられるのは、ア
ブラハム（創 15:6; I マカ 2:52）とピネハス（詩 105:31）の二人だけで
ある。パウロはガラ 3:6 とロマ 4:3 で創 15:6 を引用して信仰による義
を論じたが、教会迫害時代のパウロにとって、ピネハスの行為を義と
して提示する詩 105:31 が彼の行動を支える根拠だった可能性も考えら
れる。

12　L.H. Feldman, "The Portrayal of Phinehas by Philo, Pseudo-Philo, and
　　Josephus," *JQR* 92 (2002), 315-45; reprinted in idem, *Remember
　　Amalek!: Vengeance, Zealotry, and Group Destruction in the Bible*

154

第7章　神による「愛敵」としての和解　（河野克也）

以前に執筆したフィロンは、ピネハスの行動を高く評価し繰り返し言及するが（『律法の寓意的解釈』3.242;『カインの子孫』182;『言語の混乱』57;『改名』106;『モーセの生涯』1.301, 304, 306, 313）、それは彼がヨセフスのようにピネハス的熱情を警戒する動機を持っていなかったからと考えられる。第1次ユダヤ戦争を挟んでフィロンとヨセフスのピネハスの描写が対照的であることは、フィロンと同じく第1次ユダヤ戦争以前に執筆したパウロにも、ヨセフスのようなピネハス的熱情への警戒がなかったと判断する傍証と考えることができよう。

　このように教会の迫害者パウロの動機をピネハス的律法への熱心であると同定した場合、その迫害対象は具体的に誰であったのかが、重要な問いとして浮上する。この点に関して、マルティン・ヘンゲルによる最初期のイエス信奉者におけるアラム語を話すユダヤ人（ヘブライオイ）とギリシア語を話すユダヤ人（ヘレニスタイ）の区分が参考になる。ヘンゲルは、最初期のイエス信奉者たちがイエス自身の神殿崩壊の預言を受けて、差し迫ったキリストの再臨時の神殿崩壊を期待していたと考えるが[13]、そうした彼らの発言や活動は、パウロの目には神殿に対する冒瀆と映ったことであろう。そしてこの神殿に対する

According to Philo, Pseudo-Philo, and Josephus (Cincinati: Hebrew Union College Press, 2004), 193–216, esp. 205–7.

13　この神殿崩壊の預言は、史的イエスに遡ると考えられる。E.P. サンダースは、イエスがエルサレム神殿の商業区域内で両替人の台を覆すという象徴行為を行うことで、神がまもなく神殿を破壊されることを「脅迫的に予告した」と考え、イエスを「過激な終末論者」と呼ぶ（『イエス ── その歴史的実像に迫る』土岐健治／木村和良訳、教文館、2011 年／原著 1993 年、364–75 頁）。この点に関するより詳細な議論は、E.P. Sanders, *Jesus and Judaism* (Philadelphia: Fortress, 1985), 61–76 を参照。

第 3 部　新約聖書学の見地から

態度の相違から、パウロの迫害対象について具体的に推論する可能性
が見えてくる。使徒言行録は最初期の弟子たちが「毎日ひたすら心を
一つにして神殿に集まり」（2:46）、ペトロとヨハネが（おそらく毎日）
「午後三時の祈りの時間に神殿に上って行った」（3:1）と記す一方で、
ヘレニスタイであるステファノが最高法院の裁判の席で厳しい神殿批
判を行い、石打により処刑された（6:8–7:60）ことを記す[14]。それに続
いて記されるキリスト者のエルサレム追放後も、ペトロをはじめとす
るエルサレム教会の指導者層がエルサレムに留まっていた様子が描か
れており（8:1, 14; 9:26–28）、この追放が基本的にヘレニスタイをター
ゲットにしたものであって、ヘブライオイは対象でなかったことを示
すと考えられる[15]。使徒言行録の史実性をめぐっては判断が分かれる

14　原口尚彰は、ステファノが弁明を求められたにもかかわらず最高法院
　　の指導者層に対する告発弁論を行ったと分析する。詳細は、同『ロゴ
　　ス・エートス・パトス —— 使徒言行録の演説の研究』新教出版社、
　　2005 年、189–209 頁を参照。

15　ヘンゲル『使徒行伝と原始キリスト教史』126–27 頁。イエスの語った
　　神殿破壊の預言について、最初期のイエス信奉者の共同体においてど
　　のように受容されたのか、特にヘブライオイとヘレニスタイとの間で
　　温度差があったかどうかが重要なポイントとなる。この伝承がヘブラ
　　イオイを素通りしてヘレニスタイにのみ受容されたと考えることは不
　　自然であるため、両者において受容されていたことは疑い得ない。ヘ
　　ンゲルは、ヘブライオイが「マカベア戦争以来、律法と神殿とに対す
　　るあらゆる攻撃を瀆神として見ざるを得なかった」、また「パレスチナ
　　的敬虔の伝統に相変わらずかなり深く根を下ろしていた」とするが、
　　それでも「最初期に関してはまだあの律法への厳格な服従を前提とす
　　べきではない」とし、そうした厳格化は主の兄弟「ヤコブ指導下のエ
　　ルサレム教団」の特徴であるとする（『使徒行伝と原始キリスト教史』
　　124 頁）。

156

第7章　神による「愛敵」としての和解　（河野克也）

ものの、上記の考察から、パウロによる教会迫害の主要なターゲット
は律法と神殿に批判的だったヘレニスタイであったと考えることが十
分可能であろう。

　ここまで、パウロの教会迫害者としての活動について考察してきた。
続いて以下において、そのパウロが神から異邦人の使徒として召され、
無割礼の異邦人をそのまま神の民として受け入れて次々と教会を創立
するようになった、重大な転換点について考察する。

1.2.　神による御子の黙示的啓示とパウロの召命

1.2.1.　黙示的啓示の記述

・ガラテヤ 1:15-16　しかし、母の胎にいるときから私を選び分け、
　恵みによって召し出してくださった神が、御心のままに、御子
　を私に示して、異邦人に御子を告げ知らせるようにされたとき、
　……

・ガラテヤ 2:8　ペトロに働きかけて彼を割礼を受けた者への使徒
　としてくださった方は、私にも働きかけて異邦人への使徒とし
　てくださったのです。

　ガラテヤ 1:16 にある、神が「御子を私に示し」たと語る部分には
動詞 ἀποκάλυπτω（アポカリュプトー：覆いを取る）が使われるが、こ
れは黙示思想に特徴的な用語であり、ここでは神による啓示を表す。
この神による御子の啓示は、御子についての単なる情報の伝達ではな
く、むしろパウロの内に御子が出現し、パウロを内側から造り変える
ような出来事であったと考えるべきである[16]。ガラテヤ 1:15–16 も 2:8

16　この動詞および同根名詞のパウロ書簡における用例分析については、

第 3 部　新約聖書学の見地から

も、この召命経験自体がパウロを「異邦人に（ἐν τοῖς ἔθνεσιν）御子を告げ知らせる」、「異邦人への（εἰς τὰ ἔθνη）使徒」とするものであったことを強調する。ローマ 11:13 でも、パウロは自らを「異邦人の使徒」（ἐθνῶν ἀπόστολος）と呼んでいることから、パウロ自身にとってこの自己理解が一貫して重要であったことが読み取れる[17]。

1.2.2.　神のイニシアティヴによる和解としての召命

パウロの召命経験は、パウロが律法への熱心／熱情のゆえに教会迫害に邁進していたその時に起こった出来事であり、パウロ自身の計画によるものでも長年の葛藤の結果によるものでもなかった[18]。むしろ

河野克也「パウロの黙示的福音 (1)──黙示思想研究史の背景から探る」『神学』85 号、2023 年、161–72 頁を参照。

17　ヘンゲルはこの異邦人の使徒としての自己理解がある程度の時間の経過のうちに形成されたことを示唆するが（『使徒行伝と原始キリスト教史』148–49 頁）、少なくともパウロの発言自体は、召命経験の当初からこの理解が一貫していたことを強調する。ただし、それが修辞的な意図によるものであって、実際の自己理解の形成過程を直接反映していない可能性は残る。タイセンは、パウロが律法を学ぶためにエルサレムに移住した際にまずファリサイ主義に「回心」し、さらにピネハス的な律法への熱情の伝統に触れたことで「原理主義者になって」いったと考える（「パウロの回心」188–93 頁）。その上で、パウロのキリスト教への「回心」は「青天の霹靂」ではなく、「一時的に原理主義者になっていた」時期に「律法を抑圧的なものとして体験」していた無意識的な葛藤の結果、「彼が〔もともと〕出て来ていた、あの穏健なユダヤ教に戻った」のだと想定する（「パウロの回心」202–6 頁）。

18　ロマ 7:7–25 をパウロの召命経験以前の自伝的記述と読む理解では、律法の下でのパウロの葛藤をその箇所に読み取るが、Krister Stendahl が指摘したように、そうした安易な自伝的読みには注意が必要である

158

それは神の側からの一方的な働きかけ、つまり神の側のイニシアティヴであり、言い換えれば、パウロの側の内発的要因によるものではなく、（少なくともパウロ自身の説明では）あくまでも外発的要因によるものであった[19]。

この出来事についてさらに詳細に検討するにあたって、パウロがローマ5:1-11において述べていることが重要な鍵を提供すると思われる。そこでは、パウロがこの召命経験を神の愛に基づく、神の側からの「和解」として理解していたことが浮かび上がる。

1.2.3. 神による「敵への愛」としての赦し（真の物語）

・ローマ 5:6　キリストは、私たちがまだ弱かった頃、定められた時に、不敬虔な者のために死んでくださいました。

(Stendahl, "The Apostle Paul and the Introspective Conscience of the West," in *Paul Among Jews and Gentiles*, 78–96)。より高度な議論として、深層心理や精神分析などの現代心理学の手法を用いて、パウロの召命経験の背景として律法に対する批判を想定する興味深い試みもある（例えば、G. タイセン『パウロ神学の心理学的側面』渡辺康麿訳、教文館、1990年／原著1983年）。そうした試みが示すように、この召命経験自体の背後にパウロ自身の内面的葛藤を想定すること自体は十分可能であろう。この点については、浅野淳博『新約聖書の時代』298-300頁、同『死と命のメタファ──キリスト教贖罪論とその批判への聖書学的応答』新教出版社、2022年、第5章「パウロの回心とその神学的特徴」（153-81頁）、およびタイセン「パウロの回心」183-220頁を参照。それでも、パウロ自身が内発的動機を一切語らないことには留意する必要がある。

19　神のイニシアティヴについては、浅野「パウロの『和解』主題」（本書206-14頁）、辻「誰と誰の和解か？」（228-30頁）を参照。

第3部 新約聖書学の見地から

・ローマ 5:8 ……私たちがまだ罪人であったとき、キリストが私たちのために死んでくださったことにより、神は私たちに対する愛を示されました。
・ローマ 5:10 敵であったときでさえ、御子の死によって神と和解させていただいたのであれば、和解させていただいた今は、御子の命によって救われるのはなおさらです。

　この箇所は、パウロが自ら創立したのではないローマ教会の信徒に向けて、キリストの死によってもたらされた救いについて説明した箇所であり、表現としては一般化して述べられている。しかしそれは、パウロ自身の経験にローマの信徒たちの経験を重ね合わせて表現したものと考えることができる[20]。したがって、10 節の神に対して「敵であったとき」との表現は、パウロ自身の教会迫害者としての過去を反映したものであり、8 節の「まだ罪人であったとき」にも、6 節の「まだ弱かった頃」にも、同じくパウロの召命経験以前の状態が反映されていると考えられる。これはあくまでも召命経験後の「回顧的」視点からの表現であり、教会迫害者だった当時の自己認識とは異なる。なぜなら、8 節の「罪人」（ἁμαρτωλός の複数形）も 6 節の「不敬虔な者」（ἀσεβής の複数形）も、教会迫害者パウロが自らに当てはめて使うことは考えられないからである[21]。パウロはかつての自分について、

20　ロマ 5:1–11 において、パウロは「信仰（信実）から義とされること」と「神の前で平和を持つこと」（1 節）、また「神に（対して）和解されること」を一口に語る（私訳）。義認と平和と和解は、ある程度交換可能な概念と言える。

21　6 節の「弱かった頃」は、後に続く 8 節の「罪人であったとき」および 10 節の「敵であったとき」と同じ状況を表すものであり、したがっ

第 7 章　神による「愛敵」としての和解　（河野克也）

「律法の義に関しては非の打ちどころのない者」（フィリ 3:6）だった
と断言するが、こちらの方が当時の自己認識を忠実に反映する。

　注目すべきは、ここでパウロがキリストの死を神の愛として、しか
も「敵」に対する愛として描いている点である。当然ながら、それは
復讐を禁じ、敵を愛することを命じたイエスの教えと重なり合うので
あり、事実、パウロ自身もローマ 12:14 で自分を迫害する者のための
祝福を命じ、12:19 では明確に復讐を禁じている[22]。パウロは、教会を
迫害していた自分が「異邦人の使徒」とされた神による召命経験を、
神による敵への愛の実践として受け止めたと考えられる。「和解」を
示すギリシア語（καταλλάσσω/καταλλαγή）を神と人との和解の意味で
使用することが、パウロおよびパウロの影響下の文書に固有の現象で
あることは、本書でも繰り返し確認されているが[23]、それはこの召命

　　てこの「弱さ」は、パウロが II コリ 12:7–10 で語る宣教者パウロの体
　　に与えられた「棘」としての弱さとは区別する必要がある。

22　成立年代としてはパウロ書簡の方が福音書よりも早いため、この箇所
　　とマタ 5:38–39, 43–44 の間に文書的依存関係を想定することはできな
　　いため、両者の一致は、マタイの箇所が依拠するイエスの言葉と共通
　　の伝承を、パウロがペトロや主の兄弟ヤコブ、あるいはアンティオキ
　　ア教会から受け取ったと想定することで説明できよう。この点につい
　　ては、ヴィクター・ポール・ファーニッシュ『パウロから見たイエス』
　　徳田亮訳、新教出版社、1997 年／原書 1993 年、35–46 頁を参照。ま
　　た特にイエスの愛敵の教えに関しては、ファーニッシュ『パウロから
　　見たイエス』83–87 頁、および辻学『隣人愛のはじまり――聖書学的
　　考察』新教出版社、2010 年、第 4 章「隣人愛とパウロ」（79–102 頁）、
　　87–97 頁を参照。

23　浅野「パウロの『和解』主題」（本書 184–85 頁）、辻「誰と誰の和解
　　か？」（222–23 頁）。

第 3 部　新約聖書学の見地から

経験についてのパウロ自身の理解を反映したものと言うことができるであろう。

　さらに言えば、この神の愛は、敵であったパウロに対する神の赦しでもあった。パウロ書簡には「赦し／赦す」（ἄφεσις/ἀφίημι）を「罪の赦し」の意味で用いる用例はほぼ見出されない[24]。それでもローマ 5:1–11 の記述は、教会迫害時代に（自身の自覚とは逆に）実際には神に敵対していた自分を、「私の母の胎から選び分かった方、また彼の恵みによって召し出した方である神が、彼の御子を私に啓示することを良しとされた」（ガラ 1:15–16a、私訳）ことを、パウロ自身が神に「不法を赦され、不義を覆われた」（ロマ 4:7 ＝詩 32:1）こととして理解したことを十分に示唆する[25]。

24　ロマ 4:7 は詩 32:1 の引用で、それ以外はロマ 1:27 では男女の自然な関係の「放棄」、I コリ 7:11, 12, 13 では「離婚」の意味で使用されている。この I コリ 7 章の用例と II コリ 11 章の「婚姻の比喩」の関連については、辻「誰と誰の和解か？」（本書 234–35 頁）を参照。

25　辻は本書 9 章「誰と誰の和解か？」において、パウロの和解概念をコリント教会との関係という具体的なコンテクストにおいて解釈し、「パウロとコリント教会との和解という『横』の関係」の方が、II コリ 5:16–21 に提示される「神と『この世』との和解という『縦』の関係」に先行するとし、後者は前者を「神学的に表現したもの」であるとする（228–35 頁）。さらにロマ 5:8–9 および 11:13 における「和解」に関する発言を II コリ 5 章の「発展」と位置づけ、「より神学理論化」されているローマ書を「キリスト教的和解論の出発点」と結論づける（235–38, 250 頁）。それはつまり、人・人の和解が神・人の和解に昇華されたとする理解になるであろう。歴史批評的にパウロ書簡を釈義する場合、それらの文書が具体的な歴史的状況において生み出されたことが鍵となる。したがって、パウロとコリント教会との関係悪化という状況に対して、その関係の修復を目的に書かれたコリント書の意図

第 7 章　神による「愛敵」としての和解　（河野克也）

2.　パウロの異邦人宣教と「和解」

2.1.　パウロの宣教方針：異邦人への割礼抜きの福音宣教

　ここまでパウロの個人的な召命経験に焦点を合わせて考察を進めてきたが、パウロにとって、教会を迫害することで神に敵対していた自分を赦し、関係を修復し、「異邦人の使徒」として召してくださった神の愛こそが「和解」の根拠であり出発点であった。パウロはその愛に押し出されて「異邦人の使徒」としての使命に生きたが、その異邦人宣教は、具体的には異邦人に対してユダヤ人の民族的・宗教的アイデンティティの徴である割礼を要求することなく、律法の具体的な戒めの遵守を要求することもなく、彼らを異邦人のままに神の民イスラエルに迎え入れ、教会を建て上げるというものであった。それゆえ、この宣教方針はユダヤ人としてのアイデンティティを不可欠・不可侵のものとするユダヤ人キリスト者およびユダヤ人から激しい反対を受けることになる。またその割礼抜き・律法遵守抜きの異邦人宣教は、それによって生み出された教会とユダヤ人キリスト者の教会との間に、深刻な亀裂を生じさせた。そこで以下において、パウロの異邦人宣教について「和解」という視点から考察を試みたい。

　を最大限に評価する場合、辻の理解は極めて正当である。しかしその上でなお、いわば行間を読むような作業にはなるが、その具体的な状況に先立って、パウロの召命体験における神の赦しと和解の実感がより根源的な次元でパウロの和解概念を規定していたと考えたい。この点については浅野「パウロの『和解』主題」（本書 193–95 頁）を参照。

第 3 部　新約聖書学の見地から

2.1.1.　パウロの異邦人宣教の背景

　パウロの異邦人宣教は、彼自身の主張によれば「すべての異邦人が
あなたによって祝福される」とのアブラハムに対する神の約束が根拠
である（ガラ 3:8; 創 12:3）[26]。異邦人の祝福については、イザヤ書にも
終末における異邦人の包摂が約束されている。

> ・イザヤ 56:3a, 6-7　主に連なる異国の子らは言ってはならない
> ／「主はご自分の民から私を分け離す」と。……また、主に仕え、
> 主の名を愛し、その僕となった主に連なる異国の子ら／安息日
> を守り、これを汚すことのないすべての人が／私の契約を固く
> 守るなら／私は彼らを私の聖なる山に導き／私の祈りの家で喜
> ばせよう。……私の家は、すべての民の祈りの家と呼ばれる。

　ここでは異邦人（LXX：ἀλλογενής［外国人］）について「安息日を守
り、……私の契約を固く守る」ことが条件として提示されているのに
対して、割礼を受けることは言及されておらず、加えて間に挟まれて
いる宦官への約束（vv. 3b–5）では宦官が宦官のままで受け入れられ
ると告げられていることから、異邦人についても、割礼を受けて改宗
することなく異邦人のままで神の民に受け入れられることが約束され

26　ガラ 3:8 では、創 12:3 の「地上のすべての氏族」（LXX: πᾶσαι αἱ φυλαὶ
　　τῆς γῆς）を「すべての異邦人」（πάντα τὰ ἔθνη）に変更する。またロマ
　　4:17 では、創 17:5（LXX）を一字一句違わず引用して「私はあなたを
　　多くの国民〔異邦人〕の父とした」（πατέρα πολλῶν ἐθνῶν τέσεικά σε）
　　と述べる。

ていると理解できる[27]。

2.1.2. パウロの異邦人宣教への抵抗と反対

このパウロの割礼抜き／律法遵守抜きの異邦人宣教は激しい反発を招くことになる。ガラテヤ書を見ると、パウロの宣教後に別の「教師たち」が「別の福音」をもたらし、ガラテヤの信徒たちを割礼を受けるように説得したことが分かる[28]。その結果、ガラテヤの信徒たちは割礼を受けることに同意したが、パウロはその危機的状況に対して、ガラテヤの信徒たちに割礼を思いとどまらせる目的で手紙を書き送った。パウロがガラテヤ書において、自らの異邦人の使徒への召命が神による直接の召命によるものであって、エルサレム教会とは無関係であることをことさらに強調し（ガラ 1:11–20）、エルサレムの「柱」的使徒たちとの対等性を強調していること（2:1–9）からすると、パウロ後にガラテヤに来た割礼派の教師たちは、ほぼ間違いなくパウロの使徒性を批判したと考えられる。それは単なるパウロへの個人攻撃ではなく、パウロの割礼抜き／律法遵守抜きの異邦人宣教がキリスト者のアイデンティティにとって重大な危機であると考えた人々による組織的な抵抗運動であった。

27　ここでは「主の名」（LXX：τὸ ὄνομα κυρίου）を愛することと、安息日を「汚さない」こと（LXX：μὴ βεβηλοῦν）は条件として提示されており、用語においてエゼ 44:6–9 と対応するが、そこでは「割礼を受けていない」（ἀπερίτμητος）ことが問題視されているのに対して、ここでは異邦人が割礼のないままで受け入れられることを約束していると読める点で対照的である。

28　ガラテヤ書の背景については、浅野淳博『ガラテヤ書簡』NTJ 新約聖書注解、日本キリスト教団出版局、2017 年、30–44 頁を参照。

第 3 部　新約聖書学の見地から

　ガラテヤ 2:11–14 において、パウロはアンティオキア教会でのエピソードを振り返る。アンティオキア教会を訪れたケファ（ペトロ）が、当初はアンティオキア教会の慣習に従って異邦人と食卓の交わりを共にしていたにもかかわらず、主の兄弟「ヤコブから遣わされた人々が来る」と、異邦人信徒との食卓の交わりから身を引き、「ほかのユダヤ人も、……バルナバさえも」同様に身を引いたことは、パウロにとって「福音の真理」からの重大な逸脱と見えた。この出来事は、共にエルサレム教会の「柱と目されるおもだった人たち」であるペトロと主の兄弟ヤコブの間にも、異邦人キリスト者との関わりについて見解の相違があったことを窺わせる。

　この見解の相違について、浅野は民族アイデンティティ理論を援用して説明する[29]。この理論は「他民族との境界線で何が起こるか〔に〕注目」し、「民族アイデンティティあるいは民族意識……が目に見えるかたちであらわれる様々な顕現要素（physio-cultural features）」への固執の度合いによって、「顕現要素を共同体の利益獲得のために譲歩可能な道具とみなす……インストゥルメント型」と、「根源的とみなす……プライモーディアル型」に分類する[30]。このモデルを当てはめた場合、最初期の教会を構成していたユダヤ人キリスト者にとって、割礼、安息日、食物規定はその民族的顕現要素の中心的要素であり、割礼を異邦人に要求しないパウロはインストゥルメント型、ガラテヤ

29　浅野淳博「社会科学批評」、浅野淳博他『新約聖書解釈の手引き』日本キリスト教団出版局、2016 年、第 4 章（97–122 頁）、102–10 頁。さらに詳細な議論については、浅野淳博『ガラテヤ共同体のアイデンティティ形成』創文社、2012 年、第 4 章（107–46 頁）を参照。

30　浅野「社会科学批評」102 頁。浅野は顕現要素の具体例として、「土地、言語、（起源神話も含めた）宗教、食事習慣等」を挙げる。

第 7 章　神による「愛敵」としての和解　（河野克也）

の異邦人信徒に割礼を要求した教師たちはプライモーディアル型に分類できる。アンティオキア教会の出来事でペトロたちユダヤ人キリスト者を異邦人キリスト者との食卓の交わりから引き剝がすきっかけとなった「ヤコブから遣わされた人々」もまた、プライモーディアル型に分類される。しかしこれらの人々と、アンティオキア教会のユダヤ人キリスト者たちとを同じ括りにすることは困難であろう。浅野は両者の違いを、異邦人キリスト者が「好意的異邦人としてユダヤ人共同体の近くに二義的に付属」することを認める「穏健なプライモーディアル型」と、好意的異邦人に対して「割礼を受けて歴とした『ユダヤ人となる』こと」を求める「厳格なプライモーディアル型」として説明する [31]。アンティオキア事件は、当時の社会情勢の中でユダヤ人の民族意識が高揚したことを背景として [32]、ヤコブ側による民族的アイ

31　浅野「社会科学批評」106–8 頁、同『ガラテヤ共同体』115–19 頁。

32　当時の社会情勢に関して、詳細は浅野『新約聖書の世界』269–75 頁を参照。具体的には、紀元 38 年のアレクサンドリアにおける反ユダヤ主義の暴動（フィロン『ガイウスへの使節』、E. Mary Smallwood, *The Jews Under Roman Rule from Pompey to Diocletian: A Study in Political Relations* [Leiden: Brill, 1981], 174–80 参照）、およびヤムニアの非ユダヤ人住民が第 3 代皇帝ガイウス・カリグラのために建てた祭壇をユダヤ人住民が破壊したことへの報復として、ガイウスがエルサレム神殿の至聖所にユピテル神に模した自身の像の建立を命じた 40 年の危機（フィロン『ガイウス』200–336; ヨセフス『戦記』2.184–203;『古代誌』18.257–309; Smallwood, *The Jews under Roman Rule*, 174–80 参照）などが挙げられる。この一連の危機は、ある意味ではガイウス帝の人格に由来する部分も大きい。アレクサンドリアの暴動に際して、ガイウス帝に事態の収拾を求めるために派遣された使節団を率いたフィロンは、ユダヤ人が皇帝のために犠牲を捧げたことを強調したが、これ

167

第 3 部　新約聖書学の見地から

デンティティ強化と異邦人との境界線の明確化の要請を受けてペトロ側がそれを了承したものと考えられるが[33]、いずれにしてもこのエピソードは、ユダヤ人であるパウロが自らの民族的アイデンティティを徹底的に相対化していたことを際立たせるとともに、パウロとそれ以外のユダヤ人信徒との亀裂の大きさを印象付ける[34]。

　に答えてガイウスが告げた言葉を報告する（『使節』356–357）：「確かにお前たちは犠牲は捧げただろう。しかしそれは別の存在にだった。たとえ私のためだったとしてもだ。それが何の役に立つのか。なぜなら、お前たちは私に犠牲を捧げなかったのだ」（*Philo, vol. X* [LCL; Cambridge, MA: Harvard University Press, 1962], 178 ［河野私訳：強調を付加]）。ここで「私のため」は ὑπὲρ ἐμοῦ（ヒュペル・エムー）、「私に」は ἐμοί（エモイ）であり、ガイウスはユダヤ人が自分たちの神に犠牲を捧げたことを無意味として、神であるガイウス自身に犠牲を捧げることを求めている（フィロン『使節』357）。ちなみに京都大学学術出版会西洋古典叢書版では、訳者の秦剛平がどちらも「予のため」と訳してしまっているため、残念ながらガイウスの自己神格化が十分に読み取れない（「ガイウスへの使節」『フラックスへの反論／ガイウスへの使節』秦剛平訳、京都大学学術出版会、2000 年、85–216 頁、当該箇所は 211 頁）。

33　浅野『ガラテヤ共同体』132–45 頁。

34　バルナバをはじめとする「アンティオキア教会のユダヤ人信徒たちが、パウロではなくペトロと行動をともにしたこと」、またパウロがアンティオキア教会の「創立時からの指導者ではなかった」ことから、浅野はパウロのアンティオキア教会における影響力がそれほど大きくなかったと考える。その場合、アンティオキア教会のアイデンティティ形成はパウロのインストゥルメント型と同一視できないということになる。

2.2. パウロの異邦人宣教における「和解」

　パウロの「異邦人の使徒」としての召命は、教会迫害に対する神からの「赦し」であり神との「和解」であった。しかし、彼の実践した割礼抜きの異邦人宣教は、ユダヤ民族の核心的顕現要素をラディカルに相対化するものとして、ユダヤ人信徒からの反発を招き、ユダヤ人教会とパウロの宣教によって生まれた異邦人教会との間に深刻な亀裂を生むこととなった。この事態はパウロの想定外だった可能性も考えられるが、いずれにせよ、パウロはこの状況に対して、両者の間にキリストにある一致をもたらそうと努めた。

2.2.1. エルサレム教会の貧しい者たちへの募金プロジェクト[35]

　パウロによるエルサレム教会の貧しい者たちへの募金は、異邦人教会とユダヤ人教会の一致の徴としての象徴的意味を持つ。この募金への参加要請は、Ⅰコリント 16:1–4 でコリント教会に対してなされているが、そこではすでに「ガラテヤの諸教会に指示した」ことが告げられ（16:1）、またⅡコリント 8:1–6 では、コリント教会の参加を促すために、「マケドニアの諸教会」（テサロニケとフィリピ）が「自ら進んで」参加を「願い出た」ことが告げられる。さらにⅡコリント 9:1–2 では、パウロがすでにマケドニア州の諸教会に「アカイア〔コリント〕では昨年からすでに用意ができていると言っ」たことが彼らを「奮い立たせた」と告げ、コリント信徒を修辞的に追い込んでいる。またローマ 15:25–29 では、「マケドニアとアカイアの人々が」この募

35　この問題については、佐竹明『第 2 コリント書 8–9 章』新教出版社、2017 年、「補説 3 パウロによるエルサレム教会のための献金運動」（300–79 頁）を参照。

第 3 部　新約聖書学の見地から

金への参加に「喜んで同意した」ことを受けて、パウロ自身がその募
金をエルサレム教会に届ける決意を語る[36]。パウロ書簡の執筆順序を
確定することは困難であるものの、おおよその時系列で考えると、パ
ウロは最初のうちは自分自身で献金をエルサレムに届ける必要を感じ
ていなかったが（I コリ 16:3-4）、最終的には自ら届けに行かざるを得
ないと覚悟した（ロマ 15:25）。それはパウロにとって、自らが創立し
たのではないローマの諸教会の人たちに対して、「私がユダヤにいる
不従順な者たちから救われ、エルサレムに対する私の奉仕が聖なる者
たちに喜んで受け入れてもらえ〔る〕ように」、「私のために神に祈り、
私と一緒に戦ってください」と懇願しなければならないほどに、深刻
な危険を伴うものであった。おそらくそれは、異邦人教会とユダヤ人
教会の亀裂の深さ、またエルサレム教会指導部とパウロとの間の亀裂
の深さをパウロが自覚したことによるのであろう[37]。いずれにしても、

36　コリント教会の募金への参加については、一時的にかなり事態が拗れ
　　たことが推察できる。パウロは II コリ 8:16-24 でパウロが集金のため
　　にテトスを含む 3 人をコリント教会に派遣することを告げるが、その
　　派遣が裏目に出て、コリント教会からの生活費援助の受け取りを拒否
　　したパウロが（II コリ 11:7-11; 12:14-18）、エルサレム教会への援助
　　を口実に金の無心に来たと疑われたのであろう。それでも、ロマ 16:23
　　では、コリントで執筆していたパウロが「私と全教会との家主である
　　ガイオ」からの挨拶を伝えており、ローマ書執筆の段階では誤解が解
　　けて、コリント教会が募金に参加するようになったことが分かる（佐
　　竹［『第 2 コリント書』358 頁注 2］は、ロマ 16 章をエフェソ教会へ
　　の挨拶と見る）。またロマ 15:25 にエフェソとガラテヤへの言及がない
　　ことは、両教会が募金に参加しなかったことを示唆すると考えられる
　　（佐竹 356-58 頁［ガラテヤ］、358-59 頁［エフェソ］）。
37　使徒言行録は、エルサレムに到着したパウロに対して、エルサレム教

170

第 7 章　神による「愛敵」としての和解　（河野克也）

Ⅰコリント 16 章執筆の時点でパウロが自ら募金を届けにエルサレム
に赴く必要を感じていなかったことは、この募金が彼の宣教開始当初
から一貫して取り組んでいたプロジェクトではなかったことを示唆す
る [38]。それはエルサレム教会側からの要請（ガラ 2:10）を受けて途中か
ら開始されたものであり、自らの宣教によって生じた異邦人教会とユ

会の指導部がパウロの宣教方針に対するユダヤ人信徒の疑念を口にし、
その疑念を晴らすために請願者の儀礼の費用をパウロが負担すること
を提案したこと（使 21:17–26）、また「アジア州から来たユダヤ人た
ちが神殿の境内でパウロを見つけ」、パウロが無割礼の異邦人を聖所に
連れ込んで神殿を穢したと誤解したこと（21:27–30）を告げる。また
パウロに対するユダヤ人の憎しみの深さについては、パウロに対する
暗殺計画と、パウロの甥による計画の察知によって辛くも暗殺を免れ
たことが記される（使 23:12–35）。この記述の史実性の評価は分かれ
るものの、パウロ自身が命の危険を感じていたことは、パウロ自身の
表現から十分読み取れる。

38　サンダースはこの募金プロジェクトを旧約聖書に見られる「諸国民の
巡礼」のモティーフで理解し、それをもってパウロの異邦人宣教自体
の動機／目的とする（『パウロ』5–11 頁）。しかしこの理解には無理が
ある（佐竹「補説 3」352–56 頁参照）。「諸国民の巡礼」モティーフに
ついては、小澤昂平「諸国民のエルサレム巡礼──釈義に基づく思想
史的研究」（博士論文：立教大学、2016 年）を参照。小澤はこのモテ
ィーフの中に、献げ物を携える「諸国民の奉献」と献げ物を伴わない
「諸国民の帰依」を区別する点で重要な貢献をなしているが、その考察
をエルサレムへの巡礼の箇所に限定する。しかしパウロの募金の背景
を考察する場合には、エルサレムへの巡礼に言及しない箇所について
も考察対象に含める必要がある。浅野が指摘するように、パウロはイ
スラエルの地（エレツ・イスラエル）をもはや顕現要素と考えず、エ
ルサレム中心的思想を脱却していた可能性が高いからである（『ガラテ
ヤ共同体』132 頁）。

第 3 部　新約聖書学の見地から

ダヤ人教会の亀裂の深刻化を受けてパウロ自身の理解が変化したこと
を反映すると考えられる[39]。

2.2.2.　敵対者との「和解」の課題

ユダヤ人の民族的アイデンティティをラディカルに相対化したパウ
ロの異邦人宣教が引き起こした亀裂は、パウロの認識においては、単
に自身の創立した異邦人諸教会と、エルサレムにおけるイエスの十字
架刑による死と復活を受けて誕生したユダヤ人諸教会との間の亀裂と
いうだけでなく、「教会」そのもの（エクレーシア：単数）の分裂であ
り、キリストの体が引き裂かれる深刻な事態であった[40]。この亀裂の

39　Robert Orlando（*Apostle Paul: A Polite Bribe* [Cambridge: James Clarke,
　　2015]）は、この募金プロジェクトを、パウロが事態を打開するために
　　自分から提案したものと考え、「丁重な賄賂」と呼ぶ。この呼称の妥当
　　性はともかく、エルサレム会議での貧しい者への支援要請（ガラ 2:10）
　　以後、ユダヤ人教会と異邦人教会の亀裂の深刻化や、パウロとエルサ
　　レム教会の使徒たちとの関係悪化（特に「偽使徒たち」[II コリ 11:13]
　　と呼ばれる強硬派［浅野の分類では厳格なプライモーディアル型］に
　　よる）を受けて、エルサレム教会側でも態度を硬化させた可能性が考
　　えられるため、この募金をパウロの側の一方的な発案とする理解は不
　　十分であろう（佐竹「補説 3」320–22 頁参照）。

40　パウロは I コリ 1:10–13 において、コリント教会内の分派争いを受け
　　て「キリストは幾つにも分けられてしまったのですか」と嘆く。冒頭
　　の 2 節では、手紙の宛先としてコリントにある複数の家の教会を指し
　　て単数形で「神の教会へ」と呼びかけ、さらにコリント教会が独立し
　　た存在ではなく「至るところで私たちの主イエス・キリストの名を呼
　　び求めるすべての人々」と結びついていることを強調する。1:13 の発
　　言は直接的にはコリント教会全体を指して「キリストの体」と呼んで
　　いるものの、パウロが自身の身の危険を顧みずエルサレムに献金を届

第 7 章　神による「愛敵」としての和解　（河野克也）

修復と和解を考える際に、はたしてパウロが自身の宣教方針に対抗して割礼を要求する反パウロ派の面々との「和解」を意図していたかは不明である。少なくともパウロ自身が手紙に書いている表現を見る限り、彼らを和解の対象として想定していたとは考え難い。例えばガラテヤ 1:7-9 では、パウロの宣教方針に対する反対者への呪いを宣告し [41]、5:10 では裁きを告げ、さらに 12 節では反対者たちが「自ら去勢してしまえばよい」とさえ述べる [42]。またフィリピ 3:2 では異邦人キリ

けに行こうとした覚悟から判断して、パウロがエルサレム教会を中心とするユダヤ人教会も含めて一つの「教会」、一つの「キリストの体」との理解をもっていたと考えることができる。

[41] 8 節と 9 節で繰り返される表現「アナセマ・エストー」（ἀνάθεμα ἔστω）は、「呪われるべき」（新改訳 2017、聖書協会共同訳）では弱い。古代世界では祝福も呪いも現代人の理解を超えて現実的な力を持つ行為であり、この表現は直接呪いを宣言するものとして「呪われよ」とすべきであろう（新共同訳は「呪われるがよい」）。青野太潮は「呪いあれ」と訳し（『新約聖書 改訂新版』新約聖書翻訳委員会訳、岩波書店、2023 年、597 頁）、浅野は「呪われたものたらせよ」と訳す（『ガラテヤ書簡』93, 100-103 頁。ただし 101 頁では ἔστω の 3 人称単数命令法の意味を「呪われるべきです」と説明するが、この命令法はより直接的な呪いと理解すべきであろう）。いずれにせよこうした呪術文化の背景から、浅野はガラ 3:1 に使用される、新約聖書では稀な動詞バスカイノー（βασκαίνω）について、パウロと反対者の間で魔術告発の応酬があったと想定する（「社会科学批評」110-16 頁、さらに広範な呪術文化の背景については、ジョン・G. ゲイジャー編『古代世界の呪詛板と呪縛呪文』志内一興訳、京都大学学術出版会、2015 年を参照）。

[42] ここで使用される動詞アポコプトー（ἀποκόπτω）は、身体や物の物理的切断を指すが（新約聖書中の用例での目的語は、マコ 9:43, 45 では躓きをもたらす手足、ヨハ 18:10, 26 ではペトロが切り落とした大祭司

第 3 部　新約聖書学の見地から

スト者に割礼を要求する者たちを「あの犬ども」と呼び、さらに
18–19 節では「十字架の敵として歩んでいる者」と呼び、また「腹を
神とし、恥ずべきものを誇りと」していると非難する[43]。パウロが彼
らをこうした際どい表現をもって厳しく非難していることから判断す
ると、その来るべき「滅び」（アポーレイア：ἀπώλεια）を涙ながらに嘆
いているにしても、彼らとの和解がここで直接パウロの念頭にあった
と考えることは困難であろう[44]。パウロが異邦人教会に呼びかけたエ

　　の僕の耳、使 27:32 では小舟を繋いでいた綱）、5:12 の場合は 3 人称複
　　数未来形中動態（ἀποκόψονται）であり、浅野は申 23:2 の用例（去勢
　　を施す）を挙げて、このパウロの発言を「去勢と割礼が混同される社
　　会背景に依拠した皮肉な表現」と説明する（『NTJ ガラテヤ書簡』401
　　頁）。

43　19 節の「腹」（コイリア：κοιλία）は聖書協会共同訳の注では別訳とし
　　て「下腹部」を挙げる。I コリ 6:13 でコイリア（腹）とブローマタ（ブ
　　ローマ［食物］の複数形）がセットで繰り返されていることから、こ
　　こでも食物との関連を読み取って、異邦人キリスト者にユダヤ人の食
　　物規定を要求する態度を批判していると取ることも可能であろう（ガ
　　ラ 2:11–14 のアンティオキア事件を参照。新改訳 2017 はコイリアを
　　「欲望」と訳すが、それでは非難の対象がぼやけてしまう）。あるいは
　　19 節後半の「恥ずべきもの」（アイスキュネー：αἰσχύνη）がおそらく
　　「生殖器」を指す婉曲表現（恥部）であると考えられることから、その
　　繋がりで読めば、前半のコイリアは「下腹部」の可能性も十分考えら
　　れる。

44　ただし、このことをもってパウロが敵対者の滅びを最終的な終末論的
　　運命と考えていたと判断することは性急であろう。パウロは I コリ
　　15:24–28 で終末論的シナリオを提示し、「キリスト〔が〕あらゆる支配、
　　あらゆる権威と勢力を無力にして、父なる神に国を引き渡」すこと
　　（24 節）、また「最後の敵として、死が無力にされ」ること（26 節）を

174

第 7 章 神による「愛敵」としての和解 （河野克也）

ルサレム教会の貧しい者たちのための募金を、エルサレム教会内の強
硬派に対する一定の歩み寄りとして「和解」の一環に数えることがで
きるとしても、少なくとも書簡の文面から推測する限り、その強硬派
との激しい論争の中で、彼らとの直接的な和解を正面から追い求めた
とは言い難い。パウロにとって「異邦人にユダヤ人のようになること
を強いる」（ガラ 2:14）ことは「福音の真理」（ガラ 2:14）からの重大
な逸脱であり、妥協の余地はなかったと考えられる。

　同様の課題は、パウロの割礼抜きの異邦人宣教が直接の争点ではな
かった文脈においても確認できる。パウロは II コリント 5:16–21 に
おいて「和解」の用語を集中的に使用するが、その背景には、コリン
ト教会とパウロの間で継続していたパウロの使徒性をめぐる激しい論

　告げるが、そこで使用される動詞カタルゲオーは、「滅ぼす」（新共同
訳、新改訳 2017）ではなく、むしろ律法や約束に関する用例に見られ
るように「無効にする」、「無力化する」という意味に理解するのがよ
い（ロマ 3:3, 31; 4:14 など）。最終的な完成形として神が「万物をキリ
ストに従わせ」る（I コリ 15:27–28）ことが語られるが、そこで「神
がすべてにおいてすべてとなられる」と言われているのは、諸勢力な
ど敵対する存在が滅ぼされていなくなる状況ではなく、敵対していた
存在さえも神に従うようになる状況であろう。それはフィリ 2:10–11
で描かれる、膝という膝（原文では単数形）が屈み「〔舌という〕舌が
『イエス・キリストは主である』と告白して」、父なる神の栄光へと至
る事態と重なり合う。さらにロマ 11:11–36 では、パウロはメシアであ
るイエス・キリストに躓いたユダヤ人についてさえ、その一時的な躓
きが「世界の和解となる」ための神の計画であり（15 節）、神が奇跡
的に介入して彼らから「不敬虔を遠ざけ……罪を取り除く」ことで、
最終的には「全イスラエルが救われることになる」と述べる（26–27
節）。

第 3 部　新約聖書学の見地から

争がある。コリント教会内部について言えば、パウロが教会から生活
費を受け取らなかったことが使徒としての資格また権威に疑いを生じ
させたこと（I コリ 9:1–18; II コリ 11:7–11）に加えて、パウロの弁舌の
拙さや異言などの目に見える栄光の欠如など（I コリ 2:1–5; II コリ
10:1–11）も、パウロに対する低い評価の要因であったと考えられる。
また、エルサレム教会への募金活動の一環としてテトスを筆頭に 3
名を集金のために派遣したことが、パウロの動機に対する深刻な疑念
を生んだことも要因として考えられる（II コリ 8:16–24; 12:16–18）[45]。こ
の問題に関して、コリント教会内でパウロを批判する人々と、教会の
外部からその人たちに影響力を行使したと考えられる「偽使徒」たち
（II コリ 11:13）とは、明確に区別する必要がある。コリント書簡から
は、少なくとも教会内の反パウロ派との「和解」が明らかにパウロに
とって重要な関心事であったことが窺える。

　パウロとコリント教会との関係について詳細を再構成することは困
難であるが、I コリント書以降、関係の悪化と改善が繰り返されたと
考えられる[46]。パウロは 54 年の夏か初秋に、エフェソからマケドニア

45　本章注 36 参照。他方で、ガラテヤ書とローマ書全体、またフィリピ
　　書（3:2–4:1）に見られるパウロの割礼抜きの宣教方針をめぐる激しい
　　論争は、少なくとも文面から判断する限りコリント教会では争点では
　　なかったようである。II コリ 5:12 の「内面ではなく外面を誇る者たち」
　　への言及は、ガラテヤ書やフィリピ書で皮肉を込めて言及される割礼
　　強要論者を指す可能性があり、また I コリ 7:17–19 の割礼の有無とそ
　　の変更を例に挙げて信仰を持った（召された）時の状態にとどまる原
　　則を述べた箇所は、その執筆時点で、コリント教会内の問題にはなっ
　　ていないものの、パウロが割礼強要論者たちの活動を意識していた可
　　能性を示しているかもしれない。

46　ここに記すパウロの生涯の概要は基本的に、Victor Paul Furnish, *II*

第 7 章　神による「愛敵」としての和解　（河野克也）

経由の陸路でテモテをコリントに派遣する。その後、コリント教会からの手紙と、口頭で教会の状況に関する報告を受け、54 年秋（10月？）に I コリント書を船で送付する。テモテは手紙よりも遅れて 55年の初春にコリントに到着したと考えられる。パウロは急遽戻ったテモテからコリント教会との関係悪化の報告を受けると、事態収拾のためにコリント教会を緊急訪問するが、その際におそらくある人物から激しく糾弾され、失意のうちにエフェソに戻ることを余儀なくされる。その際にすぐにコリントに戻る予定であったが、その計画を撤回して、代わりにいわゆる「涙の手紙」（II コリ 2:4 参照）を書き送り、テトスを派遣することでようやく関係が修復されたようである [47]。パウロが和解に集中的に言及する II コリント 5:16–21 は、テトスからこの関

Corinthians: A New Translation with Introduction and Commentary (AB: New York et al.: Doubleday, 1984), 54–55 の表に依拠する。詳細な議論は同書 22–29 頁（II. Christianity in Corinth: The Earliest Years）および 29–54 頁（III. Canonical 2 Corinthians）を参照。

[47] さらに、おそらく 55 年夏にパウロはエフェソで投獄され、死を覚悟したものの、無事解放されたのであろう（II コリ 1:8–11）。その後、テモテを伴いトロアスに向かい、同年秋にマケドニア（フィリピ）に移動する。そこでコリントから戻ったテトスと再会し、関係改善の報告を受けると、手紙（II コリ 1–9 章）をテトスに託して、エルサレム教会への募金の集金のために他の二人と共にコリントに派遣する。ところがそれが裏目に出て「募金」活動の動機を疑われることになり、パウロはかなり厳しい表現の手紙（II コリ 10–13 章）を送る。最終的にパウロの三度目の訪問によって事態は収拾し、彼はコリントのガイオ邸からローマ書を書き送っている（ロマ 16:23）。その後パウロは、57 年春にコリントからエルサレムに向けて出発し、エルサレムでローマ兵に逮捕され、カイサリアで勾留された後にローマに移送され、最終的にそこで殉教したと考えられる。

177

第3部　新約聖書学の見地から

係修復の報告を受けて書かれた部分であると考えられる。IIコリント 2:5-11 でパウロは、コリント信徒に対して、事態を悪化させた人物を「赦し、慰めてやり」、「愛を実際に示す」ようにと繰り返し呼びかける。ここで赦し（動詞 χαρίζομαι）が強調されている点は重要である。パウロは II コリント 5:14 で「キリストの愛が私たちを捕らえて離さない」と述べ、キリストの死を愛として提示し、また神との和解を勧める締めくくりにおいても、キリストの死を強調する（5:21）。このように、パウロとコリント教会の和解は、キリストの死に現された神の愛が根本的な動機であり、またパウロとコリント教会との一致した赦しにおいて実現されるものである。

まとめ

　パウロにとって「和解」の原体験は、教会の迫害者であった自分を異邦人の使徒として召し出した神の恵みであり、それは神のイニシアティヴによる「敵への愛」の実践、また神の側からの「和解」と「赦し」の出来事であった。神による「和解」は、パウロのアイデンティティを根底から作り変える出来事であった。この出来事から振り返ることで初めて、パウロは自らの教会迫害者としての過去の誤りを認識できるようになったと言えよう。この神との「和解」は、同時に、かつて自分が迫害し破壊しようとしていた「教会」との「和解」でもあり、その頃の教会の指導者たちとの「和解」でもあった。パウロが最終的に命を懸けてエルサレム教会に届けた異邦人教会からの募金は、その和解の徴であったと考えられる。

　神によるパウロの召命は、同時にパウロを「和解の使者」として派遣するものでもあった。パウロは、「神はキリストを通して私たちをご自分と和解させ、また、和解の務めを私たちに授けてくださ」り、

178

第 7 章　神による「愛敵」としての和解　（河野克也）

「和解の言葉を私たちに委ねられた」と語る（II コリ 5:18-19）。パウロはこの和解の務めを、自分個人の特権とは考えず、教会全体また信仰者全員に対する召命と考えていた。現代においてパウロ書簡を聖書正典として読む私たちもまた、この使命を委ねられているのであり、その責任は重い。

第8章

パウロの「和解」主題

浅野淳博

導入

〈和解〉は、新約聖書の救済思想においてすくなくとも重要な神学的主題の1つに挙げられることが多い。研究者によっては、和解こそがパウロ神学の中心であると断言する[1]。このような評価を、のちの

---

* 本章は科学研究費助成事業基盤研究（C）課題番号22K00477「代替主義の再考：『父・母』という役職に見るシナゴーグの教会との連続性に関する考察」の成果の一部を反映している。

1 Ralph P. Martin, *Reconciliation: A Study of Paul's Theology* (Eugene: Wipf

第 8 章　パウロの「和解」主題　（浅野淳博）

キリスト教教義が新約聖書テクストに読み込まれた結果の誤った判断
であるとする議論には十分に傾聴するとしても[2]、パウロが神の救済に
ついて語る際に和解という語を繰り返していることは事実である。そ
れであれば私たちは、この神学主題を看過して新約聖書における救済
思想を語ることはしかねる。さらに〈和解〉という主題は同時に人間
社会における関係性の修復に関わるより一般的な概念でもあり、した
がって私たちはキリスト教がいかに社会全般に関わるかを模索する際
の手がかりとして、この主題の持つポテンシャルに期待する。その場
合、聖書的な意味での〈和解〉が何を意味するかを理解する試みは、
キリスト教の実践に確かな基盤を与えることに繋がると思われる。

　したがって私たちは本章において、（I）新約聖書における和解主題
の背景に何があるかを推定し、その上で（II）新約聖書における和解
主題の特徴を ［A］神の救済計画における位置づけ、［B］和解におけ
る神のイニシアティブ、さらに ［C］創造秩序の回復としての和解、
という視点から考察したいと考える。後述するとおり新約聖書におい
て和解主題が救済——神と人との関係性——という文脈で語られるの
はパウロ書簡群（ローマ書、II コリント書、エフェソ書、コロサイ書）
においてのみである[3]。したがって実質的に本章で私たちは、パウロに

& Stock, rev. edn, originally published in 1989), 238-39.

2　Ernst Käsemann, 'Some Thoughts on the Theme "The Doctrine of
　Reconciliation in the New Testament"' in J.M. Robinson (ed.), *The
　Future of Our Religious Past: Essays in Honour of Rudolf Bultmann* (New
　York et al.: Harper & Row, 1971), 49-64 (51). Käsemann は〈和解〉が
　新約聖書の思想を統合するという理解は誤りだと主張する。

3　本章の著者である私は、ローマ書、II コリント書、コロサイ書を真正
　パウロ書簡として、またエフェソ書をパウロの思想を継承するキリス
　ト者によって執筆された書簡と理解するが、パウロの著者性に関する

第3部　新約聖書学の見地から

おける和解という概念を論考することとなる。本章を開始するにあたって、該当箇所をここに記しておこう。

「もし敵であるのに彼（神）の子の死をとおして私たちが神に対して和解させられたなら（κατηλλάγημεν）、和解された私たちが（καταλλαγέντες）彼の命の内にあって救われるだろうことはなおさらです。しかしそれだけでなく、私たちの主イエス・キリストをとおして神を誇る私たちは、今この方をとおして和解を受けた（καταλλαγὴν）のです」（ロマ 5:10–11）。

「彼ら（イスラエル）の拒絶が世界の和解（καταλλαγή）であれば、その受容が死者たちの中からの命でなくて何でしょう」（ロマ 11:15）。

「キリストの内にある者は誰でも、新しい創造（καινὴ κτίσις）です。古いもの（τὰ ἀρχαῖα）は過ぎ去り、見なさい、新しいものが生じました（ἰδοὺ γέγονεν καινά）。これらすべては、キリストをとおして私たちを自らに和解させた（καταλλάξαντος）、そして和解の務め（τὴν διακονίαν τῆς καταλλαγῆς）を私たちに授けた神からのものです。つまり（ὡς ὅτι）、神はキリストの内において世を自らに対して和解させていた（ἦν ... καταλλάσσων）のであり、彼ら（人々）の諸罪過（παράπτωματα）を彼らに対して負わせるのでなく、私たちのあいだに和解の言葉（τὸν λόγον τῆς καταλλαγῆς）を置いていたのです。したがって、神が私たちをとおして勧めるので、私たちはキリストのた

理解の相違が本論考において大きな影響を与えるとは考えない。

第 8 章　パウロの「和解」主題　（浅野淳博）

めの大使として振る舞っているのです（πρεσβεύομεν）。キリストに
なり代わりお願いします（παρακαλοῦντος）。神に対して和解されな
さい（καταλλάγητε）。彼（神）は罪を知らない者を罪としました。そ
れは彼の内にあって私たちが神の義となるためです」（II コリ 5:17-
21）。

　「（神は喜んで）彼（キリスト）の十字架の血をとおして平和を造り、
地にあるものであれ天にあるものであれ、すべてのものを彼（キリ
スト）をとおして彼（神）へと和解させたのです（ἀποκαταλλάξαι）。
そして、かつては部外者とされており、その邪悪な行為に表れる意
志において敵対者であったあなた方を、今や、死をとおして彼の肉
の体の内にあって、（神は）和解させたのです（ἀποκατήλλαξεν）。そ
れは聖であり、傷がなく、咎められない者としてあなた方を彼
（神）の前に立たせるためでした」（コロ 1:20-22）。

　「それは彼（キリスト）が私たちの平和であり、両者（イスラエル
と異邦人）を 1 つとし、隔ての壁である敵愾心を彼の肉の内にあっ
て取り壊し、教義における戒めの律法を無効としたからです。それ
は彼の内にあって 2 つのものを 1 つの新たな人（ἕνα καινὸν
ἄνθρωπον）とし、平和を造り、十字架をとおして両者を 1 つの体に
おいて神に対して和解させ（ἀποκαταλλάξῃ）、それ（十字架）におい
て敵愾心を殺すためでした。そして彼はあなた方へ、つまり遠くに
いる者へ平和を、そして近くにいる者へ平和を告げ知らせました」
（エフェ 2:14-17）。

183

第 3 部　新約聖書学の見地から

I.　〈和解〉の背景

A.　パウロ書簡群に特有な神と人とに関する和解

　新約聖書における和解主題の背景について考察する前に、この主題が新約聖書においてパウロに特有であることを確認しておこう。日本語の〈和解〉は καταλλαγή の訳だが、この同根語は上に挙げたパウロ書簡群に集中している。すなわち、名詞の καταλλαγή がローマ 5:11; 11:15; II コリント 5:18, 19 に、動詞の καταλλάσσειν がローマ 5:10 (× 2); I コリント 7:11; II コリント 5:18, 19, 20 に、そして複合動詞の ἀποκαταλλάσσειν がエフェソ 2:16; コロサイ 1:20, 22 において用いられている。ただ 1 度、離婚 (κωρίζειν, ἀπαλλάσσειν) の反語として〈復縁〉の意味で人と人との関係性を述べるため καταλλάσσειν が用いられるが (I コリ 7:11)、それを例外としてパウロ書簡群は καταλλαγή 同根語を神と人との関係において、敵意や不和を解消するというニュアンスで用いている [4]。

　新約聖書他所では、適切な神殿犠牲の準備をするために他者と和解するという文脈で διαλλάσσειν が (マタ 5:24)、裁判を回避するために示談をする —— 告発者から離れる —— という文脈で ἀπαλλάσσειν が (ルカ 12:58)、それぞれ 1 度ずつ登場する。これらは両方とも、人と人との関係性について述べている [5]。ちなみに ἀπαλλάσσειν は使 19:12

4　H. バルツ／G. シュナイダー編『ギリシア語新約聖書釈義事典 II』荒井献／H.J. マルクス監訳、教文館、1994 年、315 頁。

5　共観福音書における人と人との和解 (マタ 5:21–26 // ルカ 12:57–59) に関する論考は、大宮謙「福音書における『和解』」(本書第 10 章) を

とヘブ 2:15 でも用いられているが、それぞれ病から離れたり死の恐怖の呪縛から離れたりという仕方で〈和解〉のニュアンスと異なる意味で用いられている。

したがってまず私たちは、新約聖書において καταλλαγή 同根語が神と人との関係性について用いられ、しかもそれが神と人との良好な関係を回復する——和解する——という救済的な意味で用いられるのは、パウロ書簡群においてのみであると確認しておこう。補足するならば καταλλαγή 同根語は、使徒教父を含むパウロ以降の最初期の教会文献において和解というニュアンスで用いられることがない。

B. 前パウロ伝承としての和解

和解主題を用いようとしたパウロの思想的背景に何があったかを考察する前に、私たちはこの主題が前パウロ伝承、すなわち〈原始教会からパウロが引き継いだ概念〉であるという想定について、その是非を確認しておく必要がある。II コリント 5:18–21 の全体か一部が原始教会に依拠する何らかの定型表現である蓋然性が、一部の研究者らによって指摘されてきた。たとえば前出の Käsemann はこの全体を原始教会の賛歌であると考え、Martin はこれを原始教会の告白文と特定する[6]。その理由としては、(1) 迂説構文の ἦν καταλλάσσων (II コリ

見よ。

6 Käsemann, 'The Doctrine of Reconciliation', 52; Martin, *Reconciliation*, 94–95. その他、V.P. Furnish (*II Corinthians* [AB 32A; New York et al.: Doubleday, 1984], 334) と P. Stuhlmacher (*Gerechtigkeit Gottes bei Paulus* [FRLANT 87; Göttingen: Vandenhoeck u. Ruprecht, 1965], 77) は II コリ 5:19 を前パウロ伝承と考える。

第 3 部　新約聖書学の見地から

5:19) がパウロ的な表現でない、(2)「諸罪過 (παράπτωματα)」(5:19)
がパウロ特有の〈罪〉の単数形でなく複数形である、さらに (3) 罪
人に対して勧めをする際にパウロが一般に用いない παρακαλεῖν が II
コリント 5:20 で用いられていることが挙げられる。

　しかしこれらの根拠は、すでにおおかた論破されている[7]。迂説構文
という論拠 (1) については、ガラテヤ 1:23 とフィリピ 2:26 にもこ
れが見られ、非パウロ的な表現とは言いきれない。複数形の「諸罪
過」という論拠 (2) についても、ローマ 5:15(×2), 17, 18, 20; 11:11,
12; ガラテヤ 6:1 でこれが用いられている。παρακαλεῖν が罪人への勧
めにおいて用いられる例 (3) も、II コリント 5:20 のみならず I テサ
ロニケ 2:2–3 にも見られる。たしかに「すなわち (ὡς ὅτι)」によって
開始する II コリント 5:19 は内容的に II コリント 5:18 を繰り返してお
り、II コリント 5:18 のパウロによる言説が前パウロ的引用文 (II コリ
5:19) によって論証されているようにも見える。しかし II コリント
5:19 はパウロ自身による補足説明と捉えることも十分に可能である[8]。

　したがって本章では、καταλλαγή 同根語を中心として語られる和解
主題が神と人との関係において救済的に用いられる場合、これを新約
聖書ではパウロに特有な概念であるという前提で論考を進めよう[9]。

7　Margaret Thrall, 'Excursus VII, 5.18–21: Pre-Pauline Tradition?', in *2
　Corinthians 1–7* (ICC; London et al.: T & T Clark, 1994), 445–49 を見よ。

8　Thrall, *2 Corinthians*, 448; Seyoon Kim, *Paul and the New Perspective:
　Second Thoughts on the Origin of Paul's Gospel* (Grand Rapids et al.:
　Eerdmans, 2002), 221–22.

9　Robert Jewett (*Romans* [Hermeneia; Minneapolis: Fortress, 2007], 366)
　は、パウロ以降の新約聖書テクストにおいて和解という主題が救済的
　に用いられていないことが、これをパウロ特有の神学主題であると捉
　える重要な根拠だと考える。

C. パウロの思想世界にある和解主題

1. 背景としてのヘレニズム的な和平交渉

パウロの和解主題の背景に何があるかを考察するにあたって、私たちはまず καταλλαγή 同根語がパウロ以前に用いられた例に注目しよう。ギリシャが諸外国と和平交渉を行う際には、おうおうにして派遣団が「和平（和解）の言葉」（λόγοι διαλλακτήριοι, τάς καταλλαγάς）を提示する（ハリカルナッソスのディオニュシオス『ローマ古代誌』5.31.1、カッシウス・ディオ『ローマ史』48.11.1–2 参照）。そしてもっとも著名な例は、アレクサンドロス大王である。彼は和平交渉においてまずこのような和解文書を提示し、これが拒否された場合に諸外国を征服した。このような外交政策の故にアレクサンドロス大王は「天が遣わした全世界の和解者（διαλλάκτης τῶν ὅλων）」と称されている（プルタルコス『モラリア』329B-C）。

この和平交渉という文脈において καταλλαγή 同根語が用いられること、さらにこのような外交政策の文脈で同時に用いられがちな πρεσβεύειν 同根語（派遣に関する語）や παρακαλεῖν 同根語（要請に関する語）が、II コリント 5:18–20 においても用いられていること、さらに上記の「和解の言葉（λόγοι διαλλακτήριοι）」（ディオニュシオスの『ローマ古代誌』）が II コリント 5:19 の「和解の言葉（τὸν λόγον τῆς καταλλαγῆς）」を彷彿とさせること等に鑑みて、Breytenbach はパウロが用いる〈和解〉という主題の背景にヘレニズム的な和平交渉の概念があると主張する [10]。

10　Cilliers Breytenbach, 'Salvation of the Reconciled (With a Note on the Background of Paul's Metaphor of Reconciliation)', in *Grace,*

第3部　新約聖書学の見地から

　このような議論においては、和解を提示する者（アレクサンドロス大王の場合は διαλλάκτης）が、和解においてイニシアティブをとりつつ諸外国に敵対姿勢を放棄するように働きかけるという交渉活動に注目が置かれる。すなわちここには〈イニシアティブをとる不動の和解者と姿勢変更を求められる被和解者〉という構図がある。そしてこの和解パターンは、しばしばユダヤ教における神殿犠牲と対比される。後者においては、和解を求める礼拝者（被和解者）の悔悛を前提としつつ、和解を提供する神（和解者）も犠牲をとおして宥められなければならない。つまり両者に姿勢変更が起こることになる。この議論においては、パウロが和解主題に言及する際に、いつも不動の神が和解のイニシアティブをとるように描かれていることに注目する。したがってこの議論においては、パウロの和解主題が神殿犠牲を念頭に置いたユダヤ教的な和解でなく、むしろヘレニズム的な和平交渉の概念に近いという結論に至る[11]。

2.　背景としての第二神殿期ユダヤ教文献

　一方でパウロの和解主題の背景として、研究者によっては第二神殿期ユダヤ教における καταλλαγή 同根語にも注意を向ける。もっとも七

Reconciliation, Concord: The Death of Christ in Graeco-Roman Metaphors (SupNovT 135; Leiden et al.: Brill, 2010), 171–86.

11　Breytenbach, *Grace, Reconciliation, Concord*, 178–79, 184; Ferdinand Hahn, '"Siehe jetzt ist der Tag des Heils", Neuschöpfung und Versöhnung nach 2. Korinther 5,14–6,2', *EvTh* 33 (1973), 244–53 (247). もっともヘレニズム的な文脈において καταλλαγή 同根語が用いられる場合、それは神と人でなく人と人との関係性に適用される。この点に関する真偽の評価に関しては後述しよう。

第 8 章　パウロの「和解」主題　（浅野淳博）

十人訳聖書においては、καταλλαγή 同根語がそもそもほとんど用いられていない（例外として διαλλαγῆ：I エスドラス 4:31、κατήλλαξεν：エレ 31:39、διαλλαγή：シラ 22:22; 27:21）。私たちはこれが神と人との関係性において用いられる例を、II マカバイ記においてのみ見出すことができる。

　ユダヤ在住のユダヤ人からエジプト在住のユダヤ人に対して送られた書簡は以下のように始まる。「[神が] その律法と諸規定に対してあなた方の心を開き、平和を造るように。またあなた方の願いを聞き、あなた方を和解し（καταλλαγείη）、邪悪な時代にあなた方を見捨てないように」（II マカ 1:4-5）。II マカバイ記ではこの和解する神という主題が伏線となり、実際に神が殉教者の受難をとおしてイスラエルの民と和解する様子を描く。したがって殉教者である無名母子の末子は「私たちの生きている主は、もし処罰と訓練のためにしばらく怒っても、ふたたび彼自身の僕らを和解するだろう（καταλλαγήσεται）」（7:33.5:20 も参照）と述べる。さらにユダヤ人の抵抗軍は「これら（戦利品の分配）が終わると、ともに請願を行い、憐れみ深い主が、その僕らを完全に和解することを（καταλλαγῆναι）願った」（8:29）。II マカバイ記の著者が神殿犠牲を念頭に置きつつ、神が宥められて和解される——つまり上述のように和解のイニシアティブをとる不動の神でない——様子を描いているかに関してはのちに詳しく検証するが（II.B.2）、すくなくとも II マカバイ記においては、καταλλαγή 同根語が神と人との関係性の修復という文脈で用いられている。研究者によってはこの点に鑑みて、神と人との関係修復というニュアンスで和解主題を用いるパウロの背景に II マカバイ記があると論ずる[12]。

12　I.H. Marshall, 'The Meaning of "Reconciliation"', in R.A. Guelich (ed.), *Unity and Diversity in New Testament Theology* (Grand Rapids:

第 3 部　新約聖書学の見地から

3.　背景としての *šālôm*, εἰρήνη

καταλλαγή 同根語がユダヤ教文献においてそもそも僅少であること
に鑑みて、パウロの〈和解〉という主題を考察する際にこの同根語の
みに注目するのでなく、同様のニュアンスを含む他の語をも手がかり
とすることが提唱されている。その場合に〈平和〉、〈愛〉、〈歓待〉、
〈一致〉、〈受容〉、〈友情〉等の語と和解主題との関連を分析すること
の必要性が論じられてきた[13]。しかし、なぜこれらの語が和解主題と
関連するかという根拠が明らかでない。関連語をこのようにして恣意
的に多数挙げて意味の重なり部分を広げすぎることは、かえって和解
主題のニュアンスを曖昧にする恐れがあると思われる。もっとも〈平
和（εἰρήνη）〉に関しては、καταλλαγή 同根語の関連語であることが十
分な根拠をもって特定できるだろう。なぜなら〈平和〉という語は、
パウロ書簡群において καταλλαγή 同根語が登場する文脈で複数回用い
られているからだ（ロマ 5:1; エフェ 2:14, 15, 17）。さらに前出の II マカ
バイ 1:4–5 においても、καταλλάσειν と εἰρήνην ποιῆσαι とが同義語と
して併記されている。

Eerdmans, 1978), 120–21, 129–30. さらにヨセフス（『古誌』3.315）や
フィロン（『モーセ』2.166,『出エ』2.49）は、モーセを神と民との関
係修復を行う「仲介者（μεσίτης）」あるいは「和解者（καταλλάκτην）」
として描いている。研究者によってはこれがパウロの和解主題の背景
に あ る と 考 え る。Peter Stuhlmacher, *Biblische Theologie des Neuen
Testaments* (Göttingen: Vandenhoeck u. Ruprecht, 1992), 1.319 を見よ。

13　Vincent Taylor, *Forgiveness and Reconciliation: A Study in New Testament
Theology* (London: Macmillan, 1952), xiii; Corneliu Constantineanu,
*The Social Significance of Reconciliation in Paul's Theology: Narrative
Readings in Romans* (London et al.: T & T Clark Bloomsbury, 2010), 21.

この εἰρήνη を訳語とするヘブライ語聖書の šālôm は、神の救済計画において重要な概念である。ヘブライ語の šālôm の中心となるニュアンスは〈健全性、完全性〉であり、これが身体的な文脈で用いられる場合に〈健康〉を意味し、社会的な文脈で用いられる場合は〈友好関係、平和〉を意味する[14]。そして捕囚後のイスラエルに神が終末的な永遠の回復（復興）を約束するイザヤ書の文脈で、この šālôm がたびたび用いられる。イザヤ書（とくに第 2 イザヤ）は一貫してこの回復の希望を述べる。はたしてイスラエルは šālôm へと導かれ（イザ55:12）、šālôm に入る（57:2）。šālôm が川のように流れる情景（66:12）は「私の造る新しい天と新しい地」（66:22）を指し、すなわち終末におけるイスラエルの回復を約束している[15]。

イスラエルの終末的な回復において šālôm が繰り返されるのは、この語の本来的なニュアンスに依拠しているだろう。すなわちこの終末的な希望は、被造世界の〈健全さ／完全さ〉である創造秩序（創 1:31;

---

14 Ludwig Koehler and Walter Baumgartner, *The Hebrew and Aramaic Lexicon of the Old Testament* (rev. W. Baumgartner & J.J. Stamm; trans. M.E.J. Richardson; Leiden et al.: Brill, 2000), 4.1534; Gerhard von Rad, 'שָׁלוֹם in the OT', in Gerhard Kittel (ed.), *Theological Dictionary of the New Testament* (trans. G.W. Bromiley; Grand Rapids: Eerdmans, 1964), 2.402–06 ［以下 *TDNT*］．

15 John D.W. Watts (*Isaiah 34–66* [WBC 25; Dallas et al: Thomas Nelson, 2005], 941) はこれを、回復すべき新たな秩序における永遠性の約束とする。Joseph Blenkinsopp, *Isaiah 56–66* (AB 19B; New York et al.: Doubleday, 2003), 316; クラウス・ヴェスターマン『イザヤ書 40–66 章』ATD 旧約聖書註解、頓所正／山本尚子訳、ATD/NTD 聖書註解刊行会、1997 年、720 頁をも見よ。

第3部 新約聖書学の見地から

2:2)の回復という神の救済計画と関連している[16]。šālôm は神と人との関係性が〈健全／完全〉となること、神が本来意図した〈健全／完全〉な創造秩序が回復されることを示す語である。おそらくこの創造秩序の回復をもっとも鮮明に表している箇所の1つとして、私たちはイザヤ書 65:17-25 を挙げることができよう。すなわち神が創造する「新たな天と新たな地」（65:17）においては、神と人との健全な関係——「私はエルサレムを喜びとし、私の民を楽しみとする」（65:19）——があるのみならず、それに依拠した社会正義——「彼らが建てて別の人が住むことはなく、彼らが植えて別の人が食べることもない」（65:22）——、また被造物同士の理想的な関係性——「危害を加えることも、滅ぼすこともない」（65:25）——も保証される。じつにユダヤ教の伝統において šālôm は、健全な創造秩序が終末において完成することを象徴する語だと言えよう。

それならば、パウロが šālôm の訳語である εἰρήνη と併記して καταλλαγή 同根語を用いつつ神と人との関係性の修復について述べる場合、この関係性の修復は、ユダヤ教の伝統における šālôm に付随する終末的な創造秩序の回復という神の救済計画の大きな枠組みの中に置かれていると考えることができよう。したがって研究者の中には、šālôm という語を繰り返しつつ終末的回復を告げるイザヤ書をパウロが意識しつつ、神の救済計画を説明するために和解主題を持ちだした

---

16 Joseph P. Healey, 'Peace, Old Testament', in David Noel Freedman (ed.), *The Anchor Bible Dictionary* (New York et al.: Doubleday, 1992), 5.206-7. Joseph Blenkinsopp (*Isaiah 40-55* [AB 19A; New York et al.: Doubleday, 2000], 372-73) はイスラエルへの神の計画を、全人類と全被造物の回復と理解する。

192

と考える者もいる[17]。たしかにパウロは和解主題を導入するIIコリント 5:17 において「キリストの内にある者は誰でも、新しい創造（καινὴ κτίσις）です。古いもの（τὰ ἀρχαῖα）は過ぎ去り、見なさい、新しいものが生じました（ἰδοὺ γέγονεν καινά）」と述べつつ、和解が神の創造と関わることを教えているが、これは「イスラエルの創造者（ὁ καταδείξας Ισραήλ）」が「先のことを思い出すな、古いこと（τὰ ἀρχαῖα）を考えるな。見よ、私は新しいことを行う（ἰδοῦ ποιῶ καινὰ）」と言うイザヤ書 43:15, 18-19 を彷彿とさせており、したがってパウロがこのテクストに依拠しつつ和解主題を導入しているようにも見受けられる。

4. 和解主題の経験的原因

　パウロの和解主題の背景としては、さらに彼のダマスコ（回心）体験が挙げられる。もっともこれは、上で述べたような思想的原因——ロゴス的な背景——というよりも、むしろ彼が和解主題を用いるように動機づけた経験的原因——パトス的な背景——と理解すべきだろう。Kim 等がこれを和解主題の主要な背景として論ずる場合、とくに II コリント 5 章での和解に関する言説とパウロのダマスコ体験の関連性に注目している[18]。

17　Furnish, *II Corinthians*, 314-15; G.K. Beale, 'The Old Testament Background of Reconciliation in 2 Corinthians 5-7 and Its Bearing on the Literary Problem of 2 Corinthians 6.14-7.1', *NTS* 35 (1989), 550-81 (554). パウロの和解主題の背景に第 2 イザヤ（とくに苦難の僕）がある点については、左近豊「旧約聖書における『和解』序説」（本書第 2 章）も見よ。

18　Kim, *Paul and the New Perspective*, 222-23. さらに Beale, 'Old Testament

第 3 部　新約聖書学の見地から

　たとえば「新しい創造」（II コリ 5:17）という句はパウロの回心体
験自体（ガラ 1:15–16a. II コリ 4:6 参照）を示唆し、それが「今後」
（5:16）という時間的副詞の意味範囲を規定する——すなわち「今後」
とは回心後を指す——。さらに「キリストをとおして私たちを自らに
和解させた」（II コリ 5:18a）という理解は、神とその教会へ敵対して
いた回心以前のパウロ（ガラ 1:13–14）に対して神が恩寵を向けてい
ることに起因する。そして「和解の務めを私たちに授けた」（II コリ
5:18b）という自己認識は、回心に際してパウロに与えられた使徒と
しての使命（ガラ 1:16b）を反映している。さらに「神はキリストの
内において世を自らに対して和解させていたのであり、彼らの諸罪過
を彼らに対して負わせるのでなく」（II コリ 5:19a）という部分は、パ
ウロのダマスコ体験による直接啓示の内容（ガラ 1:12, 15–16a）を指し
ている。すなわち、回心以前に神と敵対していたパウロは、ダマスコ
途上での啓示体験をとおして神との関係を修復した。この体験に突き
動かされるようにして、パウロは神の救済計画について語る言語に
〈和解〉をつけ加えることとなった。
　私は他所で、パウロの回心体験をステファノ殺害に起因するパラダ
イム転換の結果だと述べた。すなわち回心以前のパウロは、神と律法
に対する熱心さゆえにキリスト教会を迫害していた。彼は秀でたファ
リサイ派教師として、教会迫害を神への熱心の実践的活動と見なして
いた。しかしこの活動は同胞のユダヤ人であるステファノ殺害に直接
荷担する結果となり、パウロは〈神への熱心〉を再考せざるをえなく
なった。そしてこのパラダイム転換の最終段階として起こったダマス
コ途上での啓示体験の結果として、彼は〈神への熱心〉がじつは神と

　　Background’, 579–80 をも参照。Jewett (*Romans,* 265–66) は Kim の想
　　定に同意する。

第 8 章　パウロの「和解」主題（浅野淳博）

その教会への敵愾心であるという決定的な結論に至った。じつにパウロは、本来肯定的な〈熱心（ζῆλος）〉という語を、教会迫害と併記して否定的に用いるようになった（ガラ 1:13–14; フィリ 3:6）。パウロに対する神の子の啓示は、神に対して熱心な〈味方／友〉への報いであるどころか、神に対する〈敵対者〉であるにもかかわらず向けられた恵みの機会であった。パウロはローマ 5:6–10 において、この経験上の確信を述べていると思われる[19]。パウロがキリストの業の対象を、「善人＝味方／友（τοῦ ἀγαθοῦ）」（5:7）から「敵対者（ἐχθροί）」（5:10）へと押し広げ、これによって人が「神に対して和解された（κατηλλάγημεν τῷ θεῷ）」（5:10）と述べているのはそのためであろう[20]。

5.　まとめ

パウロは上述したような思想世界に置かれていた。パウロの和解主題が上述した内のどの背景に依拠しており、どの背景に依拠していないかを特定することは、おそらく不可能であり不適切であろう[21]。パ

19　ロマ 5:1–11 におけるパウロの和解主題を彼の召命経験後の〈回顧的〉視点からの表現とする解釈は、河野克也「神による『愛敵』としての和解」（本書第 7 章）を見よ。

20　浅野淳博『死と命のメタファ――キリスト教贖罪論とその批判への聖書学的応答』新教出版社、2022 年、162–67 参照。「善良な者（ἀγαθός）」が「味方／友」を意味することに関しては、同著 164–65 を見よ。Hesychius (Hesychius, *Lex.*) がそれぞれ、ἀποκαταλάξαι の定義を φίλον ποιῆσαι（友を作る）で、καταλλάγη の定義を εἰρήν, φιλία（平和、友）としていることは、パウロのロマ 5 章における〈和解〉主題の理解を反映しているとも考えうる。Ησυχιος, *Hesychii Alexandrini Lexicon* (1858), 247, 427.

21　Kim (*Paul and the New Perspective*, 218–26) にしても Beale ('Old Testament

第 3 部　新約聖書学の見地から

ウロは、ヘレニズム・ローマ文献からであれ、ユダヤ教文献（I–II マカバイ記）からであれ、外交的な和平交渉があったことを承知しており、それが καταλλαγή 同根語によって表現されることを知っていただろう。そしてこの政治的な概念——人と人、国と国との関係性の修復という概念——を表現する καταλλαγή 同根語が、II マカバイ記において神と人との関係性の修復という文脈でも用いられ始めたことをも知っていた。

　そしてパウロは、ユダヤ教の伝統に基づく神の救済計画においてキリストの出来事がいかに関わるかを説明する際に、καταλλαγή 同根語を用いることを試みた。その際に、ユダヤ教の伝統——とくに第 2 イザヤ書——に見られる健全／完全な創造秩序の回復という終末的な希望を象徴する šālôm という概念が、神と人との関係回復（和解）の基盤であるとの理解に立って、これを和解主題の文脈において用いた。

　さらにパウロに回心をもたらしたパラダイム転換が、和解主題を用いて救済論的な教えを説明することを促したのだと推測される。神の味方／友であるという自己理解から神の敵対者としての認識に逆転するパラダイム転換、そしてその敵対者を神が選んで啓示を与えたという体験が、パウロによる和解主題の提示に独特なパトス的印象を付加している。以下では、このような背景を持つパウロの和解主題が、どのような特徴を持つ教えかという点に焦点を移そう。

　Background', 579–80) にしても、それぞれの強調点があるにせよ、1 つの背景のみを想定しているのでない。

第 8 章　パウロの「和解」主題　（浅野淳博）

II.　パウロによる和解主題の特徴

A.　神の救済計画における和解の位置づけ

　和解主題を理解するためには、これが他の救済的出来事との関係において どのように位置づけられるかを明らかにする必要があるだろう。 この場合私たちは、とくに〈義認〉および〈キリストの死〉という出 来事と和解との関係性に焦点を置こう。なぜならパウロが和解主題を 扱う文脈においては、義認とキリストの死への言及が複数回見られる からである。

1.　和解と義認
　a.　ユダヤ教の伝統：上述したとおり和解主題が平和という概念に 基礎を置いているとすると、パウロが和解と義認とを併記する背景に はユダヤ教の伝統があるようだ。なぜならイザヤ書の思想世界におい ては、義と平和との親和性が高いからだ。たとえばイザヤ書 32:17 は 「義が平和をもたらす」という仕方で義を平和の条件のように扱って いる。あるいはイザヤ書 48:18 では「平和は川のように、義は海の波 のように」という同義的並行法によって、両語を同義語として扱って いる（詩 72:7; 85:10; イザ 60:17 も参照）[22]。

　b.　因果か同義か？：この伝統をそのまま引き継ぐかのように、パ ウロが義認を和解主題と併記する場合も、これらの概念がある場合は 因果関係にあるように、ある場合は同義語のように扱われている。た

22　*TDNT*, 2.405.

197

第 3 部　新約聖書学の見地から

とえばパウロは、ローマ 5:1 において「信頼性によって義とされた私たちは、私たちの主イエス・キリストをとおして神に対する平和を持っています」と述べる。この言説において、パウロは義認を和解の条件としているようだ[23]。一方で彼は II コリント 5:21 において「神に対して和解されなさい。彼（神）は罪を知らない者を罪としました。それは彼の内にあって私たちが神の義となるためです」とも述べている。この言説においては、和解と義認とが並列的に置かれているようでもあり、あるいは両者の因果関係がローマ 5:1 の場合の逆のようにさえ読みとられる[24]。したがって研究者らは、パウロにおいて義認と和解との親和性が高いことで一致していても、それらの具体的な関係性に関しては一致した考えを示しえない。

　　c.　一義的か二義的か？：したがって Käsemann はパウロの和解主題を、彼が義認を説明する際の補助的な概念として位置づける[25]。もっとも義認をパウロの中心的神学主題として捉える Käsemann にとっては、他の救済的出来事はすべて義認に対して二義的な概念となろう。私たちは、近年においてこのような過度な義認の強調が避けられていることを承知している[26]。一方で Martin は、和解主題こそがパウ

23　したがって N.T. Wright (*The Letter to the Romans* [NIB 10; Nashville: Abingdon, 2002], 514) は、和解を信仰義認からの展開（延長）的な概念だと説明する。

24　したがって Thrall (*2 Corinthians 1-7*, 444) や Stanley E. Porter (*Καταλλάσσω in Ancient Greek Literature with Reference to the Pauline Writings* [Cordoba: Ediciones El Almendro, 1994], 156) はパウロがこれらをほぼ同義語と見なしていると説明する。

25　Käsemann, 'The Doctrine of Reconciliation', 52.

26　J.D.G. ダン『使徒パウロの神学』浅野淳博訳、教文館、2019 年、445-51 頁。E.P. Sanders (*Paul: The Apostle's Life, Letters and Thought*

ロ神学の中心にあると主張する。その場合に、以下の4つの核となる神学要素が和解主題においてもっとも満足されていると述べる。すなわち（1）主体的な神による回復の業、（2）地上のみならず宇宙規模の回復の業、（3）キリストの十字架との関連、（4）倫理的義務、である[27]。しかし、これらの要素が和解主題においてこそもっとも満足されるとは言い難い。たとえばパウロの参与論も、これらの要素と密接に繋がっているだろう。さらに和解主題と（3）の十字架の関係性が十分に説明できるか不明である。

d. 救済の一側面としての和解と義認：近年のより慎重な議論においては、〈救済〉──Taylor の場合は〈贖罪〉──というより広い一般的な概念の諸側面を必要に応じて強調するために、パウロが和解や義認等の主題を、ある場合は併記して用いているという見解が支持されている[28]。たとえば Dunn はローマ書を註解するにあたって、神の恵みの業というより一般的な救済の文脈に義認と和解の両方を置き、これらが神と人との関係性について同様のことを語っていると述べる[29]。Longenecker もそのローマ書註解において、パウロが義認という法的概念を導入する一方で、より関係的で参与論的な和解という概

[Minneapolis: Fortress, 2015], 613) やその他の研究者らは、義認よりもキリストとの一致（参与論）という概念がパウロにとって中心的だと論ずる。

27　Martin, *Reconciliation*, 238–39. Joseph A. Fitzmyer, *Pauline Theology* (Englewood Cliffs: Prentice-Hall, 1967), 44 参照。

28　Taylor (*Forgiveness and Reconciliation*, 189–94) は、〈和解〉を含め、罪の赦し、義認、キリストへの参与、聖化といった救済的出来事が、贖罪論という枠組みの下に置かれると説明している。

29　James D.G. Dunn, *Romans 1–8* (WBC 38A; Dallas: Word Publishing, 1988), 258–59.

第3部　新約聖書学の見地から

念によって異邦人へ救済を語ったと理解する[30]。

　パウロが和解主題を救済というより一般的な概念の一側面として描いている様子は、ローマ 5:10 の言説に反映されている。パウロはこの箇所で「もし敵であるのに彼（神）の子の死をとおして私たちが神に対して和解させられたなら、和解された私たちが彼の命の内にあって救われるだろうことはなおさらです」と言いつつ、カル・ヴァ・ホメル（『M サン』6.5 参照）――軽から重へ――というラビ・ユダヤ教的論理を示している。この議論においてパウロは、たんに和解と救いという 2 つの同等な救済的出来事を時間的に配列しているのでなく、重要性の度合いを意識しつつ、〈軽度の事柄（救済の一部である和解）が正しいなら、より重度の事柄（救済全体である救い）はなおさら正しい〉という議論を展開している。

　e.　ローマ書の偶発性：パウロがローマ書の前半（1–8 章）で、神の救済計画におけるキリストの役割について述べていることは周知のとおりである。この大きな議論の流れの中で、ローマ 3–4 章において義という語をとおして神と人との関係性について語ってきたパウロは、5 章においてその議論を継続するにあたり、個人的なダマスコ体験に依拠して神の救済計画に特有な輪郭を刻んでいる。パウロはこの議論において、いわゆる偶発性（contingency）――著者や個別教会の事情、生活の座[31]――に沿って、神の救済計画をある場合は義認主題によって、ある場合は和解主題によって説明していると思われる。すなわちパウロには、法廷的用語でもある義が、法廷裁判の身近だった

30　Richard N. Longenecker, *The Epistle to the Romans* (NIGTC; Grand Rapids: Eerdmans, 2016), 566–68.

31　J. Christiaan Beker, *Paul the Apostle: The Triumph of God in Life and Thought* (Philadelphia: Fortress, 1980), 23–36 を見よ。

ローマ市の読者にとって説得性が高い語だとの判断があっただろう[32]。一方で彼は、ユダヤ人キリスト者と異邦人キリスト者との関係修復が必要だったローマ教会に対して（ロマ 12–15 章）[33]、和解主題が重要な適用につながると考えていた。なぜなら、回心をとおして神との和解に至ったパウロ自身が、敵対関係にあったキリスト教会との関係を修復したからである。パウロにとって義認と和解という主題は、いずれかが他方に対して二義的で補足的な概念というのではなかろう。それぞれの主題は、終末に向けて実現しつつある神の救済の業を、聴き手であるローマ教会の実情と語り手であるパウロの体験という 2 つの偶発性という視点から提示する試みにおいて必要不可欠であった。

f. 解決から窮状へ：この際に私たちは、パウロが救済論的議論を人類の窮状から開始して解決へと進めた──plight to solution──のでなく、解決から開始して窮状を特定した──solution to plight──という Sanders の想定に傾聴すべきかも知れない[34]。すなわちパウロは、その啓示体験によってキリストという解決（救済方法）を得て、それを和解や義認等の救済的出来事として説明したのであって、人間の窮

---

32 Wright, *Romans,* 459; N.T. ライト『すべての人のためのローマ書 1：1–8 章』浅野淳博訳、教文館、2021 年、72 頁をも見よ。

33 ローマ教会におけるユダヤ人キリスト者と異邦人キリスト者との関係性に関しては、浅野淳博『新約聖書の時代──アイデンティティを模索するキリスト共同体』教文館、2023 年を見よ。

34 E.P. サンダース『パウロとパレスチナ・ユダヤ教』浅野淳博訳、教文館、2024 年、655–57 頁。Sanders によるとパウロの思考は、罪の支配下にあるという窮状から開始した結果としてキリストという解決に至る演繹法ではなく、キリストという解決が啓示されたことから開始してその解決のための問題（窮状）が何かを逆走的に求める帰納法であり、これを〈解決から窮状へ（solution to plight）〉と表現している。

201

第 3 部　新約聖書学の見地から

状（罪の束縛）から開始してその解決として義認の必要性に至り、それが和解という結果をもたらすという論理的／時間推移的な議論をしたのではなかろう。

2.　キリストの死

a.　**死と和解の因果関係**：おそらくパウロの〈解決から窮状へ〉という思考パターンは、キリストの死への言及が和解主題と併記されるという状況を理解するためにも有効だと思われる。たしかにパウロが和解主題を扱う文脈で、キリストの死への言及が見られる場合がある。たとえばパウロはローマ 5:10 で「敵であるのに彼（神）の子の死をとおして（διὰ τοῦ θανάτου τοῦ υἱοῦ αὐτοῦ）私たちが神に対して和解させられた」と述べ、コロサイ 1:20 で「（神は喜んで）彼（キリスト）の十字架の血をとおして（διὰ τοῦ αἵματος τοῦ σταυροῦ αὐτοῦ）平和を造り」と記している。さらにエフェソ 2:16 には「十字架をとおして（διὰ τοῦ σταυροῦ）両者を 1 つの体において神に対して和解させ」とある。しかしいずれの場合でもパウロは、形式上因果関係を示す前置詞（διά）を用いて死と和解とを繋いでいるが、キリストの死（十字架）がどのような仕方で和解をもたらすかについて述べていない。つまりパウロは神からの疎外（罪）という窮状から開始して、〈解決である和解が必要なのだが、その和解を達成するために死がこのような仕方で機能する〉という論理の道筋——〈窮状から解決へ〉——を提示していない。パウロはたんに、死と和解とを併記しているに過ぎない[35]。

35　Käsemann ('The Doctrine of Reconciliation', 57–58) は、和解の文脈でキリストの死への言及があるのは、それがたんに神の行為に対して人が付加すべきものはないことを説明しているからだ、と説明する。「彼（神）のこの死をとおして」（ロマ 5:10）という句が和解における第三

第 8 章　パウロの「和解」主題　（浅野淳博）

　　b.　**論理の隙間を埋める**：研究者らは、パウロに代わってこの論理
の隙間を埋めることを行ってきた。その際に彼らはしばしば、神殿犠
牲が神に対して捧げられたことによって、神はその怒りを鎮め、敵対
していた者との和解を成立させるという事態を想定し、キリストの死
をこの神殿犠牲として理解する[36]。さらに、加害者から被害者に対し
て支払われるべき賠償金が両者の和解を成立させるという事態を想定
し、キリストの死をこの賠償金として理解する[37]。このような解釈に
おいては、救済を説明するツールとしてパウロが用いた和解主題を説
明するために、パウロがさらに犠牲や賠償金というメタファを導入し
たという想定——説明ツールにメタファを上塗りする議論——に説得
性があるかという疑問が生じる。さらに、加害者側（人）が被害者側

　　者の必要性を意識しているという解釈は、本書第 4 章（藤田潤一郎
　　「律法における『和解』」）80–81 頁、および Junichiro Fujita, 'Absence
　　of the Notion of Reconciliation in the Old Testament', *Kanto Gakuin
　　Law Review*, Vol.32, 2023, 153–54 を見よ。

36　Dunn (*Romans*, 1.260) によると、ロマ 5:9 の「彼の血において」とい
　　う表現は、ロマ 3:25 でキリストの死について用いられる「贖いの座」
　　というメタファを想起させる。コロ 1:20 について James D.G. Dunn
　　(*The Epistles to the Colossians and to Philemon* [NIGTC; Grand Rapids:
　　Eerdmans, 1996], 103) は、「十字架の血」という凄惨な表現が犠牲を
　　想起させるとする。エフェ 2:16 について John Muddiman (*The Epistle
　　to the Ephesians* [BNTC; London et al.: T & T Clark Continuum, 2001],
　　126) は、エフェ 1:14 の「キリストは平和」という言説を和解のいけに
　　えと理解する。

37　Constantineanu (*The Social Significance of Reconciliation*, 90–91) は通常
　　の和解（示談）交渉の手続きを参照しつつ、そこで加害者側に求めら
　　れる賠償金（reparation）の支払いが、和解を成立させるためのキリ
　　ストの死であると論ずる。

第3部　新約聖書学の見地から

（神）に対して提供するはずの犠牲／賠償金を、被害者側（神）が加
害者側（人）に提供することで和解を成立させようとするとき、それ
を和解と呼びうるのかという疑問が生じる[38]。したがって研究者によ
っては、キリストの死を和解成立のための犠牲／賠償金と見なすこと
に対して否定的な者もいる[39]。

　すくなくともローマ 5:1–11 においてパウロが和解主題を展開する
場面において言及されるキリストの死は、当時の地中海世界で広く知
られていた英雄死——敵対関係が英雄の死によって解消する物語——
との関連性がより直接的と思われる。その場合パウロは、「善人（／
味方）」（ロマ 5:7）のために死ぬ英雄を「敵」（ロマ 5:10）のためにま
で死ぬ英雄へと語り直して、「罪人」（ロマ 5:9）に対する神の主体的
な働きかけを強調している[40]。ちなみにキリストの死を英雄死という
ツール（タイプ）で説明する伝統は、『I クレメンス』55.1 に継承され
ている（オリゲネス『ヨハネ福音書註解』6.54,『ケルソス駁論』1.31 も参
照）。

　c.　キリストの死が示唆するもの：和解と死との関連性について考
察する場合、キリストの死のもう 1 つの側面にも注意が向けられる
べきだろう。私たちは、パウロがキリストの死（十字架）へ言及する

38　神がそのイニシアティブによって提供した和解に対して、人が適切に
　　応答する姿勢を示す手段としての神礼拝を〈犠牲〉というメタファで
　　表現するのであれば、それはパウロ的な表現である（ロマ 12:1 参照）。

39　Breytenbach, *Grace, Reconciliation, Concord*, 175, 184. Fitzmyer (*Romans*
　　[AB33; New York: Doubleday, 1993], 401) はロマ 5:1–11 における死や
　　血への言及を、供儀的な表現でなく社会的な表現として理解する。

40　浅野『死と命のメタファ』162–68 頁。もっともこの場合も私たちは、
　　上述の犠牲のメタファの場合と同様に、敵のための英雄死は英雄死と
　　呼びうるかという疑問に直面する。

204

第 8 章 パウロの「和解」主題 （浅野淳博）

箇所に遭遇したとき、原始教会がイエスの死をいかに内面化し、神の救済計画の一部としてそれを理解し始めたかに注目しよう[41]。イエスはその死に至る生き様をとおして、神の国の到来のために民を備えようとした。原始教会は、イエスの死を契機として、その死に至る生き様全体を神の救済計画と結びつけた。つまりキリストの死は、神の国運動をとおしてイエスが示した生き様を象徴している。したがって原始教会は、〈キリストの死〉とそれに準ずる句を、イエスの生き様全体を指すための略記表現として用い始めたようだ。パウロがその福音においてキリストの死（と復活）に焦点を置く場合、それはキリストの死が原始教会によって記憶され継承されたイエスの生き様を象徴するからである[42]。

物語批評をとおして和解主題への理解を深めようと試みる Constantineanu は、残念ながらその物語をキリストの受難に限定して神殿犠牲と直結させるので[43]、結果としてその試みが和解主題の理解を深めているとは評価しがたい。しかし私たちが真に物語アプローチを援用してパウロの和解主題を理解しようとするなら、〈キリストの死〉という句を早々に神殿犠牲と特定するのでなく、それが死に至るイエスの生き様の物語を指し示している点をも重視する必要があろう。それはたとえば、障がい者に罪の赦しという仕方で神と人との関係修復を宣言するイエスの物語（マコ 2:1–12）であり、父子の関係修復を主題とした喩えを披露するイエスの物語（ルカ 15:11–32）であり、

---

41 浅野『死と命のメタファ』の第 4 章「原始教会の伝承」（115–52 頁）を見よ。

42 ダン『使徒パウロの神学』270–78 頁。

43 Constantineanu, *The Social Significance of Reconciliation*, 9–20.

205

第 3 部　新約聖書学の見地から

〈敵を愛せよ〉と教えるイエスの物語（マタ 5:44 / ルカ 6:27）である[44]。パウロが和解主題を扱う文脈でキリストの死に言及する 1 つの理由として、私たちはその死が原始教会から継承された和解を促すイエスの生き様を象徴している点を看過できない。パウロがローマ 5:10 で「彼（神）の子の死をとおして私たちが神に対して和解させられた」と述べる場合、それは人がイエスの和解の生き様に感化されて、神と人との和解を体験する生き方へと誘われるという救済のプロセスが想定されているとも考えうる。したがってパウロは同節で「和解された私たちが彼の命の内にあって救われる」と続けて、イエスの「命（生き様）」が神の救済に関わることを述べている[45]。

B.　和解における神のイニシアティブ

1.　パウロの和解主題に関する従来の評価

a.　パウロ書簡における和解のイニシアティブ：パウロの和解主題

---

[44]　じつに Leonhard Goppelt (*Christologie und Ethik: Aufsätze zum Neuen Testament* [Göttingen: Vandenhoeck u. Ruprecht, 1968], 152–53) は、イエスが地上において確立した神と人および人と人からなる共同体が、パウロの和解主題と関連すると主張している。さらにバルツ／シュナイダー『ギリシア語新約聖書釈義事典 II』317 頁、6a (H. Merkel) をも見よ。

[45]　したがって「命」は早急に復活と直結させられない。Heinrich Schlier, *Der Römerbrief* (HThKNT 6; Freiburg: Herder, 1977), 156; Jewett, *Romans*, 366–67; Longenecker, *Romans*, 566.「命」をキリストの復活とする解釈は、Ernst Käsemann, *Commentary on Romans* (trans. G.W. Bromiley; Grand Rapids: Eerdmans, 1980), 139; Dunn, *Romans*, 1.260 を見よ。

においては、人（加害者）でなく神自身（被害者）がイニシアティブをとることが顕著な特徴だと考えられがちである。とくにこれは、加害者側が被害者側に対して和解を提案することが通常の手続きと理解されていることに鑑みると注目に値する[46]。じつにパウロが和解に言及する際には、神が主体として人を「和解する／させる」（II コリ 5:18, 19; コロ 1:22; エフェ 2:16）という能動態を用いるか、人や世が主体として神に対して「和解される」（ロマ 5:10; II コリ 5:20; コロ 1:20）という受動態を用いる。そして名詞の「和解」（ロマ 5:11; 11:15）は神に属しており、それを人や世が享受する。したがって文法上パウロの和解主題においては、たしかに神自身が和解のイニシアティブをとっている。

b. 和解のイニシアティブとパウロの評価：Thrall はこのパウロの傾向をして、ユダヤ教の伝統に類を見ない（'without parallel'）和解理解だと説明する[47]。Kim はおそらく行為義認と対照をなす信仰義認と和解との関連性を意識しつつ、悔悛、祈り、その他の人間的行為が神を和解へと動かすのでない点を強調する[48]。Käsemann は、人が神に対して働きかける犠牲神学の対極に和解を位置づけ、それゆえに和解がパウロ神学の核となる信仰義認を補足説明していると結論づける[49]。おそらく Käsemann の影響を受けた Breytenbach は、パウロの和解

46　通常の和解手続きに関しては、John T. Fitzgerald, 'Paul and Paradigm Shifts: Reconciliation and Its Linkage Group', in T. Engberg-Pedersen (ed.), *Paul Beyond the Judaism/Hellenism Divide* (Louisville: WJKP, 2001), 231–32 を見よ。

47　Thrall, *2 Corinthians 1–7*, 430; Longenecker, *Romans*, 175.

48　Kim, *Paul and the New Perspective*, 217.

49　Käsemann, 'The Doctrine of Reconciliation', 53–54.

理解を、神殿犠牲の論理に沿って殉教者の救済的意義に言及するII
マカバイ記における和解理解と対比している。したがって彼は、神が
殉教者の受難の結果として受動的に宥められ、和解へと動かされると
いうII マカバイ記（1:5; 7:33; 8:29）の和解理解が、神の能動的なイニ
シアティブによる和解を教えるパウロの理解と異なる点を強調する。
そしてパウロの和解主題がユダヤ教の伝統でなく、むしろ諸外国へ和
解を提供するギリシャ王朝の外交姿勢の影響を受けていると主張す
る[50]。私たちはパウロの和解主題の特徴に対して理解を深めるために、
ここで対比されているユダヤ教の伝統とヘレニズムの伝統のテクスト
を見直し、和解におけるイニシアティブとは何かを考察しよう。

2. 和解主題の背景にある伝統の検証

a. ユダヤ教の伝統：私たちはまず、II マカバイ記に関する従来の
理解に大幅な変更を加える必要があると思われる。II マカバイ記には
καταλλαγή 同根語が 4 回（動詞 3 回、名詞 1 回）見られるが、動詞の場
合はいずれも神を主体として能動態が用いられており、名詞の場合も
神の主体性が明らかである。

> 1:5：「彼（神）があなた方を和解し（καταλλαγείη ὑμῖν）」（NRSV:
> May he ... be reconciled to you）。
> 5:20：「偉大なる主の和解において（ἐν τῇ τοῦ μαγάλου δεσπότου
> καταλλαγῇ）」（NRSV: in the reconciliation of the great Lord）。
> 7:33：「主は……彼自身の僕らを和解するだろう（καταλλαγήσεται
> τοῖς ἑαυτοῦ δούλοις）」（NRSV: he will ... be reconciled with his

---

50 Breytenbach, *Grace, Reconciliation, Concord*, 177–78.

第 8 章　パウロの「和解」主題　（浅野淳博）

own servants)。

8:29：「彼らは憐れみ深い主が……その僕らを和解することを願っ
た（τὸν ἐλεήμονα κύριον ἠξίουν ... καταλλαγῆναι τοῖς αὐτοῦ
δούλοις）」（NRSV: they ... implored the merciful Lord to be ...
reconciled with his servants)。

　これらのテクストにおいては、神が主体となって和解を「あなた方
／僕ら」に提供している。興味深いことに NRSV は、これらの能動
態表現をことごとく受動態表現へと変更して訳している[51]。しかしこ
の英訳のニュアンスとは異なり、II マカバイ記において καταλλαγή 同
根語によって神の和解が述べられる場合、神がいつもイニシアティブ
をとっている。もっとも和解主題を用いつつ殉教者の救済意義を示す
場面においては、神が殉教者の受難によって宥められるという表現も
見られる（II マカ 7:38）。私たちはこの〈宥め〉という表現を、殉教
者の誠実さに倣う民が神に対して誠実になる結果として神との関係を
修復するという救済的出来事の擬人化として理解できよう[52]。すなわ
ち神がイニシアティブをとる和解は、しかし民の誠実な応答によって
成立する。

　ちなみに、神のイニシアティブは和解に限定的な性質ではない。神
はその主体的な恩寵（あるいは恵み）によってイスラエルと契約を結
び、この契約という文脈において終末に向けて救済計画を前進させる。
既述のとおり和解がこの救済計画の一側面ならば、当然それは救済計
画の一部として神のイニシアティブにより提供される。さらに神殿犠

51　ちなみに新共同訳と聖書協会共同訳、さらに土岐健治訳では、
　　καταλλαγή 同根語は能動態のままで訳されている。
52　浅野『死と命のメタファ』61–62 頁を見よ。

209

第 3 部　新約聖書学の見地から

牲を契約という文脈に置くなら、神殿犠牲もまた契約の背後にある恩寵に対する応答であって、Käsemann が述べるような和解の対極に置かれる行為義認的な神への働きかけではない。つまりユダヤ教（の契約）において、民は犠牲という功徳を積むことによって救いに近づくのでない。この点は〈契約維持の律法制（covenantal nomism）〉という理解によって、Sanders がすでに明らかにしている[53]。

　　b.　**ヘレニズム的外交姿勢**：ヘレニズム的な和解においてギリシャ諸王がイニシアティブをとる例は、既述のプルタルコス『モラリア』329B-C に顕著である（I.C.1）。プルタルコスは、アレクサンドロス大王が諸国を「木々や動物のように」扱うことがかえって紛争を助長することになるとの考えから、アリストテレスのこの冷淡な外交政策に耳を貸さず、より融和的に行動したことを報告する。そしてアレクサンドロス大王が「全世界の和解者（διαλλάκτης τῶν ὅλων）[54]」という自己理解を抱いていたことを記している。一見するとこのテクストは、アレクサンドロス大王を世界に対して和解のイニシアティブをとる者として描いているように見受けられる。しかしこの称号を紹介したプルタルコスは、〈アレクサンドロス大王が和平交渉の勧めに応じない国々は武力によって征服した〉と続けている。すなわちこの外交政策は、絶大な軍事力を背景として、右手（友好の握手）を受けるか、あるいは軍事的攻撃を受けるかのいずれかを選ぶよう諸外国に圧力をかけるというものだ。諸外国が圧力に屈するならば、大王は和解に動か

53　サンダース『パウロとパレスチナ・ユダヤ教』155–56, 624, 800 頁。さらに Roland de Vaux, *Ancient Israel: Its Life and Institutions* (trans. J. McHugh; Grand Rapids: Eerdmans, 1961), 447–54 を見よ。

54　伊藤照夫訳は「全世界の統括者」。プルタルコス『モラリア 4』伊藤照夫訳、京都大学学術出版会、2018 年、290 頁。

されるし、そうでなければ和解に動かされない。アレクサンドロス大王が和解においてイニシアティブをとるとは、和解か破滅かの選択を提供することであって、敵対する諸外国を前もって一方的に受容してしまっているという意味ではない。

ギリシャ諸王朝（とマカバイ抵抗軍）による同様の外交姿勢は、I–IIマカバイ記にも見られる。ここでの考察は、〈右手を差し延べる〉という和解のジェスチャが登場する場面に限定しよう。Iマカバイ 11:50–51 では、セレウコス朝シリア王デメトリオスがヨナタンとユダヤ軍の助けを得て、王に抵抗するアンティオキア住民を制圧するが、劣勢に立たされたアンティオキアの住民はデメトリオス王に「私たちに右手を差し延べて下さい（δὸς ἡμῖν δεξιάς）」と請願し、こうして和解が成立する。IIマカバイ 12:10–11 では、ユダ・マカバイ率いるユダヤ軍に対して攻撃を仕掛けたアラビア人らが劣勢となると、「遊牧民（であるアラビア人）はユダが彼らに対して右手を差し延べるように求めた（οἱ νομάδες ἠξίουν δοῦναι τὸν Ἰούδαν δεξιὰς αὐτοῖς）」。これら両方のケースでは、勝者が右手を差し延べることを敗者が要請している[55]。この和解のパターンは、基本的にアレクサンドロス大王の場合と同じである。すなわち、敗者が和解を望むので、勝者が和解に動かされている。この場合に〈勝者が和解のイニシアティブをとる〉とは、勝者が敗者に対して停戦し和睦を結ぶ用意が前もってあることを表現しているに過ぎない。

　c.　〈あれかこれか〉か？：それならば、ユダヤ教の伝統における和解パターン（人から神へ）とヘレニズムの伝統における和解パターン（勝者から敗者へ）とは相容れないという従来の理解に対して、私

55　その他、敗者が右手を差し延べる例はIIマカ 11:26、両方が右手を差し延べあう例はIIマカ 13:22; 14:19 を見よ。

211

第3部　新約聖書学の見地から

たちは修正を加える必要があるだろう。いずれの場合も、力ある者
（神、勝者）は和解を提供する用意があることを前提として行動して
いる。ユダヤ教においてそれは神の恩寵であり、ヘレニズム的外交に
おいてそれは和平交渉の前提である。そして和解の成立には、劣勢に
ある者（人、弱者）が和解に応じる姿勢を示すことが重要となる。す
なわち和解は劣勢にある者の姿勢によって、成立する場合もあるし成
立しない場合もある。ユダヤ教の伝統における神観においてもヘレニ
ズム的な外交姿勢においても、Breytenbach の想定とは異なり、和解
という概念は同様のパターンで稼働しているように見受けられる。し
たがってパウロにおける和解主題の背景として、ユダヤ教の伝統かヘ
レニズムの伝統か——〈あれかこれか〉——という前出の議論は意味
をなしていない。おそらくパウロは、ユダヤ教の思想世界とヘレニズ
ム的思想世界において共有された和解という概念を用いて、神の救済
計画の一側面を説明していると思われる。

　d.　パウロ自身の貢献：私たちはすでに、パウロが和解に言及する
場合、神が主体としてイニシアティブをとっているという表現を一貫
して用いていることを確認した。しかし上述したように、この神がイ
ニシアティブをとるという和解の在り方は、パウロが独自で発展させ
た他に類のない和解理解ではない。おそらくパウロは、ユダヤ教の救
済観やヘレニズム的な外交において神やギリシャ諸王が主体として和
解を提供するという伝統を継承しつつ、これを神の主体的な恩寵が前
提となる救済計画の一側面を説明するために用いたのだろう。そして
パウロは、和解の成立には適切な応答が必要であることを知っていた。
ユダヤ教の伝統においては神に相対する人が、ヘレニズムの伝統にお
いては勝者に相対する敗者が、和解を受け容れて敵対心を放棄する姿
勢を示す必要があった。同様にパウロも、和解を単純に神からの一方
通行の行為として描いてはいない。ローマ5章でパウロは、神との
平和実現に信仰をとおした適切な応答が必要であることを述べている

第 8 章 パウロの「和解」主題 （浅野淳博）

(5:1)。そして II コリント 5 章においては、神の主体的な和解に関する言及が繰り返された最後に、パウロが読者に向けて「神に対して和解されなさい」（II コリ 5:20）と勧告する[56]。

一方でパウロは、神の主体的な恩寵を前提とする和解と、和解を最終的に成立させる人の誠実な応答というバランスを保ちつつも、とくにローマ 5 章においては神のイニシアティブを格別に強調しているように見受けられる。おそらくこれが、和解主題に関するパウロの顕著な貢献だろう。彼は「敵であるのに／敵であったときに（ἐχθροὶ ὄντες）……神に対して和解させられた（κατηλλάγημεν τῷ θεῷ）」（ロマ 5:10）と述べる。多くの研究者が指摘するとおり、この表現はパウロ自身の回心体験を反映しているようだ[57]。パウロは神の使者ステファノの殺害と神の教会に対する迫害へ荷担し、まさに「（神の）敵である」そのただ中にあるにもかかわらず、まさにそのときに神からの啓示を体験した。彼はこのダマスコ体験を、神への熱心に対する当然の報いであるどころか、神への敵対心にもかかわらず示された恩寵として理解した[58]。この伝記的とも言いうる言説の内には、敵意の牙をま

---

56 Thrall (*2 Corinthians*, 430–31) は II コリ 5:17 において和解にアオリスト形が用いられていることから、これを人の応答を待たない神のイニシアティブであると述べるが、II コリ 5:20 における和解の命令に言及しつつ、和解が人と神との関係性である点を断っている。

57 Kim, *Paul and the New Perspective*, 235–37; Jewett, *Romans*, 265–66; Longenecker, *Romans*, 565.「彼らの諸罪過を彼らに対して負わせるのでなく、私たちのあいだに和解の言葉を置いて」（II コリ 5:19）は同じ経験を反映しているか。

58 「敵であるのに／敵であったときに」という表現は、パウロを含めたキリスト者が能動的に神に敵対することを指すという理解（Jewett, *Romans*, 364）とは別に、彼らが受動的に神の怒りの対象となっている、

213

第3部　新約聖書学の見地から

さに今向けている者を受容し抱擁するという仕方の和解が示す神の主体的な恩寵が示され、それに対するパウロの驚愕と悔悛と感謝とが込められている。つまりパウロは、この和解という体験をとおして神の恩寵の大きさと意義深さを確信した。なぜなら和解の背後にある恩寵が、和解を成立させる人の誠実な応答をもおおよそ不可避的に誘うことを、パウロは自ら経験したからだ。

e.　和解におけるイニシアティブと和解の実践：神が和解において決定的にイニシアティブをとるというパターンは、キリスト者による和解の実践に新たな特徴を与える。なぜならパウロが示す和解のパターンは、敵対する側（加害者）による和解の提案を敵対される側（被害者）が受動的に受諾するという通常の和解プロセスとは異なる手続き、つまり被害者がより積極的に──そして建設的な仕方で──和解の姿勢を加害者へ提示する可能性と動機づけを提供するからである[59]。

C.　創造秩序の回復としての和解

1.　ローマ5章における和解と創造秩序の回復

a.　ふたたび背景としての *šālôm*：私たちは上で、和解が神の救済計画の一側面を説明するための概念であると述べてきた。それではその側面とはどのような性質のものか。既述のとおり、パウロは和解に言及する文脈で〈平和〉という語を併記している。したがって私たちは、この平和（*šālôm*）に含意される健全性や完全性とその回復への

あるいはその両方という理解（C.E.B. Cranfield, *Romans 1-8* [ICC; London: T & T Clark, 1975], 267; Dunn, *Romans*, 1.258; Fitzmyer, *Romans*, 401）もある。

59　Constantineanu, *The Social Significance of Reconciliation*, 30.

214

希望が和解という概念の内容であろうと想定した（I.C.3）。この健全性や完全性からの逸脱がエデンでの堕落に起因するなら、和解がその内容としてもたらすのは創造秩序の回復ということになろう。創造秩序からの逸脱によって規定されたイスラエルの歴史は不可避的にバビロン捕囚に繋がったが、第2イザヤは捕囚後の民に対して終末的な創造秩序の回復への希望を示した[60]。したがってパウロが和解主題に言及する文脈で「平和（εἰρήνη）」（ロマ 5:1）を併記する場合、彼は *šālôm* が指し示す創造秩序の回復が主題となるイザヤ書の思想を念頭に置き、創造秩序の回復をイメージしつつ終末的な神の救済について述べていると思われる。

b. 個人的和解と宇宙的和解：興味深いことに、パウロはローマ 5:10-11 で和解に言及した直後で「このことがゆえに（διὰ τοῦτο）」という接続句によって新たなペリコペ（ロマ 5:12-21）を開始するが、そこで扱われる主題はアダムによって崩れた秩序がキリストによって回復するという創造秩序回復の物語である。じつに Cranfield はこの接続詞の意味を正しく理解し、この句が神と人との和解（ロマ 5:10-11）と宇宙的回復（ロマ 5:12-21）とを結んでいるとする[61]。つまり、

---

60 Beale ('The Old Testament Background', 554) は、エデンの堕落に始まる疎外の歴史がキリストによる新たな創造によって終了して新時代を迎えたことが第2イザヤ書（イザ 43:1-21 [18-19]）における終末期待の成就であると述べる。

61 Cranfield, *Romans*, 1.269. この接続詞の意味に関しては議論が分かれる。ロマ 1:16-5:11 の要約がロマ 5:12 で開始することを示している（Dunn, *Romans*, 1.272）、あるいは何ら論理的に重要な意味合いがない（Schlier, *Römerbrief*, 159）などの提案がされる。Jewett（*Romans*, 372-73）や Longenecker（*Romans*, 586）は、和解主題をも含みつつロマ 5:1-11 において展開する救済の出来事がロマ 5:12 以降にまとめられているとす

第 3 部　新約聖書学の見地から

敵対者が神との和解を得るというパウロの個人的体験と密接に関わる
救済の出来事（ロマ 5:10-11）は、アダムによって罪の支配下に堕ち
た被造物全体がキリストによって神の秩序の下へと回復される（ロマ
5:12-21）——〈古いエポックから新たなエポックへの移行[62]〉——と
いう宇宙的な救済物語の一部である。したがってパウロの和解主題は、
世界的な出来事——「彼ら（イスラエル）の拒絶が世界の和解であれ
ば」（ロマ 11:15）——へ、さらに宇宙的な出来事——「すべてのもの
（天地）を彼（キリスト）をとおして彼（神）へと和解させた」（コロ
1:20）——へとその範囲を広げることになる。

2.　II コリント 5:17-21 における「新たな創造」

a.　創造秩序の回復としての回心：パウロは II コリント書で和解
に言及する際、神に対して和解させられた人が「新たな創造（καινὴ
κτίσις）」となると述べる。和解主題の背後にパウロのダマスコ体験が
あることを強調する Kim は、この「新たな創造」がパウロの回心体
験自体を指し示していると論ずる[63]。もしそうであれば、パウロは彼
自身が古いエポックから新たなエポックへ移行したという個人的な回
心体験を、創造秩序の回復——宇宙全体が古いエポックから新たなエ
ポックへ移行した——という終末的事態の一部として理解していると
思われる。なぜならこの「新たな創造」という句は、創造者が「新た
なことを行う」（イザ 43:19）、あるいは新天新地を創造する（イザ
65:17; 66:22）という仕方の表現に反映される、イザヤ書全体の終末的

　る。

62　ダン『使徒パウロの神学』425-27 頁参照。

63　Kim, *Paul and the New Perspective*, 223.

刷新への希望を念頭に置いているように思われるからだ[64]。興味深いことに第二神殿期のユダヤ教には、回心体験を神の創造と見なす伝統がある。したがってヨセフはアセナテの回心に際して、「万物に生命を与え……死から生命に呼び出し給う者よ。主よ、汝御自身この乙女に生命を与え……」(『ヨセフとアセナテ』8.10) と祈る。

b. 社会的適用の可能性：パウロはこの「新たな創造」という句をガラテヤ 6:15 でも用いている。彼はその場合、神の恩寵をユダヤ人が独占するという民族的思考を象徴する割礼を相対化するために、この句を導入している。それはこの句が指し示す創造秩序の回復が、神の終末的な救済を阻んできた民族的な垣根の打破を実現するからだ[65]。私たちはここに、「新たな創造」という和解と関連する句が民族間の和解 (融和) という適用をもたらす可能性を見出す。じつにエフェソ書に見られる和解主題は、この可能性を明言している。

3. エフェソ 2:14–17 と和解主題の社会的適用

a. 社会的適用の根拠は？：パウロの和解主題が何らかの適用を想定していることは明らかだ。それは、神が「和解の務め (τὴν διακονίαν τῆς καταλλαγῆς) を私たちに授けた」(II コリ 5:18)、そして「私たちのあいだに和解の言葉 (τὸν λόγον τῆς καταλλαγῆς) を置いていた」(II コリ 5:19) という言説から分かる。とくに後者の「言葉」に注目するなら、この「和解の務め／言葉」を非信者へ神との和解を促す宣教活動だという仕方で限定的に理解することも可能だろう[66]。しかし

---

64 Thrall, *2 Corinthians 1–7*, 421.

65 浅野淳博『ガラテヤ書簡』NTJ 新約聖書注解、日本キリスト教団出版局、2017 年、474–75 頁参照。

66 Barrett, *The Epistle to the Romans* (Grand Rapids: Baker Academic,

第 3 部　新約聖書学の見地から

近年では、宣教活動という和解の限定的な適用 —— 神と人との和解 —— を越えた社会的適用 —— 人と人との和解 —— をパウロの言説から読みとる試みがなされている[67]。もっともこの試みにおいては、なぜ〈神と人との和解〉に関する宣教的適用から〈人と人との和解〉に関する社会的適用へと適用範囲が広げられるべきか、その理由が十分には示されていない。おうおうにして研究者らは、〈神と和解された者は人と和解すべきだ〉という仕方の一般常識のみを根拠として挙げるに留まり[68]、社会的適用の聖書的根拠を提案するに至っていない。

　b.　聖書的根拠としての創造秩序回復：私たちは和解の適用について考える際にも、和解の内容としての創造秩序回復の期待に注目すべきだと思われる[69]。既述のとおりイザヤ書の終末期待においては、イスラエルと諸国民に救いがもたらされるが（イザ 40:9–10; 42:1, 6; 49:6, 14–26; 51:12–52:10; 54:1–17; 55:3–5）、それのみならず被造物全体の秩序が新たにされる（イザ 65:18–25）。つまり創造秩序の回復という視点で和解を捉えるなら、そこには神と人との関係性のみならず、人と人との関係性および人と被造物との関係性が本来的に含まれていることが分かる。パウロが述べる「和解の務め」が創造秩序回復の成就を視野に入れているのであれば、それは宣教という限定的な適用に留ま

1991), 176.

67　とくに Constantineanu (*The Social Significance of Reconciliation*, 31–41) はその書名が表すとおり、和解の社会的適用に注目し、従来のパウロ理解において、和解の社会的適用の可能性について十分に論じられてこなかった点を指摘する。

68　Beale, 'The Old Testament Background', 223–24; *TDNT*, 1.257.

69　〈終末的シャローム〉という視点から和解の適用を模索するさらなる試みについては、藤原淳賀「聖書的和解の神学的位置づけ」（本書第 1 章）を見よ。

第8章 パウロの「和解」主題 (浅野淳博)

らず、人と人がいかに関わり、人が社会や被造物全体といかに関わるかという社会的で宇宙的な適用を本来的に想定していることになる。

c. **不可避的な社会的適用**：エフェソ書が「（キリストの業が）2つのもの（ユダヤ民族と異邦人）を1つの新たな人とし、平和を造るためであり、十字架をとおして両者を1つの体において神に対して和解させるため」（エフェ 2:15-16）だと述べる場合、前者の民族間の一致と後者の神に対する和解とがどのように関連するかが論じられてきた。その議論の中で Merklein は、教会論に焦点があるエフェソ書において、教会論が救済論を吸収してしまっている——つまり〈神と人との和解主題から人と人との和解主題へと焦点が移っている〉——と結論づけた[70]。しかし創造秩序回復という視点から和解の務めという適用の意味を考えるなら、救済論——神と人との秩序回復——と教会論——人と人との秩序回復——の両方が当然そこに含まれていることが分かる[71]。ちなみに和解の結果としての「1つの新たな人（ἕνα καινὸν ἄνθρωπον）」は「第三の種族（the third race）[72]」などではなく、堕落以前の本来のアダムを指しており、この句によって著者は神と被造物の秩序および被造物全体の秩序の回復を印象づけていると考えられよう。和解主題を創造秩序の回復として理解するとき、それは読者を不可避

70　Helmut Merklein, *Christus und die Kirche. Die theologische Grundstruktur des Epheserbriefes nach Eph 2, 11-18* (Stuttgart: Katholisches Bibelwerk, 1973), 62-71.

71　Taylor (*Forgiveness and Reconciliation*, 77) は、人と人が近づくのみならず、人と人が一緒に神に近づくというエフェソ書のビジョンに言及している。

72　Andrew T. Lincoln, *Ephesians* (WBC 42; Dallas: Word Books, 1990), 144.

第 3 部　新約聖書学の見地から

的に社会的適用へと促す。おそらくパウロはそのような視点に立ちつつ、和解主題がローマ教会においてはユダヤ人キリスト者と異邦人キリスト者との関係改善、コリント教会においては成員のパウロに対する誤解解消という適用を生じさせることを望んでいたのだろう[73]。

結語

　本章はパウロの和解主題の特徴を大きく 3 つ挙げた。第 1 にそれは、この主題が〈キリストの死〉あるいはそれに準ずる句を伴って示されながらも、いかにキリストの死が和解を達成するかの説明がなされていない点である。キリストの死を犠牲あるいは賠償金というメタファで説明する試みが十分な説得性を示さない中、この句が象徴するイエスの死に至る生き様全体——すなわち和解の生き様——を、神と人および人と人との和解の根拠として注目すべきことを提案した。この際に私たちは、〈パウロはキリストの死ほどにイエスの生に関心があったか〉という聖書学的な問いに続けて向き合う必要があろう。

　第 2 の特徴は、和解はすなわち創造秩序回復であるという点だ。パウロが和解主題に言及するその文脈で、創造秩序を象徴する εἰρήνη (*šālôm*) が用いられているのはそのためである。堕落以前の秩序において、神と人の関係性のみならず、人と人および人と他の被造物との関係性が健全で完全であったことに鑑みるなら、創造秩序の回復である和解はやはり宣教的な意味（神と人）での和解のみならず、社会的・

73　さらにエフェソ書については、エフェ 4:1–5:20 と家庭訓（5:21–6:9）
　　への適用が考えられる。Muddiman, *Ephesians*, 126 参照。

第8章　パウロの「和解」主題　（浅野淳博）

宇宙的な意味（人と人、被造物同士）での和解を視野に置いていることが分かる。これは神に和解させられた人が、社会における和解の実現に関与する根拠と動機とを与える。

　第3の特徴は、ユダヤ教の伝統とヘレニズムの伝統を背景とする和解主題を、パウロがダマスコ体験という決定的な経験に依拠しつつ、和解における神の主体性（イニシアティブ）を印象的な仕方で強調している点である。パウロが神と神の教会とに敵対しているそのただ中で、神はパウロにその恩寵である啓示を与えた。パウロにとって神の和解は、それを最終的に成立させる人の悔悛への報いでなく、それに先行する原初的な恩寵を前提としている。これは神に和解させられた人が、他者との和解においてどのような姿勢を示すか、そのパターンを提供することになる。すなわち聖書的な和解においては、加害者の賠償行為を受動的に待ち許諾する以上に積極的で建設的な和解姿勢を被害者側が示す事態も想定しうる。

221

第9章

誰と誰の和解か？

パウロ的「和解」概念の発展と継承

辻 学

導入

「和解」という概念は、キリスト教神学においてはおなじみのものであるが、新約聖書にその根拠を求めようとすると、意外に用例が少ないことに気づく。

「和解」という単語だけを考えれば、たとえばマタイ 5:25「あなたを訴える人と一緒に道を行く場合、途中で早く和解しなさい」や使徒 7:26（協会共同訳）、12:20 にもこれを見ることはできる。しかしいず

第9章 誰と誰の和解か？ （辻 学）

れも、敵対関係にある人間同士の「和解」ないし「和睦」を意味して
おり、そこに神学的な議論は見られない。

　神学的な文脈で「和解」を語るのはパウロである。パウロはⅡコ
リント 5:18-20 およびローマ 5:10-11; 11:15 で「神との和解」を論じ
ている。しかし、パウロにとっても「和解」の概念は、「義」や「恵
み」などとは異なり、極めて限定的な箇所でしか用いられない概念で
ある。そうであれば、なぜパウロが上記の箇所に限って「和解」を語
るのか、ということを考察する必要があろう。

　「和解」はまた、パウロの影響下にあるパウロ後の新約文書および
使徒教父文書にも極めて限定的にしか見られない。パウロが「和解
（する）」という意味で用いる単語 καταλλάσσω/καταλλαγή は、第二パ
ウロ書簡にも使徒教父文書にも登場しない。コロサイ 1:20, 22 および
エフェソ 2:16 だけが、「和解」をパウロに近い意味で語っているが、
しかし両者はその際、ἀποκαταλλάσσω という、接頭辞を二重につけた
動詞形を用いている。果たしてこの語形の微妙な相違は、コロサイ書
とエフェソ書の著者の「和解」理解が、パウロのそれとずれているこ
とを表しているのだろうか。

　以下では、「和解」（καταλλάσσω/καταλλαγή）の聖書外文献における
用例から語義的背景を確認した後、まずはパウロがこの概念を用いて
語ろうとした内容を釈義的に確認し、次にそのパウロ的「和解」概念
が第二パウロ書簡（コロサイ、エフェソ）にどのように継承されたか
を検討していくことにしよう。

1.　語義的背景

καταλλαγή/καταλλάσσω は上述のように、新約聖書における用例が
極めて少ないのだが、これは新約外の文献についてもある程度あては

223

第 3 部　新約聖書学の見地から

まる。ギリシア・ヘレニズム世界の聖書外文献においても、また初期
ユダヤ教のギリシア語文献においても用例は多くなく、まして宗教的
な文脈ではほとんど重要な役割を果たしていない[1]。ソポクレス『アイ
アース』744（「怒りを鎮め、神々の御心を和らげようとする」[θεοῖσιν ὡς
καταλλαχθῇ χολῶν]）[2] でも、神と人間とが「和解」して親しい関係にな
ることが想定されているわけではない[3]。

　初期ユダヤ教文献でもこの語はあまりお目にかからない。しかし神
と人間との和解という宗教的意味合いでの用例はここにしばしば見出
される。

　II マカバイ記では、1:5; 7:33; 8:29 に動詞形、5:20 に名詞形が現れる。
1:5 では、エルサレムおよびユダヤ地方のユダヤ人共同体からエジプ
トのユダヤ人共同体へ宛てた手紙の導入部で、「（神が）あなたがたの

1　*Thesaurus Linguae Graecae* によれば、最古の用例はピュタゴラス「天
　　文学断片集」vol. 11,2, p. 136 line 3（前 6–5 世紀）。トゥキュディデス
　　『歴史』（前 5 世紀）に 3 例、エウリピデス『アウリスのイピゲネイア』
　　（同）およびソポクレス『アイアース』（同）に各 1 例、ヘロドトス
　　『歴史』（同）に 7 例、クセノポン『アナバシス』（前 5–4 世紀）に 1 例、
　　プラトン『パイドン』他（同）に 4 例など。S.E. Porter, *Καταλλάσσω
　　in Ancient Greek Literature, with Reference to the Pauline Writings* (EFNT
　　5; Cordoba: Ediciones el Almendro, 1994), 23–76 および idem, "Reconciliation
　　and 2 Cor 5,18–21," in R. Bieringer (ed.), *The Corinthian Correspondence*
　　(BEThL 125; Leuven: Leuven Univ. Press, 1996), 603–705: 694–695
　　with n. 7 が、古典ギリシア、ヘレニズムの著述家、パピルスや碑文に
　　現れる用例を列挙し分類している。
2　訳文は風間喜代三訳「アイアス」、高津春繁編『アイスキュロス　ソポ
　　クレス』世界古典文学全集 8、筑摩書房、1964 年、187 頁による。
3　F. Büchsel, Art. ἀλλάσσω κτλ., *ThWNT* I (1933), 252–60: 254.

224

願いを聞き入れ、あなたがたと和解する」（ἐπακοῦσαι ὑμῶν τῶν δεήσεων καὶ καταλλαγείη ὑμῖν）よう祈っている。5:20 では、エルサレム神殿がアンティオコス・エピファネスによる略奪の後に再興されたことを語るが、その略奪は、エルサレムに住む者たちの罪ゆえに主が怒った結果であり、再興は「偉大なる主との和解において」（ἐν τῇ τοῦ μεγάλου δεσπότου καταλλαγῇ）実現したのである。7:33 では、7 人の兄弟と母親の殉教を語る文脈で、末の息子が、自分たちの苦しみは罪のゆえであるが、「懲らしめと教育のために生ける主がしばし怒られたのならば、主はふたたびご自分の僕と和解してくださるであろう」（πάλιν καταλλαγήσεται τοῖς ἑαυτοῦ δούλοις）と語る。8:29 はユダ・マカバイの反乱を描く文脈で、ユダは、シリアの指揮官ニカノルを打ち破った後、戦利品を分け、「憐れみ深い主が、ご自分の僕たちと和解される」ことを皆と共に願い求めている。

　その他に LXX で καταλλαγή/καταλλάσσω が見られるのは、イザヤ書 9:5（καταλλαγή）とエレミヤ書 31（MT48）:39（καταλλάσσω）だけだが、いずれも神と人間との和解を論じるものではない。イザヤ書 9:5 の LXX はマソラと異なり、「偽りによって集められた装備と衣服は、火で焼かれていたとしても、和解と共に返却されるであろう」と語っており[4]、ここでは明らかに人間同士の関係における「和解」が語られて

4　この部分の翻訳は微妙で、W. Kraus/ M. Karrer (Hg.), *Septuaginta Deutsch* (Stuttgart: DBG, 2009) は μετὰ καταλλαγῆς を衣服（ἱμάτιον）にかけている（»Denn jedes Gewand, das mit List zusammengebracht wurde, und (jedes) Kleid (, das) mit Aufgeld (erworben wurde,) werden sie bezahlen«）。しかしこれは語を補いすぎている。やはり μετὰ καταλλαγῆς は後続する動詞にかけて、「和解と共に（＝和解して）返却

第 3 部　新約聖書学の見地から

いる。エレミヤ書 31（MT 48）:39 の κατήλλαξεν には異読があり、そ
もそもこの語が用いられていたか定かでないのだが[5]、πῶς κατήλλαξεν;
という読みを採るとしても、この場合の καταλλάσσω はおそらく「変
える」（change）の意味で、「いかに彼（主）は（モアブを）変えたこ
とか！」ということではないだろうか[6]。そうであれば、我々の問題と
触れ合う要素はない。

　フィロンとヨセフスにも、神と人との和解という用例は見られる。
ヨセフスでは、『ユダヤ古代史』III 315（15.2）でイスラエルの人々
がモーセに、自分たちの無礼な態度ゆえに怒る神に対する自分たちの
和解（調停）者（καταλλακτής）になってくれるようにと求める場面が
ある。VI 143（7.4）では、預言者サムエルが神に対して、神の言うこ
とに聞き従わない王サウルと和解して、怒らないこと（**καταλλάττεσθαι**

される」と訳した方が良いだろう。ただ、ここの「彼ら」が前節の
ἀπαιτοῦντες（［負債を］取り立てる者たち）を指すという、*Septuaginta
Deutsch* の脚注の説明は当を得ているように思う。

5　Rahlfs 版（Hanhart 改訂の第 2 版も）には載っていないが、ゲッティ
　　ンゲン版は Ατατ ἠλάλαξε という読みを採用しており（Ατατ はおそらく、
　　ヘブライ語本文にある「壊された」を意味するヘブライ語動詞 חתת の
　　音写だが、これだと意味をなさないように思われる。「いかに彼らは
　　『壊された！』と叫んだことか」？）、*Septuaginta Deutsch* はこちらに
　　従って »Wie heulte Atat!« と訳している（ἠλάλαξε < ἀλαλάζω: "cry,
　　shout aloud"）。A. Pietersma/ B.G. Wright (eds.), *The New English
　　Translation of the Septuagint* (Oxford: Oxford Univ. Press, 2007) も同じ
　　（"How Hatat shouted!"）。
6　疑問符（;）は後からつけたものなので、元来は感嘆の意味だったとも
　　考えうる。

第 9 章　誰と誰の和解か？（辻　学）

τῷ Σαούλῳ καὶ μὴ χαλεπαίνειν）を願い求めている。しかしサムエルは神が和解を受け入れるとは思えなかった（VI 151 [7.4]: οὐ γὰρ ἑώρα τὸν θεὸν **διαλλαττόμενον**）[7]。VII 153 (7.3) では、バテシバの一件のゆえに怒った神が、ダビデの改悛のゆえに憐れみをかけて和解を受け入れ、彼の命と王国を守ることを約束している（ᾤκτειρεν ὁ θεὸς καὶ **διαλλάττεται** φυλάξειν αὐτῷ καὶ τὴν ζωὴν καὶ τὴν βασιλείαν ἐπαγγειλάμενος）。

フィロン『賞罰』166–167 は、父（なる神）との和解のために何を求めねばならないかを説いている。それは神の慈悲と優しさ、そして聖性だという。『モーセの生涯』2.166 では、モーセがイスラエルの民と神との「仲介者にして和解（の調停）者」（μεσίτης καὶ **διαλλακτής**）になるという。そのためにモーセは民のため神に嘆願と祈りを捧げ、神がこの民の罪を赦してくれるようにと懇願したというのである。

このように、初期ユダヤ教文献においては καταλλάσσω/διαλλάσσω が神と人間との間の和解という意味で用いられる例が見られるゆえ、パウロがその伝統の下でこの語を同様に用いたということは十分に考えられる。

7　Büchsel, *ThWNT* I (1933), 254,30 が言うように、ヨセフスは神の和解について語るときはもっぱら διαλλάσσω を用いる（『古代史』III 9.3 [232]; VI 7.4 [151]; VII 7.3 [153] ほか）。ただし、διαλλάσσω と καταλλάσσω の違いははっきりせず、「καταλλάττειν の方が原始キリスト教時代にはより頻繁に用いられていた語」(ibid., 253,35–36) だという。ここでも καταλλάσσω と διαλλάσσω は同義に用いられている。

227

第 3 部　新約聖書学の見地から

2.　パウロ書簡における「和解」

2.1　Ⅱコリント書

パウロが「和解」を具体的な文脈と共に語るのは、上述したように、
Ⅱコリント 5:18–20 である。16–21 節で意味上一つのまとまりなので、
まずはそのテクストを挙げておこう。

> [5:16] だから我々は、今から後は、誰をも肉によって知ることはしな
> い。もしも（以前は）キリストを肉によって知ったとしても、今は
> もはやそのように知ることはしない。[17] だから、誰かがキリストに
> あるならば、その者は新しい被造物である。古いものは過ぎ去った。
> 見よ、新しいものが生じたのだ。[18] 一切は、神から生じる。神はキ
> リストによって我々を神御自身と和解せしめ、我々に和解の務めを
> 与えた。[19] 神はキリストにおいて世をみずからと和解せしめた、と
> いうことなのだ。彼らの過ちを数え上げることをせず、我々の中に
> 和解の言葉を置き給うたのである。[20] 神が我々をとおして（人々
> に）呼びかけるがままに、我々はキリストの代りの使者として働い
> ている。だから我々はキリストに代って願う、あなた方は神と和解
> しなさい。[21] 罪を知らなかった方（＝キリスト）を、神は我々のた
> めに罪に定めた。我々が彼にあって神の義となるためである。（田
> 川訳、圏点は辻）[8]

ここでパウロは、神と「我々」（18 節）ないし「世」（19 節）との

8　田川建三『新約聖書　本文の訳』作品社、2018 年。なお田川訳本文は、
　　2007 年発行の版（注 17 参照）から若干の改変が施されている。

第 9 章　誰と誰の和解か？（辻　学）

和解を語る。この宗教的な次元における「和解」という考え方は、上述のように、ギリシア・ヘレニズム世界における用例から導き出すことはできず、七十人訳（IIマカバイ記）やヨセフス、フィロンといった初期ユダヤ教文献に先例が見られる。

しかし、少し細かく観察すると、初期ユダヤ教における神と人との和解という表象と、この箇所でパウロが語る和解との間には相違点も存在する。

パウロは、神を和解の主体として語っている。「神は……我々を神御自身と和解せしめ（καταλλάξαντος）」（18節）、「神は……世をみずからと和解せしめた（καταλλάσσων）」（19節）という時には、動詞καταλλάσσωの能動形が用いられている[9]。動詞καταλλάσσωの能動形は、「誰々を（自分と）和解させる」を意味する[10]。つまり、神の側が主体的に働きかけて、「我々」あるいは「世」を自分と和解させたというのである。

これは、「和解する」という意味でκαταλλάσσωを用いる時の通常の用法とは異なる。先に挙げたトゥキュディデスの3箇所（注10参

9　それぞれ、καταλλάξαντοςはアオリスト分詞能動形（男性単数属格）、καταλλάσσωνは現在分詞能動形（男性単数主格）。

10　*LSJ*, s.v. II 1: "*change* a person *from enmity to friendship, reconcile.*" (italics in original). 本来の意味は「交換する、両替する」で、注1に挙げたピュタゴラス「天文学断片集」では、「白羊宮の生まれの徴を持つ者たちは、［……］肉づきよく、自然児、母国を裏切り［πατρικὰ καταλλάσσοντες: 辻注、「父祖のものを交換して手放す」の意か。訳文は「ギリシア占星術文書目録 0632_007」（http://web.kyoto-inet.or.jp/ people/tiakio/hermetica/astrologica_index.html 2024. 10. 31 確認）による］」。同じく注1に挙げたトゥキュディデスは「和解する」の意味で用いている（『歴史』IV 59.4; 61.2; VI 89.2）。

第 3 部　新約聖書学の見地から

照）はいずれも受動態だし[11]、とくに宗教的意味で神を主語にして用い
る場合は受動態で用いられるのが常である。上掲の II マカバイ記に
おける 3 例（1:5; 7:33; 8:29）もそうだし[12]、ヨセフス（『古代史』VI 143
[7.4]; VII 153 [7.3]）でもやはり動詞は受動態になっている。これは、
神と人間との和解においては、人間の側からの祈りや礼拝行為によっ
て神が和解を受け入れるというのが理解の基本にあるからに他ならな
い[13]。

　しかしパウロの場合、和解を働きかける主体は人間ではなく神であ
る。したがって、20 節で「あなた方は神と和解しなさい」と命じる
時の καταλλάσσω は受動態（καταλλάγητε: 命令法アオリスト）になる。

　神が主体的に人間と和解を図ったという理解は、イエス・キリスト
の死がその手段となっているという考え方と結びついている。そのこ
とは 21 節「罪を知らなかった方（＝キリスト）を、神は我々のために
罪に定めた。我々が彼にあって神の義となるためである」から見て取
れるし、これはローマ 5:10–11 でさらに明瞭に示されている（後述）。

　しかし、なぜパウロはこの文脈で、やや唐突にも思える仕方で「和
解」を語ろうとしたのだろうか。その問いに関係しているように思わ

11　『歴史』VI 89.2 の καταλλασσόμενοι だけは語形上中動態である可能性
　　も一応ある。しかし、「諸君は私の政敵を通してアテナイとの交渉を保
　　ち（καταλλασσόμενοι）」（小西晴雄訳『歴史 下』ちくま学芸文庫、2013
　　年）という意味からして、受動態と考えて差し支えないであろう。

12　1:5 の καταλλαγείη を Accordance（聖書ソフト）の文法解析は希求法
　　能動態としているが、これは誤りで、受動態が正しい（非短縮形は
　　κατ·αλλαγ·[θ]ειη だから、語形からして受動態とわかる）。

13　Th. Schmeller, *Der zweite Brief an die Korinther* (2Kor 1,1–7,4) (EKK
　　VIII/1; Neukirchen-Vluyn: Neukirchener; Ostfildern: Patmos, 2010),
　　329.

第 9 章　誰と誰の和解か？（辻　学）

れるのが、神が和解する相手としての「我々」とは誰かという問題である。

18 節前半「神はキリストによって我々を神御自身と和解せしめ」の「我々」は、続く 19 節で「世」と言い換えられていることから見て、この世全体を指すと見て間違いないであろう（ただしこれを文字通りにとって良いかどうかは微妙。後述参照）。しかし、同じ 18 節後半「（神は）我々に和解の務めを与えた」の「我々」は違う。「和解の務め」（διακονία τῆς καταλλαγῆς）を与えられた「我々」とは、「霊の務め」「義の務め」（3:8; さらに 4:1「この務め」）という「務め」の使い方からして、パウロ（と彼の宣教団）を指すと考えられる。つまり、同じ節の中で実に巧みな仕方で「我々」の指す対象がずらされているのである[14]。

この「ずれ」は 19 節から確かめられる。「彼らの過ち[15]を数え上げることをせず」の「彼ら」とは、先行する「世」を受けているので、この世の人々を指すのであろう。そうだとすれば、続く「我々の中に和解の言葉を置き給うた」の「我々」は「彼ら」と同一ではあり得ないから、前節とのつながりから考えて、パウロ（と彼の宣教団）ということになる。「和解の言葉」とはその場合、神が世と自らを和解さ

14　Schmeller, *2. Kor*, 329–330 はそこが見抜けないので、指示対象が違うならもっとはっきり書いたはずだから、二つの「我々」は同じ対象を指すとして、パウロ（あるいは他の使徒全員を含む）か、コリント教会または信者全員のどちらかだと言う。

15　新共同訳や協会共同訳が「罪」と訳している名詞 παραπτώματα（παράπτωμα の複数形）は、「躓き、過失」（< παραπίπτω「傍に倒れる、（転じて）堕落する」）という意味なので、個々の過失を指す。パウロ神学にとって重要な語である「罪」と訳すのは避けた方が良い。

231

第3部　新約聖書学の見地から

せたということを伝える知らせ、すなわち福音の言葉と解することができる。その言葉を伝える務め（18節）を自分たちは神から受けたとパウロは言うのである。

　つまり、神はキリストにあって「我々＝この世（の人々全体）」とご自身を和解させられた。そしてそのことを伝える務めを「我々＝パウロ宣教団」の中に置かれた、という論理展開になっているわけである。20節a「神が我々をとおして（人々に）呼びかけるがままに、我々はキリストの代りの使者として働いている」の「我々」もパウロ宣教団の意味であろう。ところが20節bではその「我々」がさらに範囲を絞られて、パウロ個人を意味している[16]。

　パウロは、自分（たち）を「キリストの代りの使者」だとさえ言う。これは明らかに、自分（たち）の立場を高め（近頃の言い方なら「マウンティング」）、コリント教会の人々に自分たちの尊重を要求する表現である。

　そのように自分たちの立場を規定した上でパウロは、コリント教会に要求する――「あなた方は神と和解しなさい」（20節b）。

　不思議に見えるのは、18-19節でパウロは、神が和解の主体であることを強調したにもかかわらず、ここでは信者に対して神との和解を求めていることである[17]。和解は神が主体となって行われ、しかもそ

16　20節bの「我々」は、パウロのつもりとしては、自分自身だけでなく、仲間の宣教者たちも同じように呼びかけているということなのかもしれない。しかし実質上、ここでコリント教会に呼びかけているのはパウロ個人である。

17　田川建三『新約聖書 訳と註　3　パウロ書簡その一』作品社、2007年、452頁が指摘しているように、動詞 καταλλάγητε は受動形アオリストだが、「和解させられる」ではなく、「ほとんど中動的に『みずからを誰

れは1回的出来事として既に起こっている。にもかかわらず、さらに信者の側に和解の行為が求められるとはどういうことだろうか。

この、論理的に矛盾しているように見える展開の背後に、多くの研究者は、パウロ個人とコリント教会との対立関係を見ており、その解釈は正しいように思われる[18]。

実際、IIコリント書の主題は、パウロの使徒性とその宣教内容を疑問視するコリント教会に対するパウロの弁明である。「あなた方はキリストが私にあって語っているということの証拠を求めている」(13:3)、「我々はまた自己推薦をはじめているのだろうか」(3:1。4:2および5:12も参照)といった発言は、その主題をよく表している。「和解」を語る文脈もこの主題に影響されていることは、5:16の「もしも(以前は)キリストを肉によって知ったとしても、今はもはやそのように知ることはしない」から見て取れる(おそらく、キリストを「肉によって知っている」他の使徒たちと比較されたのであろう。11:5参照)。

つまり、パウロにとって必要だったのは、自分自身とコリント教会の人々との「和解」だったのである。だからこそパウロは、神からの和解という福音を「キリストの代りの使者として」(5:20)伝える者

それと和解する』ないし自動詞的に『和解する』の意味」(同頁)で用いられる。したがって、「和解させていただく」(新共同訳)や「和解を受け入れる」(協会共同訳)は不適切。神が行なった和解を信者が受け入れるとか拒否するとかいう話ではない。受動態は、和解が根本的に神の側から生じることを強調している、というChr. Wolff, *Der zweite Brief des Paulus an die Korinther* (ThHK 8; Berlin: EVA, 1989), 131の説明も正しくない。

18 Schmeller, *2. Kor*, 329; J.-F. Collange, *Énigmes de la deuxième épître de Paul aux Corinthiens: Étude exégétique de 2Cor. 2:14–7:4* (MSSNTS 18; Cambridge : CUP, 1972), 266; 田川『新約聖書3』453頁など。

第 3 部　新約聖書学の見地から

として自分を位置づけ、自分との和解は神との和解だという論理を提示したのである[19]。

　では、なぜパウロはそもそもこの文脈で「和解」という概念を用いたのであろうか。

　パウロはⅠコリント書でも動詞 καταλλάσσω を用いている（7:11）。結婚に関する指示という文脈（7:1–16）の中でパウロは、「妻は夫から別れてはならない」（10 節）と命じるが、同時に「もしも別れるのであれば、（以後）結婚せずにいるか、あるいは夫と和解するがよい（τῷ ἀνδρὶ καταλλαγήτω）」（11 節）と付言している。つまり、別れそうになった夫婦がよりを戻すという意味で「和解する」と言われているのである[20]。

　この用例は一見すると、我々の箇所とは関係がなさそうに見える。しかし、パウロが神（キリスト）と信者との関係を婚姻の比喩で捉えていることを考慮に入れると、つながりが浮かび上がってくる。

　Ⅱコリント 11 章でパウロは、キリストと「あなた方」とを婚姻の比喩で説明している。そして、コリント教会の人々が他の使徒たち（11:5）へとなびいたのを「キリストへの純真、純潔から離れ落ちてしまう」ことと表現する（11:3）。そしてパウロはここでも、自分の立場を神（キリスト）のそれと重ね合わせている――「私は神の嫉妬

19　Collange, *Énigmes*, 269, 273–75, 280. 他方 M.E. Thrall, *The Second Epistle to the Corinthians*, vol. 1 (ICC; Edinburgh: T & T Clark, 1994), 438 が、自分自身と和解させることがパウロの趣旨ではないと言うのは、根拠がよくわからない。

20　夫婦間の「和解」という意味でこの語を用いる例は、聖書外文献にも見られ、Büchsel, *ThWNT* I, 255, 3–10 は、ギリシアの婚姻文書やパピルスの中の用例を挙げている。

第 9 章　誰と誰の和解か？　（辻　学）

をもって、あなた方を嫉妬しているのだ」(11:2)。つまり、コリント
教会の人々がパウロに背いて他の使徒たちに従おうとするのは、婚約
者たるキリストに対して保つべき純真、純潔から離れ落ちることであ
り、パウロの「嫉妬」は神の「嫉妬」でもある、というのである。

そうであれば、コリント教会の人々がパウロと関係修復するのは、
神と関係修復することでもあり、それは夫婦関係を修復すること、す
なわち和解（καταλλαγή）として理解されるとパウロが考えた可能性は
ある。

この想定が当を得ているかどうかにかかわらず、パウロにおける
「和解」という概念が極めて状況に規定されたものであることは疑い
ない。II コリント 5:16–21 で語られているのは、神と「この世」との
和解という「縦」の関係だが、それは、パウロとコリント教会との和
解という「横」の関係を神学的に表現したものなのである。パウロは
この大胆ともいえる和解論を、自分（たち）を「キリストの代りの使
者」という位置にまで高めることによって（5:20）展開した。

2.2　ローマ書

パウロはローマ 5 章および 11 章でも「和解」を語っているが、こ
れらは、上述した II コリント書における発言からの発展として理解
できる。

> [5:8]だが神は我々に対する御自身の愛を確定して下さった。我々が
> まだ罪人であった時に、キリストが我々のために死んで下さったの
> である。[9]ならばますます、我々は今や彼の血において義とされた
> のだから、彼によって（神の）怒りから救われることになろう。[10]つ
> まり、もしも我々がまだ（神の）敵であった時に神の子の死によっ
> て神と和解させていただいたのであれば、ならばますます、和解さ
> れた我々は彼の生命において救われることになるのである。[11]それ

235

第3部　新約聖書学の見地から

だけでなく、我々は、我らの主イエス・キリストによって、神を誇っている。キリストによって今やすでに和解を受けたのであるから。

11:13 そこであなた方に言う、あなた方異邦人に。私自身は、異邦人の使徒である限りは、私の務めを光栄としているが、14 それは私の肉（＝同族のユダヤ人）を妬ませて、私が彼らの中から何人かでも救いたいと願ってのことである。15 すなわち、彼らの廃棄が世界の和解となったとすれば、彼らが積極的に受け入れられることは、死人からの生命以外の何であろうか。（いずれも田川訳、圏点は辻）

神から「我々」に対して働きかける「和解」を語るために、II コリント書でパウロは、贖いの概念を援用した——「罪を知らなかった方（＝キリスト）を、神は我々のために罪に定めた。我々が彼にあって神の義となるためである」（II コリ 5:21）。これが、神と「世」（ロマ11:15）との和解の神学的根拠となり、この考えがローマ書で展開されている。

　和解に関する考え方は、ここでも II コリント書から一貫している。和解の主体はやはり神であり（10 節「我々が……神と和解させていただいた」［κατηλλάγημεν τῷ θεῷ］、「和解された我々」［καταλλαγέντες］。いずれも受動態）、人間は「和解を受けた」（τὴν καταλλαγὴν ἐλάβομεν: 11 節）側なのである。ここでは、敵対する関係にある両者が和解するという意味で用いられている（10 節）21。この「敵対関係」をパウロは、かつて

---

21 「和解」と「敵意」との対比の例として、フィロン『徳論』118（和解＝敵意を消滅させること）、154 など参照。M. Wolter, *Der Brief an die Römer*, Teilband 1: Röm 1–8 (EKK VI/1; Neukirchen-Vluyn: Neukirchener; Ostfildern: Patmos, 2014), 336 Anm. 78 がさらに例を挙

の自分たちが「弱い」、「不敬虔な」（6 節）「罪人」（8 節）であった状態を指すものとして規定しているが、これはローマ書の 4 章までで語られている内容を指し示している（「不敬虔」1:18; 4:5;「罪」2:12; 3:9, 20, 23; 4:7）[22]。

　II コリント書においてすでに、「神はキリストによって我々を神御自身と和解せしめ」（5:18）、「罪を知らなかった方を、神は我々のために罪に定めた」（5:21）という言い方によって、神からの和解の手段が示されていたが、ローマ書においてはそれがより具体的に、「キリストが我々のために死んで下さった」、その「血において我々が義とされた」（5:8-9）と述べている。これもまた、ローマ 4 章までで語ってきた義認論を指し示す表現である（3:25 参照）。

　パウロ自身と教会との不和が叙述の背景にあった II コリント書とは異なり、ローマ書においては、神と人間世界との和解という神学的側面がパウロの思想として提示されている。したがって、この箇所における「我々」は文字通り、人間一般、とりわけその和解を受けて「神を誇っている」（11 節）キリスト信者である。後続する 12 節以下で用いられる「世」（κόσμος）も、人間世界全体を指している。

　ローマ書でもパウロは、和解の概念をより具体的な文脈に置いてはいる（11 章）。イスラエルの躓きと異邦人の救いについて語る 9–11 章の文脈においてパウロは、イスラエル人が捨てられることが、「世界の和解」（καταλλαγὴ τοῦ κόσμου）になったと言う（11:15）。

　ここでも「世」は、5 章の場合と同じく、人間世界全体と見ること

げている。

22　Wolter, *Röm*, 336 Anm. 80. ただし Wolter は、1:18–3:20 における人間全ての普遍的な罪が訴求的に指し示されているとするが、4 章まで含めて考えて良いと思う。

ができる[23]。イスラエルが退けられることで世界全体が神と和解する。だが退けられたイスラエルも、不信にとどまらず（11:23）、信じる者となって神に受け入れられるならば、死人のごとき状態から生命へと移るのであり（15節）[24]、世界全体の和解の一部となり得るのである。

このようにローマ書においては、IIコリント書で特定の状況から生まれた和解の概念が、神の子であるキリストの死による、神とこの世との和解という神学理論へと発展し、ローマ1–11章で展開される、神の救済行為におけるユダヤ人と異邦人との関係という文脈の中に位置づけられている。その意味では、ローマ書こそがキリスト教的和解論の「出発点」だと言うこともできよう。

3. 第二パウロ書簡における「和解」

第二パウロ書簡の中で、パウロ的「和解」論を継承しているのはコロサイ書とエフェソ書である。いずれも、明らかにパウロがローマ書で確立した、神とこの世との和解という表象を受け継いでいる。しか

---

23 C. Breytenbach, *Versöhnung. Eine Studie zur paulinischen Soteriologie* (WMANT 60; Neukirchen-Vluyn: Neukirchener, 1989), 177 は「異邦人世界」と解釈するが、そうではないと思う。

24 Breytenbach, *Versöhnung*, 177 は、終末時の救済の最終的な啓示を受け入れることを意味していると説明するが、終末論的な意味合いをここに読み込む必要はないであろう。「終末時の将来にはイスラエル《全体》の回復・彼らの再受容の効果として神の救いに与るということが強調されている」とする U. ヴィルケンス（『ローマ人への手紙（6–11章）』EKK VI/2、岩本修一／朴憲郁訳、教文館、1998 年、346 頁）についても同じことが言える。

し、パウロが意図した内容とは微妙に相違しているのもまた確かである。

3.1 コロサイ書

コロサイ書は、1:20 および 22 で「和解」を語っている。

1:15 この御子は見えない神の姿であり、あらゆる被造物のうちで最初に生まれた者である。16 すなわち彼にあって天にあるものも地上にあるものも、見えるものも見えざるものも、一切が創造された。玉座だろうと主権だろうと、支配力だろうと権力だろうと、すべて。一切は彼によって、彼へと、創造されている。17 彼自身は万物より先にあり、万物は彼の中で成り立っている。18 また彼自身が教会という身体の頭である。彼がはじめであり、死んでいるものの中から最初に生れた者である。それは彼があらゆることにおいて最初の者となるためである。19 すなわち一切の満ちるものを彼のうちに宿らせ、20 彼によって一切を彼へと和解させることを 19 よしとした。20 彼の十字架の血によって、彼によって、地上にあるものも天にあるものも平和ならしめたのである。21 そして、あなた方もかつては考えによって、悪しき行ないにおいて、疎外され、（神に？）敵対する者であったのだが、22 そのあなた方を、今や、（神は）彼の肉の身体において、つまり死によって、和解させ、あなた方を聖なる、咎められるところ、責められるところのない者として彼の前に立つことができるようにして下さったのである。（田川訳、圏点は辻）

コロサイ 1:15–20 は伝承に遡る断片であると一般に考えられている。これを「キリスト賛歌」という様式に当てはめることが可能かどうか

第3部　新約聖書学の見地から

については議論があるが[25]、関係代名詞 ὅς で導入されていることや、壮大な宇宙規模の汎神論的なキリスト理解（19節：万物は御子の中に宿っている）は、これが伝承に遡ることを窺わせる。

　元来の伝承部分と著者による改変とを厳密に区別することは不可能だが、20節の「和解」をめぐるくだりは、明らかにパウロ書簡、とくにローマ書の影響を示しており、著者の手になる部分と考えられる。「彼の十字架の血によって」（διὰ τοῦ αἵματος τοῦ σταυροῦ αὐτοῦ）は、「彼によって」（δι᾽ αὐτοῦ）との重複[26]からして、ローマ 5:9（「彼の血において義とされた」）を踏まえた著者による付加と見られるし、「和解する」という語の用例の少なさからしても、これが伝承として流布していたとは考え難い。ましてや、「導入」で少し触れたように、コロサイ書で用いられているのは、パウロが「和解」を語るのに用いた語である καταλλάσσω/καταλλαγή ではなく、接頭辞をさらに一つ加えた **ἀπο**καταλλάσσω という形である。コロサイ書とエフェソ書にしか現

25　L. Bormann, *Der Brief des Paulus an die Kolosser* (ThHK 10/I; Leipzig: EVA, 2012), 77–88 (Exkurs: Der Hymnus in Kol 1,15–20) 参照。Bormann はこの段落を「賛歌」と見ることに賛成している。この問題については、S. Vollenweider, "Hymnus, Enkomion oder Psalm? Schattengefechte in der neutestamentlichen Wissenschaft," *NTS* 56 (2019), 208–31; 田川建三『新約聖書 訳と註　4　パウロ書簡その二／擬似パウロ書簡』作品社、2009年、467頁なども参照。

26　この δι᾽ αὐτοῦ を含まない写本が一定数あり（B D* F G I L 075 ほか）、ネストレ版はこれを角括弧に入れているが（不確かな読みを示す）、「彼の十字架の血によって」に加えて「彼によって」を入れることは考えられないので、不要な重複だと思った写字生が削除したと見る方が自然である（この句を含むのは 𝔓⁴⁶ ℵ A C D¹ K P Ψ 048ᵛⁱᵈ. 33. 365. 630. 1505 𝔐 sy bo）。

240

れないこの語形[27]は、これが伝承でなく著者[28]の手になるものであることを示している。

　コロサイ書においても、和解の主体は神であるとされており、この点は真正パウロ書簡の語法を受け継いでいる——「（神は）彼（御子：13節）によって一切を彼へと和解させることをよしとした」（19–20節）。ただし、和解の対象は、真正パウロとは異なり、「世」＝人間世界ではない。神は、御子によって一切（万物）を御子へと和解させるというのである（20節）。

　20節aの解釈は難しい。直訳すれば、「彼は彼によって一切（万物）を彼へと和解させた」となる。主語の「彼」は意味からして神であろう（ただし神は、12節［およびそれを関係代名詞で受ける13節］で「父」として言及されて以降は明瞭に指示されていない）。「彼によって」の「彼」は御子＝キリストと考えざるを得ないので、主語が「御子」だと奇妙だからである。しかし主語が「神」であるとすれば、「彼へと和解させた」の「彼」（αὐτός）は主語と別の存在を指すのが普通だから、文法的には御子ということになる。

　新共同訳や協会共同訳は「ご自分（＝神）と」と解しているが（田川訳も同じ）、これにはいくつかの難点がある。

　（1）「彼へ」（εἰς αὐτόν）を「彼自身へ」と読むことは不可能では

27　動詞 ἀποκαταλλάσσω にはコロサイ書以前の用例はない。名詞形 ἀποκαταλλαγή は Theodorus Studites（後8–9世紀）以前の用例が見られない（いずれも TLG による）。

28　コロサイ書とエフェソ書は擬似パウロ書簡である。拙著『偽名書簡の謎を解く』（新教出版社、2013年）の第4章・第5章を参照されたい。

第 3 部　新約聖書学の見地から

ない[29]。しかし同じ表現が 16 節で既に用いられており、こちらは「彼（＝御子）へ」と読む以外にない。となれば、同じ表現（意識的に揃えられている。後述参照）を違うように読むのは難しい。また、16–19 節で用いられている εἰς αὐτόν, ἐν αὐτῷ, αὐτός, δι᾽ αὐτοῦ がすべて「御子」を指しているという点も、ここを神自身と読むことへの反証となる[30]。

(2)「和解させること」（ἀποκαταλλάξαι）は能動態不定詞だが、同じ能動態を用いている II コリント 5:18, 19 では、「自分へ」は εἰς αὐτόν（αὑτόν）ではなく ἑαυτῷ であった。コロサイ書の著者は II コリント書を知っているはずだから[31]、ここをあえて εἰς αὐτόν としたのはやはり 16 節との対応を意識しているからだと考えざるを得ない。

以上の点から見て、この εἰς αὐτόν はやはり「御子へ」を意味していると考える方が適切である[32]。

29　田川『新約聖書 4』478–79 頁は、この εἰς αὐτόν を εἰς αὑτόν（αὑτόν は ἑαυτόν の 縮 約 形。*LSJ*, s.v. ἑαυτοῦ: "in Att. Inscrr. αὑτοῦ prevails after B.C. 300"）＝「彼自身」と読み替える説を紹介している（大文字写本には気息符がない）。

30　J.D.G. Dunn, *The Epistles to the Colossians and to Philemon* (NIGTC; Grand Rapids: Eerdmans, 1996), 83 n. 3 に賛成。

31　「神の意思によるキリスト・イエスの使徒パウロ、そして兄弟テモテ」（コロ 1:1）は、II コリ 1:1 の書き出しの 8 単語と完全に一致する。とくにこの自称は、I・II コリント書の他はコロサイ書と、コロサイ書を下敷きにして書かれたエフェソ書（後述）だけなので、この一致は文献依存によるものと見て間違いない。拙著『偽名書簡』104 頁参照。

32　フランシスコ会訳（「御子へと」）と岩波訳（「御子に向けて」）は我々と同じ理解。新改訳 2017 は、本文では「御子のために」とし、脚注

第 9 章 誰と誰の和解か？（辻 学）

　コロサイ書の著者はどうやら、神と「世」（＝人間世界）が和解する
というパウロ的発想がよく理解できなかったようである。そこで著者
はこの和解概念を、1:15 以下の伝承（上述参照）と結びつけて、「一
切（万物）」と御子キリストとの和解として解釈し直した[33]。御子は被
造物の最初のものであるが[34]、万物は御子にあって（ἐν）御子によって
（διά）御子へと（εἰς）創られている。神に敵対する「闇の権力」
（ἐξουσία[35] τοῦ σκότους, 1:13）に支配されていた我々（を含むこの世界の
万物）を神は「愛の御子の王国」（βασιλεία τοῦ υἱοῦ τῆς ἀγάπης）、すなわ
ちキリストの支配下へと再び連れ戻した[36]。それが「和解し直す」

　で別訳として「御子に向けて万物を和解させること」「万物をご自身と
　和解させること」を提示している。しかし「御子によって御子のため
　に和解させる」とはどういう意味だろうか。

33　これは「人間と神の和解を述べたものではなく、万物の諸部分相互の
　　和解を述べている」（H. Merkel, Art. καταλλάσσω κτλ., 『ギリシア語新
　　約聖書釈義事典 II』教文館、1994 年、314–17: 316 頁）という説明は
　　むしろ、フィロン『律法詳論』II 192 で神が打ち立てるとされている
　　平和に当てはまる。

34　原文の πρωτότοκος πάσης κτίσεως を「すべてのものが造られる前に最初
　　に生まれた者」（協会共同訳。新共同訳も同様）と訳すのは誤り。田川
　　『新約聖書 4』468 頁参照。

35　コロサイ書における「支配力と権力」（ἀρχὴ καὶ ἐξουσία）は、神と敵対
　　する神話的な力ないし霊を指す。1:16; 2:10, 15 参照。

36　この、宇宙万物が天的諸勢力の支配下に落ちるという出来事ないし状
　　態が、和解という表象の暗黙の前提になっていると、Dunn, Col/Phlm,
　　102–3; および R. McL. Wilson, Colossians and Philemon (ICC; London:
　　T & T Clark, 2005), 155 は見ており、それは正しいと思う。

243

第 3 部　新約聖書学の見地から

（ἀποκαταλλάσσω）[37] という（コロサイ書独自の）語の意味であろう。

　著者によればその和解とは、「地上にあるものも天にあるものも平和ならしめ」ることである[38]。その「平和」が意味するのは、被造世界全体が、神の支配下に置かれて秩序を保つことである[39]。

　21–22 節は、万物と神との和解を「あなた方」、すなわち人間に当てはめている。著者にとって人間が神と敵対している（21 節）のは、全被造物がそのような状態にあった、その一部なのである。この部分（23 節まで）は、15–20 節の伝承を読者に適用した著者自身の作文であろう。

　人間は「疎外された」（ἀπαλλοτριόω）[40]、すなわち万物と同様元々は御子の内にあったのに、他の支配力・権力に支配されるようになり、

37　語頭に付された ἀπο- は「再び」を強調している（*LSJ*, s.v.: "reconcile again"）。

38　「地上にあるものも天にあるものも」（εἴτε τὰ ἐπὶ τῆς γῆς εἴτε τὰ ἐν τοῖς οὐρανοῖς）を「和解させる」ではなく「平和ならしめる」（εἰρηνοποιέω）の目的語と解することについては、田川『新約聖書 4』480 頁参照。これを「和解させる」の目的語（＝「万物」の言い換え）ととってしまうと、「平和を作った」（単独ならこの字義通りの意味になる。これが普通の用法。箴 10:10 LXX; フィロン『律法詳論』II 192 参照）が文脈的に浮いた感じになってしまう。εἰρηνοποιέω は対格をとる用例もある（Anubion, Fragmenta II 203［後 1 世紀。TLG による］）ので、ここでもそのように解する方が良い。岩波訳もそのように解している（が、これは意訳だと言う）。

39　この表象を、ローマ帝国の支配イデオロギー（「大地と水」を支配する皇帝による普遍的平和の期待）に対する批判的言説として理解しようとする試みが、Bormann, *Kol*, 102 に見られる。

40　動詞 ἀπαλλοτριόω は「（元の居場所から離れて）他のものに属するようになる」の意。

第 9 章　誰と誰の和解か？（辻　学）

（神に）敵対する者となってしまった。しかし神は、御子の死によって（御子と）和解させ、終末時に彼[41]の前に立てるようにしてくださった。「咎められるところのない」（ἄμωμος: フィリ 2:15; ユダ 24; 黙 14:5 参照）、「責められるところのない」（ἀνέγκλητος: Ⅰコリ 1:8）は二詞一意的用法だが、いずれも祭儀的用語であると同時に終末の裁きと結びついた単語であり（フィリ 2:15「そうすればあなた方は、歪み曲がった此の世の中において、責められるところなく、純粋な者、咎められるところのない（ἄμωμος）神の子となれるであろう」、Ⅰコリ 1:8「主は、我らの主イエス・キリストの日においてあなた方が責められることのない者（ἀνέγκλητος）となれるように、あなた方を最後まで堅く支えて下さるであろう」[いずれも田川訳]。コロサイ書の言葉づかいはおそらくこれらの箇所に影響されている）、御子との和解が、終末を視野に入れて語られていることがわかる。「立つ」（παρίστημι）も、裁き手の前に立つという意味で用いられる語である（ロマ 14:10; Ⅱコリ 4:14. Ⅱテモ 2:15 も参照）。

　このように、コロサイ書においては、真正パウロ書簡における人間世界と神との和解という表象がそのままでは継承されず、キリストの中にある被造世界全体という宇宙論的イメージが「和解」という概念と結びつけられ、闇の支配力・権力に支配された万物がキリストの支配下へ再び移されることが「再び和解する」（ἀποκαταλλάσσω）という語で表されている。

41　たいていの翻訳がこの「彼」を神と解しているが、20 節がキリストとの和解であれば（上述参照）、この「彼」をキリストと考えることもできる（田川訳のみがそのように解している）。コロサイ書では、終末の審判者がキリストか神かということは明示されていない。

245

第 3 部　新約聖書学の見地から

3.2　エフェソ書

エフェソ書は、コロサイ書に文献依存して作成された擬似パウロ書簡であり、「和解」に関する内容も、基本的にはコロサイ書のそれを継承している[42]。

エフェソ書で「和解」が語られるのは 2:16 である。

[2:11] この故に、覚えておくがよい。かつてあなた方は肉においては異邦人であり、手で行なわれたいわゆる肉における割礼（の者たち）によって無割礼の者と呼ばれていた、ということを。[12] その時にはあなた方は、キリストなしでいたのであり、イスラエルの市民権からは疎外されており、約束の諸契約に対してはよそ者で、希望を持たず、此の世において神なしであった、ということを。[13] しかし今やキリスト・イエスにおいて、あなた方かつては遠くにいた者が、キリストの血において近くになったのだ。[14] キリストこそが我々の平和である。キリストが両者を一つになし、その肉によって垣根の中垣を、つまり敵意を取り除き、[15] さまざまな規定をもった戒命の律法を無効になさったのである。そのようにして、彼において、その両者を一つの新しい人間へとなし給い、平和をもたらして下さった。[16] そして両者を一つの身体において、十字架によって、神へと和解させ、彼において敵意を消滅させたのである。（田川訳、圏点は辻）

エフェソ書の著者は、ユダヤ教的要素を軽視するコロサイ書のパウロ像を、キリスト教の母体としての旧約・ユダヤ教的伝統を尊重する

42　エフェソ書とコロサイ書の関係については、拙著『偽名書簡』133–38頁参照。

第 9 章　誰と誰の和解か？　（辻　学）

パウロ像に修正している[43]。上記の冒頭 11 節も、コロサイ書が言う
「手でなされていない割礼」（コロ 2:11）を意識していることが明らか
である。著者にとってキリスト教会は一つの共同体であるが、しかし
その中には序列があり、ユダヤ人は最初から選ばれていたけれども、
異邦人はそうではなく、「疎外されていた」者、「遠くにいた者」なの
である。いまやキリスト教の福音伝道によって廃棄されたとはいえ、
割礼はその区別を示すしるしなのである。

　このように論じるエフェソ書の著者にとって「和解」とは、ユダヤ
人と異邦人の間にあった敵意を取り除くものとなるはずである。実際、
14 節でも 15 節でも「平和」がその意味で語られている。コロサイ書
では人間全体を指して言われていた「疎外」（コロ 1:21）もエフェソ
書では異邦人のこととされている（エフェ 2:12）。遠くにいた異邦人
と近くにいたユダヤ人がイエス・キリストにおいて[44]「一つの身体」
（16 節）となり[45]、敵意が取り除かれる（14 節）。エフェソ書の著者は

43　拙著『偽名書簡』149 頁。

44　「彼において」（16 節）の「彼」を諸訳は「十字架」と見なしているが
　　（J. Gnilka, *Der Epheserbrief* [HThK; Freiburg: Herder, ⁴1990], 144 もこ
　　の立場）、これはキリスト自身を指すと考えるべきであろう（田川『新
　　約聖書 4』554 頁 ; R. シュナッケンブルク『エペソ人への手紙』EKK X、
　　大友陽子訳、教文館、1998 年、136 頁参照。山田耕太『エフェソ書簡』
　　NTJ 新約聖書注解、日本キリスト教団出版局、2022 年、118 頁も「ご
　　自分の中で」としている）。もっとも、その場合は ἐν αὐτῷ でなく、一
　　部の写本（F G latt）が書き換えているように ἐν ἑαυτῷ となる方がより
　　自然ではある。

45　「一つの身体において」の「身体」が、イエスの十字架上の身体を意味
　　しているのか、それとも教会を指すのかについては議論がある（シュ
　　ナッケンブルク『EKK エペソ』135 頁参照）。この表現は 14 節の「一

247

第3部　新約聖書学の見地から

　こうして、コロサイ書においては宇宙論的視野で語られていた、万物と神との和解という概念を、極めて教会論的に、異邦人信者とユダヤ人信者との和解という主題に作り替えた。

　しかし、そうであるならば気になるのは、「和解」はエフェソ書においてもやはり、神との間でなされるものとして語られていることである。16節における動詞「和解させる」（ἀποκαταλλάσσω）はここでも能動形で[46]、主語は（13節の名詞を受けて14節から代名詞で提示されている）「キリスト」である。すなわちキリストが、ユダヤ人と異邦人の「両者を一つの身体において」神と和解させたと著者は言う。

　ここには、エフェソ書の著者がパウロ書簡およびコロサイ書から受けた「伝承」と著者自身の理解との齟齬がある。コロサイ書までは、和解の主体は神であり、神がキリストの十字架によって、神自身（パウロ書簡）ないし御子（コロサイ書）と人間（を含む被造）世界との和解を図ったことになっていた。つまり和解はあくまで神（ないし御子）と人間との間でなされるものであり、神による救済行為を指す表現なのである。エフェソ書もその理解を継承して、和解の主体をキリストにしたのであろう（神にしなかったのは、キリストを主語とする14節以降の文脈ゆえか）。著者にとって「和解」という語はそのような術語的意味合いのものであり、コロサイ書の著者が文脈に沿って付した接頭辞 ἀπο-（再び）も、エフェソ書の文脈ではとくに意味を持たなくなっている。

　著者にとってはむしろ、自分たちユダヤ人信者と異邦人信者との「和解」の方が重要であった。両者の間にあった「敵意」（14, 16節）

　つになし」を受けていると見られるので、おそらく後者であろう。
46　文法上は、15節の ἵνα に導かれる目的節なので、接続法になっている（「和解させるため」）。

はイエス・キリストにおいて取り除かれ、キリスト信者という一つの人間となって「平和」が創り出された（15節）。これこそがギリシア・ヘレニズム世界で用いられていた本来の意味でのκαταλλαγήだったはずであるが、パウロによってキリスト教化された意味での（すなわち、神と人との）「和解」という概念にはそれは馴染まなかったようである。

4. まとめ

　パウロが語る「和解」（καταλλάσσω/καταλλαγή）は、初期ユダヤ教に見られる神と人との和解という表象を取り入れたものである。しかしそこには、初期ユダヤ教のそれとは違う点も存在する。すなわち、神を和解の主体として語るという点である。パウロは、イエス・キリストの死を通して神から与えられる救済を「和解」という概念で言い表した。

　しかし、これをあえて「和解」と表現したことには、パウロがコリント教会と対立関係にあったという事情が影響している。パウロは自分（と仲間の宣教団）を、和解を伝える務めを担った神の使者として位置づけ、自分（たち）との和解が神との和解でもある、という論理を作り上げた。パウロはＩコリント７章でも「和解」という語を用いているが、そこでは夫婦がよりを戻すという意味で言われている。Ｉコリント11章ではキリストと教会が婚姻関係になぞらえられていることを考えると、パウロはここから「和解」のイメージを得たのかもしれない。すなわち、コリント教会の人々はパウロと関係修復することによって神と関係修復するのであり、それは夫婦関係の修復すなわち「和解」なのだという理屈がパウロの中で成立しているとも考えられる。

　コリント教会との対立という具体的な状況の中から生まれてきた

「和解」概念をパウロは、ローマ書ではより神学理論化し、神がキリストの死を通して主体的に遂行する救済行為を、神と人間世界との和解として語っている。その意味では、キリスト教的和解論の出発点はローマ書にあると言っても良いかもしれない。

この和解理解は、第二パウロ書簡であるコロサイ書とエフェソ書にも継承されている。しかしいずれの文書も、パウロが考えていた和解とはいささか異なる理解を示している。

コロサイ書は、人間に対する神の救済行為を「和解」として語ることが理解できなかったようで、被造世界全体と御子キリストとの和解として「再解釈」した。もともと御子のうちに創られた万物は、闇の権力の支配下にいったん置かれたが、神によって御子の支配下に連れ戻された。それゆえ「和解し直す」（ἀποκαταλλάσσω）という表現がなされている。コロサイ書の著者によれば、人間と神との和解は、万物の和解の一部なのである。

エフェソ書はそのような宇宙論的「和解」を考えていない。著者にとっての問題は、ユダヤ人信者と異邦人信者との間の敵意が取り除かれ、両者が一体となることであった。しかしその教会論的課題が「和解」として語られているわけではない。著者は「和解」という概念を、パウロ書簡およびコロサイ書から引き継いでいるゆえ、それが意味するのはあくまで神（ないしキリスト）と人間との間の和解なのであり、神による救済行為なのである。

　　パウロが語ったような意味での「和解」という概念は使徒教父には見られない。パウロ的和解論は受容されなかった（おそらく理解されなかった）。和解はやはり基本的に、人と人の間で生じる

事柄なので[47]、これを神と人間（世界）に適用する発想が馴染まな
かったのであろう。

47　使徒教父文書には、καταλλάσσω/καταλλαγή は見られない。διαλλάσσω
　　はディダケー 14:2 に見られるが、これも人間同士の和解を語っている。

第10章

福音書における「和解」

大宮　謙

1. はじめに

　私に託された課題は、福音書における「和解」概念を考察することである。それは、別言すれば、福音書に記されたイエスの言葉と行いに焦点を合わせ、「和解」概念を読み取ることである[1]。託された課題を、このように受け止めた上で、具体的には、イエスの教えの中で「和

1　聖書は基本的には聖書協会共同訳から引用し、必要に応じて私訳に換える。その場合には明示する。また、論者が語を補った場合は、《　》で明示する。

解」と関連すると思われる箇所として、「山上の説教」の中の第一「アンチテーゼ（反対命題）」（マタ 5:21–26 // ルカ 12:57–59）、主の祈り（マタ 6:5–15 // ルカ 11:2–4）、さらに「仲間を赦さない家来」のたとえ（マタ 18:21–35）の三箇所を主に取り上げる。また、「受難物語」と「和解」概念の関連について考察する。

2. 山上の説教の中の第一「アンチテーゼ」（マタ 5:21–26// ルカ 12:57–59）における「和解」

ここでは、主にマタイ版について考察し、ルカ版には必要に応じて言及することとする。

2-1 「アンチテーゼ」6 項目の「山上の説教」における文脈

マタイ 5–7 章にわたる「山上の説教」において、「和解」と関連する箇所としては、「主の祈り」と共にマタイ 5:21–26 を挙げ得るであろう[2]。これは、マタイ 5 章後半に纏められている「アンチテーゼ」6 項目のうちの第一番目に当たる。そもそもここでの「アンチテーゼ」とは、基本的には「律法に定められた言い伝え、常識」を「テーゼ」として提示した上で、「しかし、私は言っておく」という定型文を挟んで、イエス自身の教えを「アンチテーゼ」として提示する構造を持つ。

2　ルカ版の並行箇所（12:57–59）は「平地の説教」（6:20–49）とは離れて現れる。ルカ 6:17 で弟子たちと共に下山したイエスが平地に立ち、そこで教えたことからマタイ福音書の「山上の説教」に対して、ルカ版では一連のイエスの説教群を「平地の説教」と称す。

第3部　新約聖書学の見地から

「山上の説教」における「アンチテーゼ」6項目の文脈を確認する
ならば、冒頭で「幸い章句」（マタ5:3–12）が語られ、「地の塩、世の
光」（マタ5:13–16）についての教えが続き、さらに「律法や預言者」
（マタ5:17–20）について、「私が来たのは……廃止するためではなく、
完成するためである」（5:17）とイエスが宣言した後に、「アンチテー
ゼ」6項目（マタ5:21–48）が語られる。従って、少なくとも現在の文
脈では「律法を完成する」具体例として、「アンチテーゼ」を読むこ
とができるであろう。

　さらに、6章では前半で、「施し、祈り、断食」という3つの「善
行」における「偽善者のような振る舞い」が戒められ（マタ6:1–18）、
後半は、「天に宝を積むこと」（マタ6:19–21）、「目は体の灯であるこ
と」（マタ6:22–23）、「神と富に仕えることはできないこと」（マタ
6:24）が教えられ、最後に「思い煩うことなく神の国と神の義を求め
ること」（マタ6:25–34）が勧められる。従って、6章でも「律法を完
成する」ことが通奏低音として響いていることが認められるであろう。

　7章でも「律法を完成する」というこの通奏低音は響き続けており、
「人を裁くな」（マタ7:1–6）、「求めなさい」（マタ7:7–11）、「黄金律」
（マタ7:12）、「狭い門」（マタ7:13–14）、「良い木と悪い木」（マタ7:15–
20）まで一貫して、神の義を求める生き方が勧められる。さらに、思
い込みを排して、自らを吟味することを促す警告である「あなたがた
のことは知らない」（マタ7:21–23）、教えの実践を促す「家と土台」
（マタ7:24–27）をもって、3つの章にわたる山上の説教は結ばれる。
そして、イエスが「これらの言葉」によって「権威ある者のように」
（マタ7:29）教えたことが最後に確認される。

2-2　第一「アンチテーゼ」の構造上の特異性

　以上のように文脈上の位置を確認した上で、ここでの主な考察対象

254

第 10 章　福音書における「和解」（大宮　謙）

である第一「アンチテーゼ」に目を向ければ、そこでの「テーゼ」が
「殺すな」であるのに対し、「アンチテーゼ」は「腹を立てるな」、「悪
口を浴びせるな」であることは明らかであろう[3]。

　それでは構造はどうであろうか。まず全体は、①「テーゼ」と「ア
ンチテーゼ」の提示（5:21-22）、②祭壇への供え物ときょうだいとの
関係修復について（5:23-24）、③自分を裁判官に訴えようとする人と
の関係修復について（5:25-26）に三分割し得るであろう[4]。一見、①の
「アンチテーゼ」を踏まえた実践的かつ具体的な例示が②および③で
あるように思われる。この「アンチテーゼとその実践的かつ具体的な
例示」というパターンは、少なくとも第二「アンチテーゼ」以降、第
六「アンチテーゼ」まで、ほぼ共通する構造であるように思われる。

　例えば、第二「アンチテーゼ」（マタ 5:27-30）では、「姦淫するな」
というテーゼに対して「情欲を抱いて女を見る者は誰でも、すでに心
の中で姦淫を犯したのである」とアンチテーゼが示される。そして、
これを受けて、心の中でさえ姦淫を犯さないための「処方箋」として、
「右の目がつまずかせるなら、えぐり出せ」と驚くほど厳しい手段が
提示される。さらに、姦淫を犯すことの重大さを示す趣旨で、「右の
手がつまずかせるなら、切り取って捨てろ」と命じられる[5]。

3　文字通りには「きょうだいに腹を立てる者は誰でも裁きを受ける。き
　　ょうだいに『馬鹿』と言う者は、最高法院に引き渡され、『愚か者』と
　　言う者は、ゲヘナの火に投げ込まれる」である。

4　ルカ版の並行箇所（12:57-59）はマタ 5:25-26 に対応する。

5　第三「アンチテーゼ」は具体的な対処法を欠くが、第四「アンチテー
　　ゼ」では「誓ってはならない」ことの具体例を一貫して提示し、第五
　　「アンチテーゼ」も「悪人に手向かわない」振る舞いの具体例が連ねら
　　れる。さらに、第六「アンチテーゼ」も「敵を愛し、迫害する者のた
　　めに祈る」態度の具体例を提示する。

第 3 部　新約聖書学の見地から

　ところが、第一「アンチテーゼ」に限っては、例外的に、「『アンチ
テーゼ』を踏まえた実践的かつ具体的な例示という構造」が認められ
ないように思われる。これは、構造上の特異性と言い得るであろう。
この特異性については、以下で①、②、③について釈義的考察をした
上で、改めて検討を加えたい。

2-3　第一「アンチテーゼ」の釈義的考察

　ここでは、①「テーゼ」と「アンチテーゼ」の提示、②祭壇への供
え物ときょうだいとの関係修復について、③自分を裁判官に訴えよう
とする人との関係修復について、それぞれを考察する。

①「テーゼ」と「アンチテーゼ」の提示（5:21–22）

　まず、「テーゼ」である「殺すな。人を殺した者は裁きを受ける」
は、十戒の第 6 戒「殺してはならない」（出 20:13; 申 5:17）と「殺人
者への取り扱い規定」（民 35:30–31）の組み合わせである[6]。これに対
して、「アンチテーゼ」は「腹を立てるな」、「悪口を浴びせるな」で
あり、これは、殺人を未然に防ぐために、その心理的要因となる怒り
や、怒りの発露である悪口を厳しく戒めるものである。すなわち、
「怒り」が高じて「悪口」を発し、遂には「殺人」に至るという「負
の連鎖」を断ち切るための戒めと言えよう。

②祭壇への供え物ときょうだいとの関係修復について（5:23–24）

6　ただし、殺人を戒めるギリシア語は LXX（出 20:13; 申 5:17）が οὐ
　μοιχεύσεις である一方、マタ 5:21 は οὐ φονεύσεις であり、文言までは
　一致しない。

第 10 章　福音書における「和解」（大宮　謙）

①「テーゼ」と「アンチテーゼ」に対して、後続部分が「『アンチテーゼ』を踏まえた実践的かつ具体的な例示という構造」であるならば、②および③は、いかに自分の怒りを収め、自分が悪口を語らずに済ますかについて述べられるはずである。

ところが、②はこう記されている。

「だから、あなたが祭壇に供え物を献げようとし、きょうだいが自分に恨みを抱いていることをそこで思い出したなら、その供え物を祭壇の前に置き、まず行って、きょうだいと和解し、それから帰って来て、供え物を献げなさい」[7]。

②の冒頭付近に「だから οὖν」があるものの、その内容は①の「アンチテーゼ」と滑らかに繋がるとは言い得ない。と言うのも、ここでは、教えを受けている側（＝「あなた」）は怒らず、誰かに悪口も浴びせず、正に祭壇に供え物を献げようとしているからである[8]。一方、悪感情（＝「恨み」）を抱くのは相手側（＝「きょうだい」）である。さらに、この相手側の「恨み」が正当であるか、あるいは不当な「逆恨み」であるのかは、特に問題とされていない[9]。もちろん、「足を踏ん

7　聖書協会共同訳から論者が「仲直りをし」を「和解し」に変更。なお、ここでの「きょうだい」は必ずしも血縁に限定しないで良いであろう。

8　ただし、Donald A. Hagner, *Matthew 1–13* (WBC; Dallas: Word Books, 1993), 117 は「『きょうだいが自分に恨みを抱いている』は、犠牲を捧げようとしている人のある程度の怒りを含意すると解さねばならない（マコ 11:25 のように）。たぶんお互い憤慨していると理解すべき」と述べ、見解を異にする。確かに、Hagner の挙げるマコ 11:25「立って祈るとき、誰かに対して何か恨みに思うことがあれば、赦してあげなさい」は自身の感情に関連する。しかし、だからと言って我々の箇所（マタ 5:23）を同様に読む必然性は認め得ないと思われる。

9　「注目すべきことに、その兄弟の不満そのものが正当であるか不当であ

257

第 3 部　新約聖書学の見地から

だ人よりも踏まれた人の方が、そのことを記憶している」ことは有り得るので、正当な恨みを抱かせる何かを当人（＝「あなた」）が行なっていた可能性はあろう[10]。いずれにしても文言としては、誰かが自分に「恨みを抱いている」ことを思い出した時のことが取り上げられているのである。

　しかも場面状況としては、「あなたが祭壇に供え物を献げようと」している時である。もし「山上の説教」がマタイの文脈通りにガリラヤ湖周辺で語られたならば、聴衆は、自分たちが数日掛けてガリラヤ周辺からエルサレム神殿まで辿り着き、正に「祭壇に供え物を献げよう」としたその時に、「その供え物を祭壇の前に置き、まず行って、きょうだいと和解し、それから帰って来て、供え物を献げなさい」と

　　るかは、イエスは一言も問うていない」（ハンス・ヴェーダー『山上の
　　説教 —— その歴史的意味と今日的解釈』嶺重 淑／ A. ルスターホルツ
　　訳、日本キリスト教団出版局、2007 年、137 頁）。ウルリヒ・ルツ『マ
　　タイによる福音書（1–7 章）』EKK 新約聖書註解、小河陽訳、教文館、
　　1990 年、367、370 頁も同様の見解。一方、橋本滋男「マタイによる
　　福音書」、高橋虔／ B. シュナイダー監修『新共同訳　新約聖書注解 I』
　　日本キリスト教団出版局、1991 年、56 頁は「祭壇に供え物をささげ
　　るのは、おそらく人が他者に対して犯した過ちをつぐなうため（レビ
　　5:20–26）」と述べる。しかし私見では、仮に目的が指摘通りとしても、
　　「そこで思い出した」（5:23）は、別の「他者との一件」を新たに思い
　　起こしたことを指すように思われる。

10　John Nolland, *The Gospel of Matthew* (NIGTC; Grand Rapids:
　　Eerdmans, 2005), 232–33 は「明らかに何かで苛まれているのは相手の
　　方で、こちらは今の今までそのことを忘れていた。例えば、怒りのあ
　　まり相手を罵倒し、その後こちらは落ち着きを取り戻したが、先方は
　　ダメージを引きずっているような場合である」（論者の意訳）と指摘す
　　る。

勧められていると受け取っても不思議ではないであろう[11]。もしここでの「供え物」が動物であれば、「供え物を祭壇の前に置いて」きょうだいのところへ向かうことは、より一層、大きな負担となろう。たとえ、ここに多少なりとも「強調のための誇張」が含まれていても、供え物を献げることに先立って、往復で1週間程度の時間を割いてまでも、自分に恨みを抱いている相手の感情的なしこりを解きほぐすことの大切さが、教えられていると解し得よう[12]。

11　橋本滋男「マタイによる福音書」、山内眞監修『新共同訳　新約聖書略解』日本キリスト教団出版局、2000年、36頁は「神よりも人、自分よりも他者を優先させるこの考え方」と述べる。しかし、私見では、ここでは神に供え物をする前提条件が示されているのであり、「神よりも人を優先させている」とは必ずしも言い得ないであろう。

12　この部分の喜劇性と誇張性については、N.T. ライト『すべての人のためのマタイ福音書1　1–15章』大宮謙訳、教文館、2021年、82頁参照。また、Hagner, *Matthew 1–13*, 117 は「ユダヤ教では犠牲が受け入れられるために和解が必要とされた」と述べ、参照箇所にシラ書34:23、『ミシュナ』「ヨーマ」8:9を挙げる。シラ書の該当箇所は、聖書協会共同訳に拠れば「いと高き方は、不信心な者の献げ物を喜ばれず　いけにえが多いからといって　罪を赦してくださるわけではない」であり、ヨーマの該当箇所は、石川耕一郎訳（『ミシュナ II モエード』ユダヤ古典叢書、教文館、2005年、267頁）に拠れば「人と神との間の罪は贖罪の日が償いをつけてくれる。しかし人とその友との間で犯された罪は、彼がその友の赦しを得るまで贖罪の日は償いをつけてはくれない」（下線は論者による）である。E. シュヴァイツァー『山上の説教』青野太潮／片山寛訳、教文館、1989年、75頁も「パリサイ派の教説によっても、犠牲の奉献を儀式上の理由から中断することは許されるし、また、もし当人が前もって自分の隣人と和解していないとするならば、贖罪の日でさえも隣人に対する罪を償いはしない、ということ

第 3 部　新約聖書学の見地から

　さて、②で本論において最も重要だと思われるのは、「まず行って、きょうだいと和解し」という部分である。「和解し」と訳した語はδιαλλάσσω のアオリスト命令形受動態 2 人称単数であるが、新共同訳および聖書協会共同訳だけは例外的に「仲直りし」と訳す。しかし、他の諸訳は邦訳を含め一貫して「和解し」と訳す[13]。こうした諸訳の状況を鑑みても、論者はここに和解の重要な要素を認め得ると考える。すなわちそれは、相手が抱く「恨み」が正当か不当かに拘わらず、「恨み」を抱かれた側が、その悪感情を除去するよう努めることである[14]。それはさらに踏み込んで言えば、事柄の白黒を付け、罪の所在を明らかにするにも増して、「大胆で、思い切った相手への歩み寄り」を試みる愛の業に励むことへの勧めと言い得よう。

も言われていた」と指摘した上で、「しかし、隣人のために犠牲の奉献を中断するなどということは、全く考えられないことであった」と述べる。そうであれば、ここにイエスの教えの斬新さを見ることができるであろう。

13　*ThWNT* I, 253–54 は「新約では用例はマタ 5:24 のみで、ここでは和解を求めても思い描いてもいない（23 節）怒っている兄弟がその憎悪を放棄するよう取り計らうという趣旨で、『和解する』を意味する」と述べる。διαλλάττειν と καταλλάττειν の字義的分析については、浅野淳博『死と命のメタファ──キリスト教贖罪論とその批判への聖書学的応答』新教出版社、2022 年、165 頁、307 頁註 23 も参照。

14　ディダケー 14:2 には διαλλάσσω の「（目的語を欠く）単独の用法」が認められる。そこでは「主の日」の集会において、「仲間と争っている者」は「《争っている者同士が》和解する（接続法アオリスト受動態 3 人称複数）」までは、「あなたがた《の集会》に加わらないように」命じられている。邦訳は、荒井献編『使徒教父文書』講談社文芸文庫、1998 年、38 頁参照。

③自分を裁判官に訴えようとする人との関係修復について（5:25−26）

続く③はこう記されている。

「あなたを訴える人と一緒に道を行くときには、途中で早く仲直りしなさい。さもないと、その人はあなたを裁判官に引き渡し、裁判官は下役に引き渡し、あなたは牢に投げ込まれるに違いない。よく言っておく。最後の１クァドランスを支払うまで、決してそこから出ることはできない」[15]。

②と同様に③の内容も、①の「アンチテーゼ」と滑らかに繋がるとは言い得ない。と言うのも、悪感情を抱いて裁判官に訴えようとしているのは相手側であり、教えを受けている側（＝「あなた」）は、怒らず、誰かに悪口も浴びせず、相手を訴え返そうともしないからである[16]。ただし、②の場合には、相手の抱く「恨み」が正当か不当か明らかでないのに対し、どうやら③の場合は、「さもないと」以下の裁判官に引き渡されてからの記述から推察し得るように、相手の「訴え」は正当であるように思われる。すなわち、裁判官に訴える側の不当性が認められる余地はなく、非は、こちら側（＝「あなた」）にあるように思われる[17]。しかも、訴えられている原因は、「最後の１クァド

15　聖書協会共同訳から論者が「和解し」を「仲直りし」に変更。

16　一方、ヴェーダー『山上の説教』138 頁は「互いに起こそうとする裁判に赴く途上の二人の人物の状況」が描写されていると解すが同意できない。

17　この箇所について、Joseph A. Fitzmyer, *The Gospel According to Luke (X–XXIV)* (AB; New York: Doubleday, 1985), 1002 は「イエスはさらに、イエスに従う者たちは生活においてこのような<u>対立を避けるために妥協点を見つけること</u>を学ぶべきことを暗に示している」と述べる（下線は論者による）。また、Ｉコリ 6:7 の趣旨と極端に異ならないとも指

第 3 部　新約聖書学の見地から

ランス」を文字通りに取れば、相手への不払い（＝借金問題）と解し
得よう[18]。

　③で本論において最も重要だと思われるのは、「途中で早く仲直り
しなさい」という部分である。「仲直りし」と訳した語は εὐνοέω の現
在分詞、男性、単数、主格であるが、新共同訳および聖書協会共同訳
だけは例外的に「和解し」と訳す[19]。他の諸訳は多様で、例えば、「仲

　　摘する。シュヴァイツァー『山上の説教』76–77 頁も「償うことが問
　　題なのではない。……問題になっているのはむしろ、すでに加えられ
　　た、そして時にはもはや償うことができないような、あらゆる不当な
　　仕うちを乗り越えて、<u>人間的に互いに歩み寄るということ</u>なのである」
　　と述べる（下線は論者による）。

18　1 クァドランスは 1 デナリオンの 64 分の 1。1 デナリオンを 1 万円と
　　すれば 150 円程度。一方、ルカ版の 1 レプトンは 1 デナリオンの 128
　　分の 1、従って 1 クァドランスのさらに 2 分の 1。Fitzmyer, *Luke*,
　　1003 は「ルカの《レプトンへの》変更は、評決が下った後では、妥協
　　するには遅すぎることを示すための誇張」と述べる。

19　興味深いことに、εὐνοέω を例外的に「和解し」と訳す新共同訳および
　　聖書協会共同訳は、並行箇所のルカ 12:58 の ἀπαλλάσσω の完了不定詞
　　の方は「仲直りする」と訳す（両訳はマタ 5:24 の διαλλάσσω も例外的
　　に「仲直りし」と訳す）。ἀπαλλάσσω の諸訳は多様で、例えば「和解す
　　る」、「問題（訴訟）を解決する」などである。田川建三『新約聖書 訳
　　と註　1　マルコ福音書／マタイ福音書』作品社、2008 年、564 頁は、
　　「《並行箇所の》ルカは『和解するよう務めよ』だが、《マタイの》『仲
　　良くなるがよい』ではいささか舌足らずだから、ルカが多少格好をつ
　　けてくれたか」と述べる。ἀπαλλάσσω について *ThWNT* I, 252–53 は
　　「基本的な意味は『除去によって変わること』、『廃止すること』だ」と
　　述べる。また新約での用例の中で、我々の箇所（ルカ 12:58）を「逃
　　れる」と解す。さらに、荒井献／H.J. マルクス日本語版監修『ギリシ

262

直りし」、「受け入れ」、「友となり」、「好意的にし」、「意に従い」と訳すが、「和解し」という訳語は見当たない[20]。εὐνοέω をどう訳すにせよ、では、ここで勧められている自分を訴えようとする相手との「関係性の回復」は、如何にして成立するであろうか。既に触れたように、訴えられている原因が、「相手への不払い」ならば、借財の全額あるいは相当額の返済抜きには、「関係性の回復」は困難だと思われる。

それでも、相手から訴えられるまで借金を返済しなかったのには、何らかの理由を想定し得よう。例えば、①返すに返せない経済事情、②まだ返済を待ってくれるだろうという甘い見通し、③返済義務の完全な失念、である。理由が何であれ、何らかの事情を乗り越えて、この切羽詰まった事態を逃れようと努めることは、ある種、「大胆な歩み寄り」と言っても良いのではなかろうか。

ア語新約聖書釈義事典 I 』教文館、1993 年、149 頁は、ルカ 12:58 を「(〈穏便に〉) 彼の手から〈のがれる〉よう、道中努めなさい」(ἀπηλλάχθαι ἀπ᾽ αὐτοῦ 文字通りには「彼から解放される」) と訳す。語義を踏まえれば、ルカ 12:58 の ἀπαλλάσσω は、私見では、「仲直り」よりも「(最悪の事態、すなわち投獄の) 回避」を意味し、「大胆な歩み寄り」に近いニュアンスを含意すると思われる。なお、田川『新約聖書1 マルコ／マタイ』564 頁は、διαλλάσσω と ἀπαλλάσσω は「ほぼ同義語」だと述べる。

20 荒井献／H.J. マルクス日本語版監修『ギリシア語新約聖書釈義事典 II 』教文館、1994 年、117 頁は、εὐνοέω の意味に「好意的である、仲直りする、和解する」を挙げた上で、マタ 5:25 については「早く〈仲直りせよ〉／〈和解せよ〉」と訳を並記する。なお『ギリシア語新約聖書釈義事典 I 』356 頁は、διαλλάσσω の意味に「和解する、仲直りする」を挙げた上で、マタ 5:24 については「〈仲直りをしなさい〉」と訳す。

第 3 部　新約聖書学の見地から

　そうであれば、借金の返済義務を履行するという点では、確かに②の勧める「大胆で、思い切った相手への歩み寄り」が同じほど明瞭とは言い得なくとも、それでもなお、③の勧める「関係性の回復」にも、ある種の「大胆で、思い切った相手への歩み寄り」を何とか認め得るであろう。

2-4　第一「アンチテーゼ」の構造上の特異性についての再考

　前節（2-3）で明らかになったように、第一「アンチテーゼ」では、①の「アンチテーゼ」に対して、後続の②および③は直接的な「処方箋」や「対処法」を示すものとは解し得ない。と言うのも、②、③のいずれも、教えを受けている側（＝「あなた」）でなく、相手側が悪感情（「恨み」）を抱いたり、裁判官に訴えようとする状況への「処方箋」や「対処法」を提示するからである。すなわち、自分のことには触れずに（と言うことは、自分が「怒らず、悪口を浴びせない」ことは大前提であろうか）、相手の悪感情を静め、悪口を防ぐ方法に言及する[21]。つまり、自分がそうしないだけでなく、もうひと枠イエスの教えの適

21　W.D. Davies and Dale C. Allison, *Matthew: A Shorter Commentary* (London: T & T Clark, 2004), 78 は「23–24 節、25–26 節の両者は、和解についての自己鍛錬の例証であり、怒りの解毒剤である。22 節で戒められている怒りと侮辱が、23–26 節で相手を怒らせた者が怒っている者と平和を作り出すことで乗り越えられる」と述べる。Robert H. Gundry, *Matthew: A Commentary on His Handbook for a Mixed Church under Persecution*, second edition (Grand Rapids: Eerdmans, 1994), 86 も「自分の怒りが間違いであれば、兄弟のそれも同様である。従って、殺人の禁止は、兄弟への怒りを避けるだけでなく、兄弟の怒りを宥めることをも求める」と述べる。

第 10 章　福音書における「和解」（大宮　謙）

用範囲を広げ、相手側までもが、そうすることのない状態を作り出す
ための方法を提示するものと言えよう。

　それはまた、教えを受けている側が和解のイニシアチブを取り、平
安（シャローム）な他者との関係へと導く者となることを求めている
とまで解し得ようか。すなわち、それは「大胆で、思い切った相手へ
の歩み寄り」を実践することの勧めである。

3. 主の祈り（マタ 6:5-15// ルカ 11:2-4）における「和解」

3-1 「主の祈り」の文脈

　「主の祈り」はマタイ福音書とルカ福音書に記されている。その中
で、われわれの関心である「和解」と関連するのは、「赦し」につい
ての項目（マタ 6:12 // ルカ 11:4a-b）である。まず、それぞれの文脈を
確認する。

3-1-1　マタイ版「主の祈り」の文脈

　既に「2-1 『アンチテーゼ』6 項目の『山上の説教』における文
脈」で触れたように、マタイ版「主の祈り」は、「アンチテーゼ」の
直後、6 章前半の 3 つの「善行」についての教え（マタ 6:1-18）の 2
番目に現れる。そこでは、まず共通の戒めとして、「見てもらおうと
して、人の前で善行をしないように注意しなさい。そうでないと、天
におられるあなたがたの父から報いが受けられない」（6:1）と語られ
る。その上で、それぞれの「善行」について具体的な教えが展開され
る。

　全体を概観すれば、それぞれが、①偽善者のような振る舞いへの戒
め、②「よく言っておく。彼らはその報いを既に受けている」との宣

265

第 3 部　新約聖書学の見地から

言、③相応しい振る舞いの勧め、④「そうすれば、隠れたことを見て
おられる父が、あなたに報いてくださる」との宣言に四分割し得るこ
とが分かる。ただし、「祈り」の項目だけは、他の 2 つと共通する①
〜④の部分の後に、「主の祈り」を含む部分（6:7-15）が付加された
結果、文章量が格段に多くなっている。しかも、この付加部分が「反
面教師」として挙げるのは、3 つの教えに共通の「偽善者」でなく
「異邦人」である。従って、①〜④という共通の枠組みから逸脱する
点では構造的に、反面教師が「偽善者」でなく「異邦人」である点で
は内容的にも、付加部分は独自性が強いと解し得る[22]。そうであれば、
この独自性の強い「主の祈り」を含む部分（マタ 6:7-15）は、「祈り」
という共通項の故に、異質でありながら、ここに置かれたとも解し得
るであろう。

3-1-2　ルカ版「主の祈り」の文脈

マタイ版「主の祈り」が、「山上の説教」の 3 つの「善行」につい
ての教えの第 2 番目に現れるのに対し、ルカ版は、「平地の説教」（ル
カ 6:20-49）とは離れて単独で現れる[23]。文脈としては、「善いサマリア
人」の譬え（10:25-37）、「マルタとマリアのエピソード」（10:38-42）

22　Hagner, *Matthew 1-13*, 145 は「9-15 節は現在の文脈にうまく適合し
ていない」と述べる。一方、D.R.A. ヘア『マタイによる福音書』現代
聖書注解、塚本惠訳、日本キリスト教団出版局、1996 年、128 頁は、
「主の祈り」の挿入によって「様式上の調和」が損なわれたことを認め
た上で、「内容の点」からは「この挿入は適切」だと解す。理由として、
マタイが「主の祈りを個人の祈りのモデルと見なしているから」だと
述べる。

23　「平地の説教」については注 2 参照。

の直後に位置し、「ベルゼブル論争」（11:14–23）、「汚れた霊が戻って
くる」ことについての教え（11:24–26）へと続く。

3-2 「主の祈り」の釈義的考察

3-2-1 「主の祈り」の導入部と敷衍部

「主の祈り」そのものの釈義の前に、導入部と敷衍部を考察する。
マタイ版では、導入部は 6:7–9a である。冒頭で「異邦人のようにく
どくどと祈ること」が戒められ[24]、続いて、「あなたがたの父《である
神》は、願う《祈る》前から、あなたがたに必要なものをご存じなの
だ」と断言される。その上で、「だから、こう祈りなさい」という言
葉に続き、「主の祈り」が記される。つまり、導入部からは、「いかに
シンプルに祈り、くどくどと祈らないか」の見本として、「主の祈
り」が教えられていると解し得よう。この時点で既に、「偽善者のよ
うに、人に見てもらおうと祈るな」というニュアンスは大きく後退し
ていると言えよう。

　一方、マタイ版の敷衍部は 6:14–15 である。そこでは、「人の過ち
を赦す」重要性が「天の父《である神》」を引き合いにして強調され
る。すなわち、シンプルな祈りの見本として「主の祈り」が導入され
たものの、敷衍部では「人の過ちを赦す」重要性が強調される。

　さて、ルカ版では導入部は 11:1–2b である。そこでは、イエスが
「ある所」で祈り、祈り終わると、弟子の一人が「《洗礼者》ヨハネが
弟子たちに教えたように、私たちにも祈りを教えてください」と願い
出る。そこでイエスが「祈るときには、こう言いなさい」と語った上

24　「異邦人」は「言葉数が多ければ祈りが聞き入れられると思っている」
　　典型として登場する。

で、「主の祈り」を教える。従って、マタイ版ではイエスのモノローグの中で「主の祈り」が導入されるのに対し、ルカ版では弟子の願いを聞き入れてイエスが教える形である。

一方、ルカ版の敷衍部候補は 11:5–13 であるが、直接的な敷衍部とは言い得ない。この部分は前半（11:5–8）と後半（11:9–13）に区分し得る。前半では、真夜中に友達のところに行ってパンを貸してくれるように頼む場面が描かれ、執拗に頼めば相手は応じてくれると結ばれる。後半では、「求めなさい。そうすれば、与えられる。探しなさい。そうすれば、見つかる。叩きなさい。そうすれば、開かれる」と語られ、また、魚や卵を欲しがる子どもに父親が蛇やさそりを与えないように、天の父は、求める者に聖霊を与えると宣言される[25]。従って、全体的に熱心に神に祈ることが強く促されていると解し得る。それでも内容的には、「主の祈り」の直接的な敷衍部というよりも、「祈り」というテーマが共通な別の教えと解し得よう。

3-2-2 「主の祈り」の構造

次に、「主の祈り」そのものの構造を確認したい。「主の祈り」は、①「父」である神への呼び掛け（マタ 6:9b// ルカ 11:2c）、②「神」についての祈り（マタ 6:9c–10// ルカ 11:2d–e）、③「私たち」についての祈り（マタ 6:11–13// ルカ 11:3–4）に三分割し得るであろう。以下では、マタイ版とルカ版を比較しつつ、①～③の部分をそれぞれ概観する[26]。

25　ルカ 11:9–13 の並行箇所はマタ 7:7–11 である。

26　E. シュヴァイツァー『マタイによる福音書』NTD 新約聖書註解 2、佐竹明訳、ATD/NTD 聖書註解刊行会、1978 年、190 頁は「《初期の教会において》主の祈りのような非常に中心的なテキストですらも、比較的自由に変形され、それぞれの用語法に合わせられ、補足されてい

第 10 章　福音書における「和解」（大宮　謙）

　まず①「父」である神への呼び掛けは、ルカ版は「父よ」一語であるが、マタイ版は（原文では）「天におられる私たちの」が後続する。

　続いて②「神」についての祈りは、最初の 2 つの祈り「御名が聖とされますように。御国が来ますように」が両版で逐語的に一致する一方、マタイ版の 3 つ目の祈り「御心が行われますように　天におけるように地の上にも」をルカ版は欠く。

　最後の③「私たち」についての祈りは、両版とも 3 つの祈りから構成され、文言も内容も共通点が多い。具体的には、1 つ目の祈りは、マタイ版が「日ごとの糧を私たちに今日お与えください」、ルカ版は「日ごとの糧を私たちに毎日お与えください」である [27]。「日ごとの糧を私たちに」までは逐語的に一致するが、マタイ版が「今日」、ルカ版が「毎日」である点が異なる [28]。

　次に 2 つ目の祈りは、前半と後半に分けて比較する。前半は、マタイ版が「私たちの負い目をお赦しください」、ルカ版は「私たちの罪をお赦しください」である。「私たちの……をお赦しください」は逐語的に一致するが、赦す対象（目的語）が異なり、マタイ版は「負

　る」と述べる。また、Francis Wright Beare, *The Gospel according to Matthew: A Commentary* (Oxford: Basil Blackwell, 1981), 170 も「《マタイ版とルカ版の比較から、主の祈りが》逐語的に記憶されなかったことは明らか」と述べる。ルツ『EKK マタイ（1–7 章）』480 頁、801 頁註 14 をも参照。

27　聖書協会共同訳「私たちに日ごとの糧を」から論者が原文の語順に変更。

28　厳密には、「お与えください」のギリシア語も、マタイ版が δὸς（アオリスト命令形 2 人称単数）、ルカ版は δίδου（現在命令形 2 人称単数）と異なる。

269

第3部　新約聖書学の見地から

い目」、ルカ版は「罪」である[29]。この部分は本論文の主題と深く関わるため、後で改めて考察する。

　後半は、マタイ版が「私たちも自分に負い目のある人を赦しましたように」、ルカ版は「私たちも自分に負い目のある人を皆赦しますから」である[30]。ルカ版にのみ「皆」が認められることに加え、聖書協会共同訳では「私たちも自分に負い目のある人を」の部分は逐語的に一致するが、ギリシア語ではこの部分にも相違が見られる[31]。さらに、「赦す」という動詞の時制も異なる[32]。この後半部分も本論文の主題と深く関わるため、改めて考察する。

　さて、3つ目の祈りは「私たちを試みに遭わせないでください」までは逐語的に一致するが、マタイ版のみ「悪からお救いください」が後続する[33]。

　全体的にはマタイ版がルカ版よりも長い。①「父」である神への呼び掛け及び③「私たち」についての3つ目の祈りにマタイ版にのみ見られる部分があること、②「神」についての祈りが、ルカ版は2

29　前者は ὀφειλήματα、後者は ἁμαρτίας（いずれも複数形）。

30　マタイ版は ὡς καὶ ἡμεῖς ἀφήκαμεν τοῖς ὀφειλέταις ἡμῶν、ルカ版は καὶ γὰρ αὐτοὶ ἀφίομεν παντὶ ὀφείλοντι ἡμῖν。

31　マタイ版は τοῖς ὀφειλέταις ἡμῶν（「私たちの負債者たち（名詞複数）」＝「私たちに負債のある者たち」）、ルカ版は παντὶ ὀφείλοντι ἡμῖν（「私たちに負債のある者（現在分詞単数）皆」）である。ただし、両者に意味上の差異はないと思われる。

32　マタイ版はアオリスト形、ルカ版は現在形。ただし、Beare, *Matthew*, 178 は「時制の違いを過度に強調すべきでない、というのも元来のアラム語は同一であり得る」と指摘する。

33　聖書協会共同訳マタイ版は、後続部分との関係で「私たちを試みに遭わせず」と訳す。

270

第 10 章　福音書における「和解」（大宮　謙）

つの祈りから、マタイ版は 3 つの祈りから成ることによる。

3-2-3　「主の祈り」における「赦し」の釈義的考察

さて次に、本論文と関連する「赦し」についての祈りを考察する。祈りの内容が「和解」でなく「赦し」であることを踏まえた上で、ここでの釈義の中心を次の 2 点に置くこととしたい。1 点目は、祈りの前半でのマタイ版「負い目」とルカ版「罪」との関係について、2 点目は、前半の「神に私たちへの赦しを祈ること」と後半の「私たちが関係者を赦すこと」との関係についてである。

1 点目のマタイ版「負い目」とルカ版「罪」との関係について、学者は一致してマタイ版「負い目」がより古いと解す[34]。すなわち、マタイ版「負い目」をルカ版「罪」に変更したと解す[35]。ただし、「負い目」から「罪」への変更は、意味の通じ易さ、ないし構成上の判断によるもので、意味上の差異はないか、あっても僅かだと思われる[36]。と言うのも、「主の祈りの原語としてアラム語が想定」でき、「負い目」に当たるアラム語は חוֹבָא だと解し得るが、この語は「『借金』と

34　例えば、シュヴァイツァー『NTD マタイ』192、201 頁、田川建三『新約聖書 訳と註 2上 ルカ福音書』作品社、2011 年、296 頁、Fitzmyer, *Luke*, 897、R. Alan Culpepper, "The Gospel of Luke," in *Luke, John* (NIB; Nashville: Abingdon Press, 1995), 235、John Nolland, *Luke 9:21–18:34* (WBC; Grand Rapids: Zondervan, 1993), 617。

35　なお、マタイ版は祈りの前半も後半も共通して「負い目」であり、ルカ版は前半のみ「罪」、後半はマタイ版と同様「負い目」である。

36　Fitzmyer, *Luke*, 897 は「ルカは ὀφειλήματα（負債）と ὀφειλέταις（負債者）の並行関係を煩わしく思い、前者を ἁμαρτίας に変更した」と述べる。さらに「異邦人読者に理解不能だったかもしれない『負債』のセム的宗教的含蓄《＝「罪」》を《語の変更で》除去した」という。

271

第 3 部　新約聖書学の見地から

同時に『罪』を意味し得る」からである[37]。そうであれば、マタイ版のように隠喩的用法（すなわち「罪」の隠喩）によって חובָה を「負い目」と訳そうと、「ὀφειλήμα《負い目》はギリシア語では『借金』を意味するだけ」であることから「罪」に変更しようと、言い表そうとする内容には、それほど差異はないことになる[38]。他方、「負い目」は一般的には隠喩的に解釈されるものの、元来は文字通り「負債」を意味し、それは「地上の『持たざる者たち』の古からの夢であった、今日十分なパンがあり、明日負債がないことを願う文字通りの希望をも代弁」していると指摘する者もある[39]。この指摘は注目に値するも

37　引用は、ルツ『EKK マタイ（1–7 章）』481 頁。

38　この引用もルツ『EKK マタイ（1–7 章）』481 頁。なお、ヨアヒム・エレミアス『イエスの宣教　新約聖書神学 I』角田信三郎訳、新教出版社、1978 年、356 頁は「マタイの τὰ ὀφειλήματα は原語に忠実な翻訳で、ルカの τὰς ἁμαρτίας はギリシア語化された単語」だと指摘する。一方、Howard Marshall, *The Gospel of Luke* (NIGTC; Exeter: The Paternoster Press, 1978), 460 は「ルカの ἁμαρτία はアラム語 hoba（『負債』、『罪』）の正確な翻訳で、マタイの ὀφειλήμα はより文字通りの翻訳だ」と述べる。

39　J.D. クロッサン『最も偉大な祈り──主の祈りを再発見する』小磯英津子訳、河野克也解説、日本キリスト教団出版局、2022 年、199–200、202 頁。同書 195 頁も「隠喩ではなく文字通りの意味で受け取るべきだ」と指摘する。こうした見解への反論については Hans Dieter Betz, *The Sermon on the Mount* (Hermeneia; Minneapolis: Fortress Press, 1995), 400 n.480 参照。なお Betz が参照箇所に挙げるアウグスチヌス『主の山上のことば』熊谷賢二訳、創文社、1970 年、212 頁（2.8.28）は、第五の祈願《赦しについて》が「金銭に関してだけ述べられているのではなく、人がわれわれに対して犯しうるあらゆる罪について述べられており、その結果金銭にも関係する」と述べる。

のの、必ずしもマタイ版「負い目」が「罪」を含意することを排除するものではないと思われる[40]。従って、祈りの前半は、文言が「負い目」であれ「罪」であれ、内容的には「罪の赦し」を祈り求めるものだと解し得よう[41]。

さて、論ずべき2点目、前半の「神に私たちへの赦しを祈ること」[42]と後半の「私たちが関係者を赦すこと」との関係については、大別すれば二つの理解を挙げ得よう。第一の理解は後半を前半の条件ないし付帯条件とする。すなわち、神からの赦しを得るには、先行して、あるいは同時ないし事後的に、自分が相手を赦す必要があるという理解である[43]。関連して、「神の赦しが人間の赦しに結び付けられていると

40　この点について、クロッサン『最も偉大な祈り』199–200頁も「負債を神に対して負っている」という理解を「文字通りの解釈」に含める。しかもその「負っている」ものは、同書196–97頁に拠れば「神の《創造》世界を責任を持って管理すること」だという。そうならば、人間が管理不行き届きな状態は、私見ではこれを「罪」とも呼び得ると思われる。

41　なお、R. Alan Culpepper, *Matthew: A Commentary* (Louisville: Westminster John Knox Press, 2021), 133 は「マタイ版『負い目』は、『満たされていない義務』という比喩的意味を保持することでルカ版『罪』よりも広い範囲の意味に開かれている」と指摘する。

42　なお、Betz, *Sermon on the Mount*, 402 は、負債の処理について、①返済、②帳消しの2通りだと指摘し、さらに Ibid., 403 は「自分で処理し得ないからこそ神に憐れみを求める」のであり、「そうでなければ冒瀆的だ」と述べる。

43　橋本「マタイ」（注解）62頁は、条件を意味し得ると述べる一方、イエスは両者を「不可分離」だと考え（5:23–24）、「いずれが先行するかというような時間的前後関係に細かな注意を払わなかった」とも述べる。他方、ヘア『現代聖書注解　マタイ』134頁は「赦しは無条件と

第 3 部　新約聖書学の見地から

いう思想はユダヤ教において広く普及している」と指摘される[44]。

　一方、第二の理解は「神による赦し」は「人による赦し」から独立

いうわけではない。それは、赦しを受け取る者の側の悔い改めを前提
とする」と述べる。ただ、ヘアは「私たちが赦した回数に応じて、神
の赦しが分け与えられるなどと示唆しているのでは」なく、「むしろ
……神の憐れみを受け取ることを期待する前に、私たちはまず、心の
かたくなさを真摯に悔い改めなければならない」と付言する。
Culpepper, *Matthew*, 134 も「他者を赦す者のみが神からの赦しを相応
しく求めることができる」ことを「十分に確立された原理」だと述べ
る。エレミアス『イエスの宣教』364 頁も「《他の人にも宥しを与える》
用意があることこそ、イエスがかねて強調しているように、神の宥し
を受けるために欠かせない前提条件」だと述べる。さらに、ルツ『EKK
マタイ（1–7 章）』497 頁も「《両者の》関係を厳密に定めることは困
難」だとしながらも、「マタイでは多分……条件を意味している。」と
解す。一方、条件と断ずることは留保しつつ、両者の密接な関係を認
める学者も少なくない。例えば、R.T. France, *The Gospel of Matthew*
(NICNT; Grand Rapids: Eerdmans, 2007), 249 は「赦しは相互的原理
であり、その要点はマタ 18:23–35 の譬えに十分強調される」と述べる。
Beare, *Matthew*, 178 も「条件でなく神の無償の赦しに対する当然の帰
結」だと述べる。Fitzmyer, *Luke*, 899 も「条件でない」と述べつつ、
「もし人間による赦しが保留されるならば、神による赦しは期待し得な
い」と述べる。

44　ルツ『EKK マタイ（1–7 章）』496 頁。さらに同書 810 頁註 96 は「最
　も重要なユダヤ教的な箇所」として「ベン・シラ《シラ書》28:2–5（神
　は、人間が同胞の赦しを達成するまでは、人間が同胞に対して犯した罪
　を和解の日に贖われることをしない）」を挙げる。また、W.F. Albright
　and C.S. Mann, *Matthew* (AB; New York: Doubleday & Company, 1978),
　76 は、LXX 申 15:2 との関連を指摘する。

第 10 章　福音書における「和解」（大宮　謙）

していて、後者は前者に影響を及ぼさないとする[45]。すなわち、たと
え人が関係者を赦そうと赦すまいと、神は神独自で、その人に判断を
下すという理解である[46]。第二の理解を支持する見解としては、例え
ば「赦しは神の絶対的自由の行為である」や[47]、「《わたしたちも……
赦しますから》は神に赦されるための条件ではない。人間同士では赦
しの互恵性がある（《ルカ》6:37）。しかし、人は神による一方的かつ
圧倒的な赦しのもとにある（《ルカ》7:41–47 参照）」を挙げ得よう[48]。

45　Joel B. Green, *The Gospel of Luke* (NICNT; Grand Rapids: Eerdmans, 1997), 443–44 は「神の赦しが人の行動に依存するかのように《解す必要はない》」と述べる。François Bovon, *Luke 2* (Hermeneia; Minneapolis: Fortress Press, 2013), 91 も「神が赦しの主導権を持つ」と述べる。Culpepper, *Matthew*, 134 も「他者を赦すことは、神からの赦しを保証することに何の影響力も及ぼさない」と述べる。しかし、同時に「神の赦しは我々がそうありたいと願う基準だ」とも指摘する。

46　クロッサン『最も偉大な祈り』202–4 頁は、一旦はマタ 6:14–15; 18:34–35 との関連から条件だという理解を提示しながら、結論としては、これらの箇所と合わせて解釈することを拒み、「神の赦しは決して条件付きではなく」、「たとえ人の赦しの欠如であっても」、「神が赦さないものなど」ないと断言する。しかし、この結論は私見では必ずしも釈義的考察から導出されたとは解し得ないと思われる。一方、Marshall, *Luke*, 461 は、J. Carmignac の説として、「条件は、我々が赦しを祈るにあたってのもので、神の赦しに対するものでない。と言うのは神の赦しは純粋に神の恵みに依存するから」を挙げる。

47　三好迪「ルカによる福音書」、『新共同訳　新約聖書注解 I』326 頁。さらに三好は「それ《＝人を赦すこと》を条件として神も赦せ、というのではない」とも述べる。

48　加山久夫「ルカによる福音書」、『新共同訳　新約聖書略解』198 頁。本論注 45 をも参照。

275

第 3 部　新約聖書学の見地から

　確かに神が私たちを赦すか否かの判断は神の専権事項であり、人の
振る舞いに左右されない主権的な行為であろう[49]。そうでなければ、
神の判断を人の行為が規定し得ることとなる。その意味では、第二の
理解、すなわち、「神による赦し」は「人による赦し」とは独立して
いて、後者が前者に影響を及ぼさないと解すことは真理契機を持つと
言い得よう。

　さらに、このこと、すなわち「神による一方的かつ圧倒的で主権的
な赦し」は、別言すれば、「神の恵みの行為」と言い得よう[50]。すなわ
ち、「神による赦し」には恵みのファクターを認め得るのである。

　しかし、それでもなお、「神に私たちへの赦しを祈ること」、別言す
れば「恵みを求める祈り」だけで終わることなく、「私たちが関係者
を赦すこと」について、「主の祈り」の言葉が後続することは、両者
の間に何らかの関連、繋がりを認めざるを得ないであろう。

　もちろん「自分で処理し得ないからこそ神に憐れみを求める」と指
摘されるように[51]、「私たちの負い目を赦すこと」は、専ら神のなさる
「恵みの行為」であるが、それでも、神に自らの赦し、文字通りには
自分たち（＝「私たち」）の赦しを祈る者は、自らも人を赦す覚悟、決
断を持つことが求められるのである。この場合、自らが人を赦す際に
は、「負い目」の返済を求めること抜きでの赦しとなろう[52]。ここにこ

49　ロマ 9:14–15, 18 参照。

50　Albright and Mann, *Matthew*, 76 は「神はご自身の恵みの行為によっ
　　てのみ人の負債に対処できる」と述べる。Culpepper, *Matthew*, 134 も
　　「イエスにとって赦しは神の恵みの行為から来る故に、《神による赦し
　　が》人に他者を赦すことを求める」と述べる。

51　Betz, *Sermon on the Mount*, 403. 注 42 をも参照。

52　この点については、次節で「『仲間を赦さない家来』のたとえ（マタ

276

そ、神の赦しを恵みとして受け取ろうとする者が、当然そこへと整えられ、導かれるべき姿勢、心構えがあると言えよう。

　ここまでの議論をまとめるならば、「主の祈り」の中の「私たち」についての2つ目の祈りは、神に罪の赦しを祈り求める者（＝「私たち」）が、自分（たち）が関係者の「負い目」を赦す思いを、事前であれ、同時であれ、事後であれ、実行に移すことへと整えられるように促される祈りと解し得よう。

3-3　「赦し」と「和解」の関係性

　さて、「主の祈り」についての考察を終えるに当たり、ここまでの議論を踏まえて、「赦し」と本論の中心的関心事である「和解」との関係を論じたい。私見では、ここで参考になるのは、マタイ版の「負い目」が含意する「負債」の処理についての二通りの仕方、すなわち、①返済と②帳消しである[53]。この二通りの処理の仕方は、「罪の赦し」を得る仕方にも援用し得ると思われる。具体的には、①返済（＝罪を償う）と②帳消し（＝償い抜き、恵みによる）である。前者は有償、後者は無償とも言い得よう。既に確認したように、「主の祈り」の「赦し」についての祈りは、神に対して「恵みとしての罪の赦し」（＝後者の無償の赦し）を祈りつつ[54]、自らも関係者に対する「返済抜きの赦し」へと促される内容であった。

　このことを確認した上で、「和解」に至るプロセスを想定するなら

　18:15–35）」を考察する際に改めて触れる。
53　注42参照。
54　本論では、「神が私たちを赦すこと」は、専ら神の「恵みの（＝報酬でない、無償で一方的に与えられる）行為」と解す。本論274–77頁参照。

第 3 部　新約聖書学の見地から

ば、主に以下の 3 つの場合を挙げ得よう。

①罪を償うことで罪を赦され、罪が赦されたことを踏まえて和解する

②償い抜きで恵みとして罪を赦され、罪が赦されたことを踏まえて和解する

③罪が赦されること抜きに、恵みとして和解する

このように分類した時に即座に浮かぶであろう問いは、③の場合に関して、「果たして『罪の赦し』抜きに和解は成立し得るのか」ということであろう。もし和解を必要とする状況、すなわち敵対する状況に至った原因に「罪の問題」が介在するのであれば、この「罪」の解決抜きには、和解は困難であろう。一方、もし敵対する状況に至った原因に「罪の問題」が介在しないのであれば、それは理由なき敵対であり、不当な敵対であり、和解が困難な敵対と言い得よう[55]。もしこの理解が妥当であれば、③の場合は、そもそも和解が成立し得ないと解し得る。そうであれば、「罪の赦し」は「和解」に至る前提条件と言い得るであろう。従って、本論では①および②の場合のみを考察対象とする。

もう一つの問いとして思い浮かぶのは、「果たして『罪の赦し』は

55　ただし、占領地の無条件返還や奴隷解放宣言は、③の場合に近いと言い得ようか。しかし、返還や解放に伴って、それなりの「保障」が実行されるのであれば、事後的にであれ「罪の赦し」のプロセスを踏むものと解し得ようか。「和解」という語が、おうおうにして「勝者の弱者支配のレトリック」に用いられることについては、浅野『死と命のメタファ』307 頁註 23 を参照。

278

第 10 章　福音書における「和解」（大宮　謙）

直線的に『和解』に向かうのか、あるいは、罪が赦されてもなお、『和解』に至るまでには超えなければならないハードルがあるのか」ということである。ここで「誰と誰の和解であるのか」という点については、a）神と人、b）人と人、の 2 つを挙げ得よう。

　いずれの場合も、関係性を損なう原因である「罪の問題」が解決したところで「罪の赦し」に至るのであるから、「和解」が「罪の問題」に関わる係争を停止するという意味であれば、「罪の赦し」から直線的に「和解」に向かうと解し得るであろう。ただし、「和解」が「関係性の回復および維持」をも含むと解すのであれば、そこには何らかの「癒やし」の要素が必要となろう [56]。なお、第 2 節で既に考察したように、第一「アンチテーゼ」における「和解」についての教えは、「大胆な歩み寄り」および「和解のイニシアチブ」を取るように勧めるものであるから、そこにも「癒やし」の要素を読み取り得るであろう。この「和解」における「癒やし」の要素については、後続の4 節、5 節でも引き続き考察の対象としたい。

56　これは「人（集団を含む）と人（集団を含む）との和解」の場合に、特に言えるであろう。一方、「神と人との和解」の場合、そもそも「罪の赦し」自体が神の一方的な「恵みの行為」であり、神の憐れみによって成り立つと解し得る。そうであれば、「罪を犯した」側である人の方が、むしろ神の恵みと愛によって癒やされるという逆転現象が起こると解し得よう。「和解」についての「積極的理解」については、近藤勝彦『贖罪論とその周辺──組織神学の根本問題 2』教文館、2014年、257–58 頁を参照。

279

第3部　新約聖書学の見地から

4.「仲間を赦さない家来」のたとえ（マタ 18:21–35）における「和解」[57]

4-1　「仲間を赦さない家来」のたとえの文脈

　「仲間を赦さない家来」のたとえは、マタイ 18 章の最後に位置する。18 章は冒頭で、「天の国で誰がいちばん偉いのか」との弟子たちの質問にイエスが、「子どものように自分を低くする者だ」と答えたエピソードが語られる（18:1–5）。続いて、イエスを信じる「これらの小さな者の一人をつまずかせる者」への厳しい警告が語られる（18:6–9）[58]。さらに「これらの小さな者を一人でも軽んじないように」との警告が「迷い出た羊」のたとえと共に語られる（18:10–14）。そして、「罪を犯したきょうだい」への三段階の忠告の手順が語られ（18:15–20）、「仲間を赦さない家来」のたとえに至る。以上から、マタイ 18 章は全体的に、「これらの小さな者」が主なテーマだと解し得よう[59]。

57　「家来」と訳したギリシア語は δοῦλος であるから、直訳は「奴隷」、「僕」である。ここでは物語展開から「家来」という訳に従う。注 65 をも参照。

58　ここで「これらの小さな者」は前の段落の「子どものように自分を低くする者」と同定し得よう。

59　「これらの小さな者」がテーマであることは 18:1–14 で明瞭である。さらに、後続の 18:15–20 でも、「罪を犯したきょうだい」を「迷い出た羊」と関連づけ得ることから、テーマの一貫性を認め得よう。このテーマが、「仲間を赦さない家来」のたとえをも貫いているかについては、釈義の中で明らかにしたい。

280

第 10 章　福音書における「和解」（大宮　謙）

4-2 「仲間を赦さない家来」のたとえの釈義的考察

4-2-1 「仲間を赦さない家来」のたとえの導入部と結部

　最初に、導入部と結部を考察する。導入部は 18:21–22 である。ま
ず、ペトロがイエスに「きょうだいが私に対して罪を犯したなら、何
回赦すべきでしょうか。七回までですか」と尋ねる[60]。これに対して
イエスが、「七回どころか七の七十倍まで赦しなさい」と答える。こ
れは 7 の 70 倍の 490 回まで赦すという意味でなく、「何度でも際限
なく赦せ」という意味である[61]。続いて「たとえ」が語られる。つまり、
導入部からは、「きょうだいの罪を何度でも赦す」ことを教えるため
に、「たとえ」が語られると解し得よう。

　一方、「たとえ」の結部は 18:35 である。そこでは、「心からきょう
だいを赦す」ことの重要性が「天の私の父《である神》」を引き合い
にして強調される。しかも、「心からきょうだいを赦さないなら、神
も同じことをなさる」という言い方で、戒めを破ることへの警告のニ
ュアンスが強調される[62]。以上から、導入部と結部は「赦し」という
テーマでは確かに一貫しているが、強調点の違いも認め得る。すなわ

60　橋本「マタイ」（略解）82 頁は「当時のユダヤ教では、ヨブ 33:29 に
　　依拠して、同じ人への赦しは三度までで十分と考えられていた」と述
　　べる。
61　橋本「マタイ」（略解）82 頁は「《七の七十倍》とは、赦しの回数を数
　　えることを無意味にする無限の赦しであり、しかもその赦しには『こ
　　の場合には』というような条件が一切つけられていない」と述べる。
　　また、創 4:24 との関連を指摘する。
62　興味深いことに、この結部は、マタイ版「主の祈り」敷衍部後半「し
　　かし、もし人を赦さないなら、あなたがたの父もあなたがたの過ちを
　　お赦しにならない」（6:15）と内容的な重なりを認め得る。

281

第3部　新約聖書学の見地から

ち、導入部は「限度のない」赦しを語る一方、結部は「心からの」赦しを語るのである[63]。

4-2-2 「仲間を赦さない家来」のたとえの構造

次に「たとえ」の構造を確認したい。この「たとえ」は、①王に多額の借金のある家来の清算（18:23-27）、②この家来に比較的少額の借金のある家来仲間の扱い（18:28-30）、③通報と処罰（18:31-34）に三分割し得るであろう。以下では、各部分ごとに概観する。

①冒頭では、場面が「王による家来たちとの借金の清算」だと示される。清算が始まると、まず1万タラントン、すなわち労働者の賃金6,000万日分という莫大な借金を抱えた家来が王の前に連れて来られる[64]。返済できないと判明すると、王は「自分も妻も子も、また持

---

63 デイヴィド・ヒル『マタイによる福音書』ニューセンチュリー聖書注解、大宮謙訳、日本キリスト教団出版局、2010年、339頁は「この譬えは、繰り返し赦すことの必要性について、何も言っていない」と述べる。

64 労働者の1日の賃金を1万円とすれば6,000万日分は6,000億円。橋本「マタイ」（略解）82頁は「1万タラントンとは、ヘロデ大王の年収（900タラントン）の十年分以上の額」だと指摘する。負債が巨額であることから、田川『新約聖書1　マルコ／マタイ』746-48頁は、巨額の負債を負った者を「極めて限られた特権階級の人間」と解す。Culpepper, *Matthew*, 351 も「たぶん王と契約した徴税請負人」と解す。「地方総督」による「公金横領」と解す Beare, *Matthew*, 382 をも参照。確かにこうした想定は、「1万タラントン」の「現実味」を多少なりとも増すことになろう。ただし、この「たとえ」が「有り得ないほど巨額な負債」を「帳消し」にされた者の「恩知らずな振る舞い」に焦点を絞るものならば、「あり得ないほど巨額な負債」の「現実味」をわざ

第10章　福音書における「和解」（大宮　謙）

ち物も全部売って返済するよう」命じる（18:25）[65]。そこで家来はひれ
伏し、「どうか待ってください。きっと全部お返ししますから」と懇
願する[66]。すると驚くべき寛容さで王は家来を憐れに思い、彼を赦し、
借金を帳消しにする[67]。興味深いことに、冒頭で「家来たちとの清算」
と言いながら、他の家来との清算については一言も言及されない。つ
まり、この莫大な借金を帳消しにされた家来に、最初からこの「たと
え」は焦点を絞るのである[68]。

　②では、絶体絶命の窮地を脱した家来が外に出た途端、自分が100
デナリオン、すなわち労働者の賃金100日分を貸している家来仲間
に会うところから始まる[69]。何と家来は自分の家来仲間を捕まえて首
を絞め、借金の返済を迫る。仲間がひれ伏して、「どうか待ってくれ。

　　わざ補強しても、私見では解釈上の貢献は乏しいと思われる。
　　Gundry, *Matthew*, 373-74 も、家来の負債が借入金（δάνειον, 27 節）と
　　記されている点から「公金」ないし「税金」と解すことに反対する。

65　この王の命令は「家族揃って奴隷になれ」という意味であるから、既
　　に「奴隷」である者への命令としては意味をなさない。Donald A.
　　Hagner, *Matthew 14-28* (WBC; Dallas: Word Books, 1995), 538 参照。
　　従って、ここでは δοῦλος を「家来」と訳す。注 57 をも参照。

66　家来の言葉はギリシア語では μακροθύμησον ἐπ᾽ ἐμοί, καὶ πάντα ἀποδώσω
　　σοι である。

67　Hagner, *Matthew 14-28*, 539 は、ここに「罪の赦しの福音の反響を聞
　　くことは難しくない」と述べる。

68　タラントンのたとえ（マタ 25:14-30）が 3 人の僕との清算を描くの
　　とは対照的である。

69　100 デナリオンは 1 万タラントンの 60 万分の 1。労働者の 1 日の賃金
　　を 1 万円とすれば、その 100 日分は 100 万円である。

283

第3部 新約聖書学の見地から

返すから」と懇願する[70]。しかし、自分は王に赦され、借金を帳消しにされたにもかかわらず、この家来は懇願を拒み、借金を返すまで家来仲間を牢に入れる[71]。

　③では、これを見た家来仲間たちが非常に心を痛め、王に一部始終を通報する。そこで王は莫大な借金を帳消しにした家来を呼び付け、自分が憐れみを受けたように家来仲間を憐れむべきだったと叱り付け、借金を全額返済するまで、この家来を拷問係に引き渡す。

　全体的に、憐れみ深い王と恩知らずで憐れみを欠く家来が対照的に描かれる。例えば、自分の借金が1万タラントンである一方、家来仲間の借金は60万分の1の100デナリオンである。また、懇願の言葉がほぼ逐語的に一致するにもかかわらず[72]、王は家来の莫大な借金を帳消しにした一方、家来は仲間の懇願を却下し、牢に放り込む。こうして、極めて誇張された形で、破格な憐れみを受けたにもかかわらず、自分は仲間を憐れもうとさえしない傍若無人な家来の姿が描き出される。

4-2-3 「仲間を赦さない家来」のたとえにおける「赦し」の釈義的考察

70　家来仲間の言葉は μακροθύμησον ἐπ᾽ ἐμοί, καὶ ἀποδώσω σοι である。先ほどの王の前での懇願の言葉の πάντα（全部）を除き、両者は逐語的に一致する。注66参照。

71　Culpepper, *Matthew*, 352–53 は、家来仲間を牢屋に入れたことと、仲間の借金額が奴隷として売るには小さ過ぎたことの関連を示唆する。しかし、これは「たとえ」のインパクトを削ぐ試みと言わざるを得ない。

72　注66、70参照。

第 10 章　福音書における「和解」（大宮　謙）

　この「たとえ」で王が神を、家来が人を指すことに異論はないだろう[73]。その上で、ここでの釈義の中心を次の 2 点に置きたい。1 点目は「たとえ」における「帳消し」と「返済」との関係、2 点目は「七の七十倍まで赦すこと」と「心から赦すこと」との関係である[74]。

　1 点目の「帳消し」と「返済」との関係は、「たとえ」では次のようである。

①莫大な借金を抱えた家来に王が「返済」を迫る（25 節）
②家来の「返済先延ばし」を求める懇願に対して王が借金を「帳消し」にする（26–27 節）
③「帳消し」にされた直後にもかかわらず、この家来が家来仲間に借金の「返済」を激しく迫る（28 節）
④家来仲間の「返済先延ばし」を求める懇願に対して家来は却下し、「返済」まで牢に入れる（29–30 節）
⑤報告を受けた王が家来を叱責し、借金の「帳消し」を反故にし（「帳消し」の「帳消し」）、「返済」まで拷問係に引き渡す（32–34 節）

　既に前節「3-3 『赦し』と『和解』の関係性」で触れたように、「負債」の処理にも「罪の赦し」を得るにも、①返済と②帳消しの二通りの仕方を挙げ得る。そして、この「たとえ」から読み取れるのは、

73　王を指す語が、最初は文字通り ἀνθρώπῳ βασιλεῖ「ある王」（23 節）であるが、後は全て κύριος「主」（25, 27, 32, 34 節）であることも、この理解を支持する。

74　Gundry, Matthew, 375 は、「心から《赦すこと》」は、単に「私は赦す」と口で言うだけの偽善とは関係がないと指摘する。

285

第 3 部　新約聖書学の見地から

王（＝神）から「帳消し」にされた家来（＝人）は、自分も「帳消し」にすべきであり、そうでなく「返済」を要求すれば、自分も「返済」を要求されるということである。すなわち、「帳消し」にされながら自分は「返済」を要求するならば、その「返済」要求は自分に跳ね返るのである。なお、この「たとえ」では、王（＝神）から既に「帳消し」にされた家来（＝人）が、今度は自分がどう振る舞うべきかが語られる。その面では、神に「赦し」を求めて祈る「主の祈り」とは、状況が異なると言い得よう。

　それでも、この「たとえ」と「主の祈り」における「赦し」についての祈りとを重ねるならば、既に赦された者（神との関係では「帳消し」による）は、この「たとえ」が示すように、自らも相手の「負い目」を「帳消し」にすることが求められる。一方、神に赦しを求める者（これも「帳消し」による）は、「主の祈り」における「赦し」についての祈りが示すように、自らも相手の「負い目」を「帳消し」にする覚悟を持つことが求められるのである。

　さて、二点目の「七の七十倍まで赦すこと」と「心から赦すこと」との関係であるが、まず、「たとえ」において「借金の返済」が「罪の赦し」を指すことは文脈から明らかであろう。ただし「たとえ」の中では、莫大な借金を抱える家来を王が「帳消し」にした（＝「罪を赦した」）のが一度だけなら、赦された家来が家来仲間に借金「返済」を迫った（＝「罪を赦さなかった」）のも同様に一度だけである。しかも、この家来は家来仲間を一度赦さなかったことで王から厳しい裁きを受けている。そうなると、王自体が「七の七十倍まで赦すこと」を体現していないことにならないだろうか。

　しかし、別の見方も可能であろう。すなわち、家来は莫大な借金を既に「帳消し」にされたのであり、その金額 1 万タラントンは自分が家来仲間に貸している 100 デナリオンの実に 60 万倍に相当するのだから、家来仲間の借金については、回数無制限に、心から赦すこと

286

第 10 章　福音書における「和解」（大宮　謙）

が当然に求められると解すのである。こうした理解が妥当であれば、「七の七十倍まで赦すこと」と「心から赦すこと」は確かに前者は回数、後者は態度あるいは状態を指すものの、それでも同時に要求し得るものであり、かつ同時に実行し得るものと解し得よう。

　なお、この「たとえ」における「100 デナリオン」借金のある「家来仲間」を「これらの小さな者」の一人と見ることができれば、ここにもマタイ 18 章を貫いてきた「これらの小さな者」というテーマを認め得るであろう。

4-3　「赦し」から「和解」への道筋

　さて、「仲間を赦さない家来」のたとえについての考察を終えるに当たり、「赦し」から「和解」への道筋について改めて論じたい。前節の結びで既に述べたように、「和解」が「関係性の回復および維持」をも含むと解すのであれば、「罪の赦し」から直線的に「和解」に向かうというよりも、むしろ、そこには何らかの「癒やし」の要素が必要となろう[75]。

　一方、この「たとえ」が促す「七の七十倍まで」かつ「心から」赦すことは、モラルハザードをもたらす危険がないわけでない。すなわち、「借金した者勝ち」、「罪を犯した者勝ち」という状況である。「どうせ返済義務が帳消しにされる」、「罪を犯しても必ず赦される」と受け取られるのであれば、「借金し放題」、「罪を犯し放題」ということにもなりかねない。別言すれば、道徳的規範性の欠落状態に陥るのである。

75　注 56 参照。

第 3 部　新約聖書学の見地から

　この状態を回避するには、「赦された者」がその「有り難み」、すなわち恵みに十分に気付くことが必要であろう[76]。そこに「赦された者」の感謝、心からの謝罪、悔い改めが生まれてこそ、関係性の麗しい回復、すなわち「癒やし」がもたらされるであろう。

　「和解」における「癒やし」の要素については、引き続き、次の 5 節でも考察対象としたい。

5.「受難物語」における「和解」

　紙幅の関係から「受難物語」全体を詳細に考察することは困難であるので、ここでは「受難物語」と「和解」との関連に絞って、マルコ福音書を中心に考察する[77]。

5-1　「受難物語」から読み取り得るもの

　福音書が「受難物語」で描くのは、イエスが多くの人に歓迎されつつエルサレム入りした後、「最後の晩餐」を経て、ゲツセマネで逮捕され、最高法院で裁判を受け、さらに総督ピラトの尋問を経て、死刑判決を受け、十字架で息を引き取るまでの一連の出来事である。イスカリオテのユダがイエス逮捕の手引きをしたこと、ペトロを始めとする他の弟子たちもイエスに従い通せなかったことなどを織り交ぜつつ、

---

[76]　関連して、イエスの死に至る生き様が「責任の転嫁でなく責任の受容」をもたらすことについては、浅野『死と命のメタファ』149–50、167、253–54 頁を参照。

[77]　ヨハネ福音書については、別の機会に考察を試みたい。

二人の強盗と共に遂にイエスがゴルゴタで十字架につけられ、息を引き取るところまでが、十字架を取り巻く人々の姿と共に描かれる。その中で浮かび上がるのは、一方では神に祈りつつ十字架での死へと向かうイエスの姿、他方では対照的にイエスを離れ、裏切り、策略をもって貶め、死へと追いやり、さらに嘲笑する人々の姿である。ここに、神に従い通すイエスと、神から離れ、罪にまみれる人々の姿が印象的に浮き彫りになる。

　以上のことから、受難物語から読み取り得ることとしては、第一に「人の罪」を挙げ得よう。イスカリオテのユダのみならず、ペトロたち弟子たち、大祭司、祭司長、総督ピラト、群衆など、受難物語のあちこちで、様々な罪が顕わになる。このことを確認した上で、では、「罪の赦し」や「和解」までも、受難物語から読み取り得るのかという点について、さらに考察を進めたい。

5-2 「受難物語」と「罪の赦し」との関連

5-2-1 福音書全体における「罪の赦し」

　「受難物語」と「罪の赦し」との関連を考察するに当たり、まずは福音書全体における「罪の赦し」についての記述を確認したい。マルコ福音書を辿れば、冒頭で洗礼者ヨハネに関して、「罪の赦しを得させるために悔い改めの洗礼を宣べ伝えた」（1:4）と記される。さらに、四人の男が担いできた「体の麻痺した人」に対して、イエスが「罪の赦し」を宣言する（2:5）。しかも、イエスはこの場面でさらに、「人の子が地上で罪を赦す権威を持っていることを知らせよう」と述べた上で（2:10）、この人に「起きて床を担ぎ、家に帰りなさい」と声を掛ける（2:11）。すると、この人はイエスに言われたように起きて、床を担ぎ、立ち去る（2:12）。もしイエスの言うように、「体の麻痺した人」の癒やしという目に見える出来事が、目に見えない「罪の赦し

第 3 部　新約聖書学の見地から

の権威」を証明するものであるならば、次のことが言い得ることになろう。すなわち、「イエスは十字架での死に至る前から罪の赦しの権威を持っていた」と[78]。

　次は、イエスが三度目に自分の死と復活を予告した後、ヤコブとヨハネがイエスに願い出る場面である（10:35-45）。そこでは、イエスが「人の子は、仕えられるためではなく仕えるために、また、多くの人の身代金として自分の命を献げるために来たのである」と語る。ここに、「自分の命を献げる」こと、すなわち「イエスの死」と「多くの人の身代金」との関連付けを認め得る[79]。もし「多くの人の身代金」として「イエスの死」という支払いが行われたと解し得るならば、ここに「罪」という囚われ状態からの「身代金支払い」による解放、すなわち「罪の赦し」が語られていると言い得よう[80]。別言すれば、こ

78　さらにルカ 7:36-50 では、食事の席で「一人の罪深い女」が涙でイエスの足をぬらし、髪の毛で拭い、足に接吻して香油を塗る場面が描かれる。イエスが、この女性に対して「あなたの罪は赦された」と宣言すると、同席していた人たちが「罪まで赦すこの人は、一体何者だろう」と考え始めたと記される。このエピソードも、「イエスは十字架に架かる前から罪の赦しの権威を持っていた」ことを示すものと解し得るであろう。

79　ここでの「自分の命を献げる」ことは、直前のイエス自身の「死と復活の予告」からの文脈によって判断すれば、「イエスの死」を指すと解し得よう。

80　J.D. クロッサン／ M.J. ボーグ『イエス最後の一週間』浅野淳博訳、教文館、2008 年、234 頁は、「『身代金』を意味するギリシア語（リュトゥロン）は、罪の代償を払う《payment for sin》という文脈で用いられることがなく、戦争捕虜や負債奴隷などを解放するための代償金《payment made to liberate captives or slaves》を指す語」であり、「リ

290

第10章　福音書における「和解」（大宮　謙）

の前もってイエス自身が予告した「身代金支払い」の実行プロセスとして、「受難物語」を読むことができよう。

5-2-2　「受難物語」における「罪の赦し」

　さて、次に「罪の赦し」に関連すると思われる記述がマルコ福音書に現れるのは、いよいよ「受難物語」の中である。一つ目は、枯れたいちじくの木についてのイエスとペトロ（および弟子たち）との会話に見られる（11:20–25）。そこでは、立って祈る時に、「誰かに対して何か恨みに思うことがあれば、赦してあげなさい」とイエスが教えた後に、「そうすれば、天におられるあなたがたの父《＝神》も、あなたがたの過ちを赦してくださる」と続く（11:25）。ここには、「主の祈り」の考察で確認した「神に私たちが赦されること」と「私たちが関係者を赦すこと」との関連付けを認め得よう[81]。ただし、この箇所については、イエスの十字架での死との関連は直接には認め得ない。

　続いて二つ目の箇所は、「主の晩餐」である（14:22–25）。そこでは、イエスがパンを裂き、弟子たちに与えて「取りなさい。これは私の体である」と述べた後、杯を弟子たちに与えて「これは、多くの人のために流される、私の契約の血である」と述べる。マタイ版（26:28）は、

　　ュトゥロン」は「拘束からの解放の手段」だと指摘する。さらに、イエスが「多くの人の身代金として自分の命を献げる」というのは、「束縛から人々を解放するという大義のために自らの命を投げ出したことを意味」すると述べる。同書 166–67 頁も参照。浅野『死と命のメタファ』106–8、189–90 頁をも参照。

81　ここでの「あなたがたの過ち」のギリシア語は τὰ παραπτώματα ὑμῶν であり、マタイ版「主の祈り」の「敷衍部」末尾（6:15）と逐語的に一致する。

第 3 部　新約聖書学の見地から

さらに明確に「これは、罪が赦されるように、多くの人のために流される、私の契約の血である」と述べる[82]。これは、既に見た「多くの人の身代金として自分の命を献げるために来た」（10:45）というイエスの言葉と共に、イエスの死の意味を指し示すと言い得よう。すなわちここでは、「神との契約締結」のために流される血だというのである[83]。

　もちろん、「身代金支払い」と「契約締結」は異なる内容であり、これはイエスの十字架での死の意味を二つの異なる面から説明しているものと解し得よう[84]。

　マルコ福音書の「受難物語」に現れる「罪の赦し」に関連する記述は以上であるが、ルカ福音書のみに現れる一箇所を、さらに挙げておきたい[85]。それは、イエスが復活後に弟子たちの前に顕現した際の言

82　マコ 14:24 が τοῦτό ἐστιν τὸ αἷμά μου τῆς διαθήκης τὸ ἐκχυννόμενον ὑπὲρ πολλῶν なのに対し、マタ 26:28 は τοῦτο γάρ ἐστιν τὸ αἷμά μου τῆς διαθήκης τὸ περὶ πολλῶν ἐκχυννόμενον εἰς ἄφεσιν ἁμαρτιῶν である。マタイ版のこの「一歩踏み込んだ表現」については、浅野『死と命のメタファ』131 頁をも参照。

83　ルカ版（22:20）は「この杯は、あなたがたのために流される、私の血による新しい契約である」であるから、「契約更新」ないし「新規契約」というニュアンスを含むと解し得よう。I コリ 11:25 も「私の血による新しい契約」である。

84　関連して、メタファー理解についての浅野『死と命のメタファ』186–205 頁の指摘を参照。

85　十字架上でのイエスの言葉として記されている「父よ、彼らをお赦しください。自分が何をしているのか分からないのです」（ルカ 23:34）は、本文批評により「後代の挿入」である蓋然性が高いと指摘されているので、考察の対象から外す。

第 10 章　福音書における「和解」（大宮　謙）

葉であり、「その名によって罪の赦しを得させる悔い改めが、エルサ
レムから始まって、すべての民族に宣べ伝えられる」（24:47）である。
こちらは厳密には「受難物語」でなく「復活顕現物語」に含まれるが、
「罪の赦し」と直接に結び付けられているのは「悔い改め」であり、
たとえ「イエスの十字架での死」が「悔い改め」を促す重要な要素で
あったとしても、文言としては直接的な結び付きは認め得ない[86]。

　以上のことを踏まえれば、「受難物語」においては「罪の赦し」と
の関連として、一つには「罪」という囚われ状態からの解放、すなわ
ち「罪の赦し」に至るための「多くの人の身代金支払い」の実行プロ
セスが描かれていると解し得よう。もう一つには「神との契約締結」
のために、「多くの人のために」イエスの血が流される次第が描かれ
ていると解し得よう[87]。なお後者は、神と改めて「契約締結」すべき

86　同じルカ文書である使 2:22–38、特に 2:36–38 を見れば、「イエスの十
　　字架から悔い改め、洗礼、罪の赦し、聖霊の賜物の授与」という一連
　　の結び付けを認め得るであろう。

87　「受難物語」にイエスの「代理死」を読み取ろうとすることに関して、
　　クロッサン／ボーグ『イエス最後の一週間』155 頁は「マルコ福音書
　　によると、イエスはこれから何が起こるのかを正確に予知していまし
　　たが、世の罪の贖いとして代理死の苦しみを受けることに関しては語
　　りません」と述べる。また、同書 214 頁は「キリスト者のあいだで一
　　般的なこの《代理死という》理解は、新約聖書の教えをはるかに拡大
　　解釈して」おり、「私たちは、マルコがイエスの死を代理死とは教えて
　　いないと考えます」と述べる。同書 245 頁をも参照。さらに、浅野
　　『死と命のメタファ』252 頁は「キリスト教贖罪論において、イエスの
　　死を直接的に犠牲であると断言することは、イエスの死に関する新約
　　聖書の理解をヘブライ書の神学に代表させることになりかねません」
　　と述べて注意を促す。

第 3 部 新約聖書学の見地から

事態を前提として含意すると解し得よう[88]。

なお、前項（5-1）の結びで提示した問い、すなわち「罪の赦し」
（や「和解」）までも、「受難物語」から読み取り得るのかという点につ
いて言えば、「罪の赦し」のためのプロセスを、そこに読み取り得る
と解し得よう。そのプロセスは、「身代金支払い」のプロセスであり、
同時に「契約締結のために血が流される」プロセスだと言い得よう。

5-3 「受難物語」と「和解」との関連

本節のここまでの考察において、「受難物語」から読み取り得るも
のとして、「人の罪」そして「罪の赦しのためのプロセス」を挙げ得
ることが明らかとなった。では、果たして本論の主題である「和解」
についてはどうだろうか。結論的には、「和解」という文言も、それ
に類する表現も、「受難物語」には見出し得ない。「受難物語」の中で、
暗示的にでも「和解」に関連する可能性を認め得るのは、私見では、
イエスの死の際に「神殿の垂れ幕が上から下まで真っ二つに裂けた」
（マコ 15:38）という記述のみであろう。確かに、この部分の一つの解
釈として、「イエスの死のゆえに、人（異邦人？）に可能となった神
の臨在への新しい接近をほのめかしている」と解す者もある[89]。しかし、

88　こうした事態として、一つには「神との最初の契約」を反故とせざる
　　を得ない違背、すなわち「罪」を人間が犯したこと、もう一つには民
　　族的な枠組みを超えた文字通り「すべての民」（マタ 28:19）への契約
　　対象の拡大を挙げ得よう。

89　ヒル『ニューセンチュリー　マタイ』435 頁。しかし、ヒルは続けて
　　「神殿破壊」との関連付けという理解を併記する。クロッサン／ボーグ
　　『イエス最後の一週間』228 頁も「神の裁き」と「神の臨在のすべての

この場面から直接的に「和解」を読み取ることは、相当に困難であると思われる。

　従って、「受難物語」から明示的には「和解」を読み取ることはできないと結論付けざるを得ないであろう。福音書の成立時期が、パウロ書簡以後であることを勘案すれば、「御子の死による神との和解」（ロマ 5:10）という理解を福音書記者が全く知らなかった訳ではないであろう[90]。そうであれば、具体的には知り得ないが、何らかの判断に基づいて、受難物語では「和解」を明示的には描かなかったと解し得よう[91]。

5-4　権威ある者がなぜ、なおも労を取るのか

　ここまで、「受難物語」において読み取れるものについて考察した。

　　人への等しい解放」の両面を指摘する。一方、加藤善治「マルコによ
　　る福音書」、『新共同訳　新約聖書略解』165 頁は「神殿自体の根本的
　　否定」と解す。また、橋本「マタイ」（略解）111 頁も「祭司という特
　　別の地位の者のみが司る祭儀的な宗教の時代が終わったことを象徴す
　　る」と解す。
90　パウロがイエスの死を神と人との和解の出来事と解すに至る道筋につ
　　いては、浅野『死と命のメタファ』166 頁参照。そこでは、殉教者の
　　死に至るまでの「神に対する誠実さ」が「悔い改め」へと人々を啓発
　　し、神との和解に至らせるという思想の系譜の中で、イエスの死を捉
　　える。
91　もっとも「受難物語」が比較的早い段階で、福音書成立以前に纏めら
　　れたとすれば、パウロ書簡における「和解」を知らずに「受難物語」
　　が纏められた可能性は生じる。しかしそれでも、「受難物語」を受け取
　　った福音書記者が、執筆時に加筆修正する余地は残る。

295

第 3 部　新約聖書学の見地から

その上で浮かび上がる問いは、次のものである。すなわち、もし十字架での死に至る前から、イエスが「罪の赦し」の権威を持っていたと解し得るならば、なぜ、わざわざ、自ら「多くの人の身代金として自分の命を献げる」必要があり、また、「多くの人のために」、自ら「契約の血」を流す必要があるのか、ということである。

別言すれば、「罪の赦し」の権威を既に持っているのであれば、四人の男が運んできた体の麻痺した人に対して、「子よ、あなたの罪は赦された」（マコ 2:5）とイエスが宣言したように、イエスが全世界に向かって、「あなたがたの罪は赦された」と宣言すれば済んだのではないか、という問いである。すなわち、イエスは権威に基づいて、言葉だけで粛々と「罪の赦し」を執行し得たのではないか、という問いである。

ここで理解の助けになると思われるのは、私見では、次の指摘である。

「イエスの死が、イエスの使命の中心であり、神の救済目的の中心であると我々は伝えられるが、何故、どのようにしてそれが機能するのかについては、『受難物語』から我々はあまり聞かされていない」[92]。

この指摘が意味することは、イエスの死の理由や、それがどのような仕方で神の救済計画を達成するのかについては、「受難物語」から直接には導出し得ないということであろう[93]。そうであれば、なおの

92　Joel B. Green, *The Death of Jesus: Tradition and Interpretation in the Passion Narrative* (Eugene: Wipf & Stock, 2011, originally 1988), 320 を論者が要約。

93　Green, *The Death of Jesus*, 322 は「原初の受難物語の『生活の座』は主の晩餐の祝いという文脈」であり、「主の晩餐の席ではイエスの贖罪的死が強調される故に、受難物語には追加的で明瞭な救済論的意義は必

第 10 章　福音書における「和解」（大宮　謙）

こと、我々は次のことと向き合う必要があろう。

すなわち、「罪の赦し」の権威を既に持っているイエスが、敢えて、自ら「多くの人の身代金」として自分の命を献げ、また、「多くの人のために」、自ら「契約の血」を流した。

ここに、私は、必要を超えて「人の罪の赦し」のために自らの命を献げ、血を流すイエスの姿を見る。それは山上の説教の反対命題において、「大胆で、思い切った相手への歩み寄り」を勧め、さらには「教えを受けている側に和解のイニシアチブを取り、平安な他者との関係へと導く者となることを求めている」とも解し得るイエスが、罪にまみれた人間に対して、自ら、これ以上になく大胆に歩み寄ってくださった姿として私には映るのである[94]。正にそれは、十字架の死へと向かう中でイエスが示した溢れるほどの愛、必要を超えた愛だと言い得るであろう。

このイエスの愛に気が付く時に、人はイエスが身をもって明らかにした「神による罪の赦し」を感謝と共に受け入れ、「神と共に歩む」神との和解の道を進み始めることとなる[95]。また、神との和解を受け

要とされなかった」と指摘する。すなわち、聖餐式の場が、「受難物語」の枠組みとして機能するという理解であろう。

[94] フィリ 2:6–8 で語られる「神の形でありながら」、「僕の形」にまでへりくだったイエスの姿と重ね合わせることもできよう。

[95] クロッサン／ボーグ『イエス最後の一週間』165 頁は、「キリスト者にとってイエスは啓示、すなわち神の姿の顕示であるので、このイエスの生、死、そして復活という一連の生き様に参加することによってのみ、神との救済的『和解《"at-one-ment"》』が可能となる」と指摘する。ここで訳者が at-one-ment を「和解」と訳した点については、同書 324 頁訳註 11 を参照。さらに、森島豊「atonement の神学的意味の変遷とその影響」、青山学院大学総合研究所キリスト教文化研究部編

入れ、イエスの愛によって癒やされた故に、自らの他者への権利主張を放棄し、他者との「和解」の道へと進む動機付けを与えられるのである。

以上のことを纏めるならば、「受難物語」からは、確かに「和解」を直接に読み取ることはできない。しかし、「罪の赦し」のプロセスの中で、必要な手続きを遥かに超える「イエスの十字架の死」によって示されたイエスの愛によって、神との関係の修復（神との和解）と共に、人との関係の修復（人との和解）へと、人は強く促されることになるのである。

6. むすびに

本論では、福音書における「和解」概念を考察してきた。取り上げた三つの関連箇所からは、概略、次のことが言い得よう。

①イエスが教える「和解」は、「大胆で、思い切った相手への歩み寄り」という意味合いを持つ（山上の説教、反対命題、第一アンチテーゼ）

②さらに、イエスは、和解のイニシアチブを取り、平安（シャローム）な他者との関係へと導く者となるよう求めている（山上の説教、反対命題、第一アンチテーゼからの派生的理解）

③神に罪の赦しを祈り求める者は、自分（たち）が関係者の「負い目」を赦す思いを、事前であれ、同時であれ、事後であれ、実行

『贖罪信仰の社会的影響──旧約から現代の人権法制化へ』教文館、2019年、第6章、168–89頁、特に169–71頁をも参照。

に移すことへと整えられるように促される（「主の祈り」の「赦し」に関する祈り）

④「和解」が「関係性の回復および維持」をも含むならば、そこには何らかの「癒やし」の要素が必要となる（「主の祈り」の「赦し」に関する祈りからの派生的理解）

⑤既に赦された者（神との関係においては「帳消し」による）は、自らも相手の「負い目」を「帳消し」にすることが求められる（「仲間を赦さない家来」のたとえ）

一方、「受難物語」には、「和解」についての直接的な言及は認められない。しかし、考察の中で明らかになったように、既に「罪の赦し」の権威を持つイエスが、敢えて自らの死をもって「多くの人の身代金」として自分の命を献げ、また、「多くの人のために」、自ら「契約の血」を流した。その姿には、イエスが自らの教えの実践として、神に背き、罪に染まった人間に、これ以上になく「大胆に歩み寄ってくださった姿」を認めることができよう。

このイエスの姿こそが、改めて私たちが思い浮かべるべき「和解を促す者」の模範であろう。罪を赦され、癒やされてこそ、悔い改めて、神と共に歩む道が開かれる。

激しい戦い、争い、痛みの中で、「和解」など綺麗事に過ぎないと一笑に付す向きもあろう。しかし、怒り、恨み、復讐の先には人間性の崩壊が待ち受ける。「神のかたち」（創 1:27）に造られた人間が、踏みとどまって「神の愛」を体現する器であり続けるために、補償や謝罪を超えて、「癒やし」を含む「和解」へと踏み出す道を歩む者でありたいと願う。本論が、その道を探し求める者への、ささやかな助けとなることを切に願うものである。

第3部　新約聖書学の見地から

第11章

パウロの「和解」理解の
継承と課題

河野克也

はじめに

　聖書における「和解」の理解を深め、その今日的意義と課題を探る
ため、本書第3部では新約聖書からパウロ書簡および第二パウロ書
簡と、福音書に焦点を絞って考察がなされた。パウロ系文書の比重が
大きいことは、パウロ書簡が新約文書の中で最も古いこと、また新約
正典27文書のうち13の文書がパウロの名を冠した書簡であること
から、一定程度の正当化はできるであろう。それでも、今回ヘブライ

300

書、公同書簡、ヨハネ黙示録を取り上げることができなかったことは、新約聖書における「和解」理解の考察としては大きな空白である。

　本章でその空白を埋めることはできないが、パウロの提示した「和解」理解が、パウロ以後の教会においてどのように継承されていったかについて、本書におけるパウロ系諸文書および福音書の考察を踏まえて、一定の方向性を読み取るとともに、それらの文書の示す「和解」理解が今日の私たちに投げかける課題についても考えてみたい。

1.　パウロの「和解」理解の継承
——第二パウロ書簡における展開

　パウロ書簡における「和解」は、神のイニシアティヴによる神とパウロとの間の関係修復、また異邦人の使徒パウロの宣教によって生じたユダヤ人教会と異邦人教会の間の軋轢の修復に限定されるものではなく、神と被造物全体の和解という壮大な射程を持つ。この点は、パウロの「和解」を継承する第二パウロ書簡、特にコロサイ書とエフェソ書においてさらに展開されていく。

1.1.　神と被造物の和解

　Ⅱコリント 5:16–21 では、パウロは「誰でもキリストにあるならば」それは「新しい創造」だと宣言する（17 節、ガラ 6:15 参照）。主要な日本語訳は原文の「カイネー・クティシス」（καινὴ κτίσις）を「その人は新しく造られた者です」（聖書協会共同訳、新改訳 2017）と訳すが[1]、このクティシスは被造物全体を指す言葉であり、単に信仰者の内

1　新共同訳は「新しく創造された者」。従来訳の問題点については、Richard

第 3 部　新約聖書学の見地から

面が新しくされるという狭い意味ではない。むしろローマ 8:18–25 で
パウロが述べているように、被造物全体が「滅び〔朽腐²〕への隷属
から解放され」ることが、ここでの「新しい創造」に込められた意味
である³。ローマ 8:21–23 では、パウロはこの被造物（κτίσις）の解放を
「神の子どもたちの栄光の自由に入る」ことと説明するが、それはさ

B. Hays, *The Moral Vision of the New Testament: Community, Cross, New Creation; A Contemporary Introduction to New Testament Ethics* (New York: HarperCollins, 1996), 20 を参照。ヘイズは "he is a new creation" (RSV) と "he is a new creature" (KJV) を不正確な訳の例に挙げ、NRSV の訳 "there is a new creation" ではそれが改善されていると指摘する。ヘイズ自身は、17 節後半を感嘆の間投詞（an exclamatory interjection）とする。

2　「朽腐」は日本語としては馴染みの薄い表現かもしれないが、これはパウロがロマ 8:21 で被造物の最終的な解放を告げる言葉にある ἀπὸ τῆς δουλείας τῆς φθορᾶς という表現中の名詞 φθορά のニュアンスを訳出しようと試みたものである。聖書協会共同訳は「滅びへの隷属」と訳す（新改訳 2017 では「滅びの束縛」）。この単語は他に I コリ 15:42, 50; ガラ 6:8 に出てくるが、I コリ 15 章の 2 回の用例は「朽ちるもの」と訳され、同じ節に出てくる反対概念 ἀφθαρσία も「朽ちないもの」と訳される。53 節と 54 節に繰り返し出てくる形容詞中性形 φθαρτόν も、名詞と同じく「朽ちるもの」と訳される（新改訳 2017 では「朽ちるべきもの」）。53 節と 54 節では、名詞 ἀφθαρσία がこの形容詞の反対概念として使用される。これらの用例と関連語の背後には朽ち果て腐敗してゆく死体のイメージがあるため、「滅び」ではそのイメージが十分に視覚化されない。ロマ 8:21 の用例もやはりこの視覚的なイメージが根底にあり、おそらくガラ 6:8 の用例も同様であろう。

3　ヘイズはこのパウロの発言の背景としてイザ 65:17–19 を挙げ、その黙示的終末論がパウロ神学を貫いていることを論じる（Hays, *Moral Vision*, 19–27）。

らに「〔神の〕子にしていただくこと、つまり、体の贖われること」と説明される[4]。ここでは個人の新しい創造と被造世界全体の新しい創造が重ね合わされて展開されるが、同様にIIコリント 5:18–19 でも、神による「私たち」との和解（18 節）がすぐに神による「世」との和解（19 節）と言い換えられており、パウロにおける「和解」は「創造秩序の回復」という壮大なスケールで考えられている[5]。

　浅野がIIコリント 5:16–21 とローマ 8:18–25 の和解を融合的に理解するのに対して、辻は両者の関係を、前者から後者へという発展ないし深化の関係で捉える[6]。辻は、パウロとコリント教会の「不和」という具体的な状況を重要視し、IIコリント 5:16–21 で直接「語られている……神と『この世』との和解」は、実際には「パウロとコリント教会との和解……を神学的に表現したもの」だとする一方で[7]、ローマ書ではそうした「特定の状況」から離れて「神の子であるキリストの死による、神とこの世との和解」を語り、さらにそれを「神の救済行為におけるユダヤ人と異邦人との関係という文脈の中に位置づけ」る点で、「ローマ書こそがキリスト教的和解論の『出発点』だ」と主張

4　ここから、パウロにおける「贖い」が第一義的には神殿祭儀ではなく、むしろ出エジプトの解放のイメージで理解されていることがわかる。この点については、河野克也「贖い」、鍋谷堯爾他監修『聖書神学事典』いのちのことば社、2010 年、131–32 頁参照。

5　浅野淳博「パウロの『和解』主題」本書 216–17 頁。浅野は「創造秩序の回復」を明示する箇所としてロマ 5 章を論じ、その「和解」の背景として、旧約聖書における「平和」の重要性を指摘する（本書 190–93 頁参照）。

6　辻学「誰と誰の和解か？」本書 228–38 頁。

7　辻「誰と誰の和解か？」本書 235 頁。

第 3 部　新約聖書学の見地から

する[8]。つまり、具体的な対人関係の修復が主眼の II コリント 5:16–21 の用例は、未だ十分に神学的な深みを持たないという理解である。パウロの思想が変化したかどうかという問いは、パウロ研究において議論されている重要な問いであり[9]、和解の主題をめぐっても、パウロ書簡自体の状況性ないし「偶発性[10]」を前提とする近年の研究の視点からは、その主題の展開の仕方が書簡ごとに異なることも十分考えられるであろう。その上でなお、すでに本書 7 章で見たように「パウロの召命体験における神の赦しと和解の実感」をパウロの思索の出発点に据えるならば、個別の状況を反映する具体的な表現上の違いの根底に、一定程度一貫した神学的理解を読み取ることは可能であろう[11]。その場合、浅野の融合的理解と辻の発展的理解を必ずしも対立的に捉

8　辻「誰と誰の和解か？」本書 238 頁。

9　E.P. Sanders, "Did Paul's Theology Develop?," in idem, *Comparing Judaism and Christianity: Common Judaism, Paul, and the Inner and the Outer in Ancient Religion* (Minneapolis: Fortress, 2016), chap. 11 (241–66). サンダースはパウロの思想の発展を丁寧に跡づけ、特にその最後の宣教旅行で直面した再臨の遅延の問題や自身の死を覚悟するほどの危機的経験などを通して、再臨を待つ「現在のキリスト者の生」についてより一層「キリスト神秘主義（キリストにおいて一人の人となること）」へと理解が深まり、最初の書簡である I テサロニケ書と比較して「その記述に暖かさと豊かさ」が加わったことを指摘する。

10　「偶発性」（contingency）については、J. Christiaan Beker, *Paul the Apostle: The Triumph of God in Life and Thought* (Philadelphia: Fortress, 1980), chap. 3 "Contingency and Coherence in Paul's Letters" (23–36), および同、「神学者パウロ」『日本版インタープリテイション』第 4 号、「特集：使徒パウロ」（1990 年 7 月）、30–56 頁を参照（この邦訳では名前が「ビーカー」と表記されているが、正しくはベカーである）。

11　河野克也「神による『愛敵』としての和解」本書 162 頁注 25 参照。

える必要はない。

　いずれにせよ、この神と被造世界全体との和解という主題は、パウロ以後のコロサイ書およびエフェソ書において、さらに拡大されることになる[12]。その際に、両書における拡大の仕方に相違があるかどうか、またどのような相違であるかが争点となる。

1.2.　コロサイ書およびエフェソ書におけるパウロ的「和解」の継承

　辻はコロサイ書とエフェソ書の「和解」理解に重大な相違があると指摘する。辻によれば、コロサイ書はパウロ以後に異邦人キリスト者である著者が書いた偽名書簡であり、ユダヤ的な背景を持つパウロの福音を、自分自身を含むヘレニズム世界の読者に理解可能なものとして再解釈する目的で書かれたものである[13]。特に注目すべきは、コロサイ書の著者が「和解」を「万物と神との和解」に拡大した点にあり、「和解し直す」（アポカタラッソー：ἀποκαταλλάσσω）という表現は、本来は御子の内にあるべき万物を「闇の力から救い出して、……御子の支配下へと移」す（コロ 1:13）ことを指すコロサイ書に特徴的な表現であるとする[14]。したがってこのコロサイ書の「和解」理解は、ユダヤ人教会と異邦人教会の和解というパウロが取り組んだ課題とは別次元のものということになる[15]。辻は、「洗礼のことを指していると見ら

12　コロサイ書に関しては、浅野はパウロの真筆と考えるが（「パウロの『和解』主題」本書 181 頁注 3）、辻は偽名書簡とする（辻『偽名書簡の謎を解く──パウロなき後のキリスト教』新教出版社、2013 年、第4章「コロサイ書」［92-124 頁］参照）。

13　辻『偽名書簡』107-21 頁。

14　辻「誰と誰の和解か？」本書 243-45 頁。

15　辻はコロサイ書の万物の和解について、「コロサイ書の著者はどうやら、

第 3 部　新約聖書学の見地から

れる」コロサイ 2:11 の「手によらない割礼」また「キリストの割礼」という表現は、「割礼を完全に比喩的に捉えることで、ユダヤ教の割礼を実質上無意味なものにしている」と指摘するが、それはコロサイ書の著者によるユダヤ的要素の意図的な否定を示す[16]。

　これに対してエフェソ書は、コロサイ書によるパウロの脱ユダヤ的再解釈を再びユダヤ的枠組みに取り戻そうとする試みであると理解される[17]。「和解」について言えば、エフェソ書はコロサイ書の万物の和解を、パウロ的な教会におけるユダヤ人と異邦人の和解として再提示したことになる[18]。エフェソ書の著者の執筆意図は、コロサイ書において消し去られてしまった「ユダヤ人キリスト教徒の優先権」を再び確立することにあり、ユダヤ人キリスト者の割礼は、「いまやキリスト教の福音伝道によって廃棄されたとはいえ」、「最初から選ばれてい

　神と『世』（＝人間世界）が和解するというパウロ的発想がよく理解できなかったようである」（「誰と誰の和解か？」本書 243 頁）と述べるが、「被造世界全体」が「闇の支配力・権力に支配され」ているとのコロサイ書の描写は、被造物が「滅びへの隷属」の下にある（ロマ 8:21）とのパウロの黙示的現状認識に、かなり直線的に連結するように見える。パウロは、「被造物が虚無に服したのは、自分の意志によるのではなく」神が「服従させた」からである（ロマ 8:20）として最終的に全てを神の計画に帰しているが、他方コロサイ書が、万物は一度は神の手を離れて「闇の力」に奪われたと描いていると理解するならば、パウロの理解との間に確かに齟齬が生じていると言える。

16　辻『偽名書簡』117–18 頁。

17　辻『偽名書簡』140–54 頁。

18　辻「誰と誰の和解か？」本書 246–49 頁。辻は、この点でエフェソ書における「和解し直す」（アポカタラッソー）は、接頭辞（アポ＝再び）が意味を喪失していると指摘する（本書 248 頁）。

第11章　パウロの「和解」理解の継承と課題　（河野克也）

た」ユダヤ人キリスト者と後から加えられた異邦人キリスト者との
「区別を示すしるし」として機能する[19]。エフェソ 2:11 にある「いわゆ
る手による割礼」との表現は、明らかにコロサイ 2:11 の「手によら
ない割礼」を意識した表現であり、この「いわゆる」には、割礼を軽
視する異邦人に対する抗議が込められていることになる[20]。

　このエフェソ書におけるユダヤ人キリスト者の巻き返しを浅野の民
族顕現要素のモデルに当てはめてみると（本書 166–68 頁参照）、エフ
ェソ書の著者は異邦人キリスト者に割礼を要求することはなく、ユダ
ヤ人キリスト者との一致を常に強調していることから、厳格なプライ
モーディアル型でないことは明らかである。ではパウロと同じインス
トゥルメント型と言えるだろうか。確かにエフェソ書の著者が強調す
るユダヤ人キリスト者の「優先性」は、パウロがローマ 1:16 と 2:9,
10 で繰り返し強調する「最初にユダヤ人に、そしてギリシア人にも」
（私訳）[21] という順序と一致する。それでもパウロは、その後の議論で
「ユダヤ人の優れた点」また「割礼の利益」を相対化して、神の前で
は両者が等しく罪人であり（ロマ 3:1–20）、そして両者が等しく「イ

19　辻『偽名書簡』145–48 頁（「優先権」は 145 頁、148 頁では「優先性」）。

20　辻『偽名書簡』146 頁、「誰と誰の和解か？」本書 247 頁。

21　このギリシア語表現は 1:16 では与格（Ἰουδαίῳ τε πρῶτον καὶ Ἕλληνι）、
　　2:9–10 では属格（Ἰουδαίου τε πρῶτον καὶ Ἕλληνος）であるものの同一表
　　現である。聖書協会共同訳は、前者を「ユダヤ人をはじめ、ギリシア
　　人にも」、後者を「ユダヤ人はもとよりギリシア人にも」と訳し分ける
　　（新共同訳も同様）。新改訳 2017 は同一の訳「ユダヤ人をはじめギリ
　　シア人にも」を充てる。ただし、これらの訳では、ユダヤ人とギリシ
　　ア人が並列的に置かれている印象を受けるため、私訳は時間的な先行
　　性がより明瞭に示されるように工夫した。

第3部　新約聖書学の見地から

エス・キリストの信実によって」[22] 義とされることを論証する（3:21–
31）。したがって、辻が指摘するエフェソ書の著者によるユダヤ人キ
リスト者の「優先性」の回復の試みは、パウロの表現の意図したユダ
ヤ人の時間的優先性の相対化とは大きく異なっている。それでも、エ
フェソ書の著者はユダヤ人キリスト者と異邦人キリスト者との現在の
一致を強調しているのであり、異邦人キリスト者を「好意的外国人」
として二次的な付随にとどめる穏健なプライモーディアル型には当て
はまらない[23]。

　上記の辻のエフェソ書理解に対しては、エフェソ書をコロサイ書の
ユダヤ的修正と見ない可能性もある。永田竹司は、エフェソ 2:11 の
「いわゆる手による割礼を身に受けている人々」について、この「間
接的な表現は、手紙の著者自身が割礼の有無の問題とは距離をおいて
いることを暗示しており、ここでの主題が直接異邦人とユダヤ人の関

22　ロマ 3:22 の表現（διὰ πίστεως Ἰησοῦ Χριστοῦ）は、属格形のイエス・キ
　　リストが名詞ピスティスに内包される「信じる／信頼する」という動
　　作の主体／主語として機能する（主語的属格）。従来の訳ではこの属格
　　を名詞の内包する動作の対象／目的語を指す（目的語的属格）と理解
　　して訳していたが、文脈上その読みは支持できない（この問題につい
　　ての詳細な議論は、リチャード・B. ヘイズ『イエス・キリストの信仰』
　　河野克也訳、新教出版社、2015 年を参照）。聖書協会共同訳は「イエ
　　ス・キリストの真実」と訳すが、この訳の場合、漢字からは名詞ピス
　　ティスの内包する動作の方向性（主体か対象か）が見えなくなる上、
　　1:17 で引用されるハバ 2:4 の「信仰」との関連が見えなくなってしま
　　う点が残念である。なお 3:25 の表現（διὰ τῆς πίστεως）は 22 節の表現
　　を受けたものであり、同様の思想を表現する。
23　あえて分類するならば、穏健なプライモーディアル型に限りなく近い
　　インストゥルメント型となるであろうか。

第 11 章　パウロの「和解」理解の継承と課題　（河野克也）

係問題ではなく、ただ本来の要点を明確にするために両者の対比がな
されているだけである」と指摘する[24]。

　いずれにしても、コロサイ書とエフェソ書は、パウロが渦中にいた
異邦人教会とユダヤ人教会の亀裂がおさまった状況を反映することは
明らかであろう。エフェソ 2:15 は、キリストが「数々の規則から成
る戒めの律法を無効と」したことを述べるが、パウロはローマ 3:31 で、

24　永田竹司「エフェソの信徒への手紙」、山内眞監修『新共同訳　新約聖
書略解』日本キリスト教団出版局、2000 年、543–44 頁。E. ベストは
この「手による」（ケイロポイエートス：χειροποίητος）という形容詞
について、LXX では偶像、新約では神殿に対して、いずれもその対象
物の不適切性を強調するために使用されていることから、「ユダヤ人が
神の制定した割礼に対して使用することは考えられない」とする（E.
Best, *Ephesians* [ICC; London and New York: T & T Clark, 1998], 235）。
エフェソ書の著者は割礼を積極的に攻撃しているわけではないが、コ
ロサイ書のように割礼を「洗礼によって置き換えておらず、また精神
化もしていない」ことから、「キリスト者をより直接的にユダヤ人の継
承者とする」一歩手前で踏みとどまっていることになる（Ibid.）。アン
ドリュー・リンカンも、（ベストに先立って）この表現の否定的なニュ
アンスに着目し、エフェソ書の著者が、コロサイ書の著者と同様、実
際の割礼を重要視しないパウロの視点を継承していることを指摘する
（Andrew T. Lincoln, *Ephesians* [WBC; Dallas: Word Books, 1990], 136）。
リンカンは、1 世紀末の小アジアの状況から、ここでのポイントはユ
ダヤ人キリスト者と異邦人キリスト者の関係でも、教会とシナゴーグ
の関係でもなく、むしろマジョリティーとなった異邦人キリスト者に
対して、「自分達の過去を、神の目的がイスラエルに集中していた、救
済史のより早い段階に妥当していたカテゴリーにおいて理解するよう
に求めている」のだとする（Ibid.）。

第 3 部　新約聖書学の見地から

自身に向けられた「律法を無効にする」との批判を全力で否定し[25]、
「むしろ、律法を確立する」と反論する。どちらも同じ動詞（カタル
ゲオー：καταργέω）が使用されている点が重要であり、パウロが決し
て口にすることのなかった「律法を無効にする」という表現をエフェ
ソ書の著者が躊躇なく使用していることは、少なくとも彼がもはやそ
の論争の渦中にいなかったことを示す。エフェソ書がどの程度コロサ
イ書のパウロ解釈を修正しようとしているかについては判断が分かれ
るが、どちらもパウロによるインストゥルメント型を継承して、異邦
人キリスト者とユダヤ人キリスト者の間に和解と一致をもたらしたキ
リストの死と復活を強調していると言えるであろう。ただし、異邦人
キリスト者がマジョリティーとなった両者の状況が、パウロの展望し
た状況と言えるかどうかについては、大きな疑問が残る。この点につ
いては、最後に改めて取り上げる。

　パウロの和解理解との継続性について一言付け加えるなら、エフェ
ソ 2:14–16 はキリストを「私たちの平和」と宣言し、キリストが「ご
自分において二つのものを一人の新しい人に造り変えて、平和をもた
らし……、十字架を通して二つのものを一つの体として神と和解させ、
十字架によって敵意を滅ぼし」たことを告げるが、これはパウロがイ
エスの死を神による敵への愛の実践と理解したことを、さらに押し進
めた表現として理解することができるであろう。

25　「決してそうではない」（メー・ゲノイト：μὴ γένοιτο）はパウロ書簡で
　　14 回使用される強い否定の表現である（ロマ 3:4, 6, 31; 6:2, 15; 7:7, 13;
　　9:14; 11:1, 11; I コリ 6:15; ガラ 2:17; 3:21; 6:14）。

第 11 章　パウロの「和解」理解の継承と課題　（河野克也）

2.　パウロにおける和解と福音書における和解

　パウロは神による圧倒的な赦しを経験する中で、自身の「和解」理解を神との関係、人との関係、そして被造世界全体へと神学化させていったが、パウロ以後の初代教会における和解理解はパウロの理解と比較してどのような特徴を持つであろうか。

　パウロが和解を神による敵への愛の実践として経験したことは本書7 章ですでに論じたが[26]、この愛敵の教えはイエスの言葉（マタ 5:44; ルカ 6:27）に由来する[27]。敵を愛するようにとの直接の命令が含まれるそれぞれの単元（マタ 5:43-48; ルカ 6:27-36）を比較すると、ルカ版は、マタイ版では別単元となっている復讐禁止の教えも一つにまとめられていることに加えて、より経済的な側面を強調して展開されている点で際立っている。この経済的側面も含めて、本書 10 章においてマタイ福音書を中心に福音書の「和解」の主題を扱った大宮謙の論考「福音書における『和解』」との対話を試みたい。

26　河野「神による『愛敵』としての和解」本書 159-62 頁。

27　この愛敵の教えがイエス自身に遡ることは、歴史批評的研究における共通認識となっている。また、年代的にはパウロ書簡の方がマタイ福音書やルカ福音書よりも古いと考えられるが、パウロがエルサレムでケファのもとに 15 日間滞在し、主の兄弟ヤコブにも面会した際（ガラ1:18-19）、および拠点としていたアンティオキア教会で、イエスに関する情報を得たのであろう。河野「神による『愛敵』としての和解」本書 161 頁注 22 参照。

311

第 3 部　新約聖書学の見地から

2.1. マタイ福音書における「和解」

山上の説教の主部（5:17–7:12）は、律法の恒久的妥当性を述べる「前口上」（5:17–20）に続いて、「あなたがたも聞いているとおり、……と命じられている（言われている）。しかし、私は言っておく。……」との定型句によって導入される 6 つの「アンチテーゼ」（5:21–48）が置かれている[28]。大宮は特に第一アンチテーゼ（5:21–26）に注目し、この部分だけが、テーゼとアンチテーゼを述べる前半部分と、「きょうだい」や「自分を裁判官に訴えようとする人」との和解を促す後半部分とが順接しない特異性を指摘する。すなわち、前半部分が「殺人を未然に防ぐために、その心理的要因となる怒りや、怒りの発露である悪口を厳しく戒める」ことによって「負の連鎖を断ち切る」ことを促すのに対して[29]、後半部分は、イエスの「教えを受けている側」のみならず、「もうひと枠イエスの教えの適用範囲を広げ、相手側までもが」そうした「負の連鎖」に陥る「ことのない状態を作り出すための方法を提示するもの」であるとして、そのラディカルさを際

28　この「アンチテーゼ」をめぐっては、ユダヤ律法とイエスの教えを対立的に捉える従来の解釈が反ユダヤ主義的含意を持つ危険性が指摘されており、例えばウルリヒ・ルツのマタイ注解書のこの部分の解説に代表されるように（『マタイによる福音書 I/1』EKK 新約聖書注解、小河陽訳、教文館、1990 年／原書 1984 年、322–453 頁）、ホロコースト以後の研究では特に意識してイエスの教えのユダヤ的背景が強調される。そうした背景を踏まえて、歴史的平和主義教会であるメノナイト派の新約学者ウィラード・スワートリーは、このアンチテーゼを「超提題」（super-thesis）と呼ぶ（スワートリー『平和の契約』東京ミッション研究所訳、東京ミッション研究所、2006 年、58 頁、435 頁注22）。

29　大宮「福音書における『和解』」本書 256–60 頁。

第 11 章　パウロの「和解」理解の継承と課題　（河野克也）

立たせる[30]。大宮は、このラディカルな和解の教えの本質を「大胆で、思い切った相手への歩み寄り」と表現する[31]。後半部分の二つ目の例は、おそらく負債返済の遅滞を描いたものであり、明らかに非がある返済遅滞者からの「歩み寄り」を読み取ることは躊躇される[32]。それでも、遅滞の理由の一つとして挙げられる「返すに返せない経済事情」は、当時のガリラヤの経済状況を考えれば合理的な想定であり[33]、その背景に照らせば、やはりここでも「大胆〔な〕……歩み寄り」を読み取ることは十分可能であろう。

　本書では、神が和解のイニシアティヴを取ることがパウロの和解理解の特徴として指摘されてきたが[34]、大宮が指摘する山上の説教における「大胆〔な〕……歩み寄り」は、その神のイニシアティヴに呼応して信仰者が和解のイニシアティヴを取ることを促す教えとして整理することができよう。大宮は「主の祈り」（マタ 6:9–13; ルカ 11:2–4）

30　大宮「福音書における『和解』」本書 264–65 頁。

31　大宮「福音書における『和解』」本書 260, 64 頁。後半部分の一つ目の例は、相手の怒りが正当なものかどうか、その怒りについて自分の側に非があるかどうかを問うことなく和解が命じられている点で、よりラディカルと言い得る（本書 257–58 頁）。

32　大宮「福音書における『和解』」本書 261–64 頁。

33　大宮「福音書における『和解』」本書 263 頁。当時のガリラヤの経済状況については、大宮も言及する J.D. クロッサン『最も大いなる祈り──主の祈りを再発見する』小磯英津子訳、日本キリスト教団出版局、2022 年でも、特に第 6 章「我らの日々の糧を与えたまえ」（151–79 頁）において詳しく解説される。

34　浅野「パウロの『和解』主題」本書 206–14 頁、辻「誰と誰の和解か？」本書 228–30 頁、河野「神による『愛敵』としての和解」本書 158–59 頁。

313

第3部　新約聖書学の見地から

において、マタイ版では神に対する「負い目」の赦し（6:12）、ルカ
版では「罪」の赦し（11:4）となっていることに着目し、両者のギリ
シア語の背後にあるアラム語が「借金」と「罪」の両方の意味を含む
ことを根拠に、この部分の中心主題を「罪」とする[35]。その上で、神
による赦しと私たちの対人関係における赦しとの関係を分析し、単純
に後者を前者の条件とする理解も、前者が後者とは無関係に成立する
とする理解も、共に不十分として両者の不可分性を強調する[36]。「神に

35　大宮「福音書における『和解』」本書 269-73 頁。大宮が言及するクロ
　　ッサンの議論（本書 272 頁注 39）のポイントは、マタイ版でもルカ版
　　でも「主の祈り」に「負債」の赦しが言及されているにもかかわらず、
　　教会で唱えられる「主の祈り」では「負債」が抜け落ちてしまってお
　　り、経済的に逼迫した状況にあった当時のガリラヤの聴衆に対して語
　　られたイエスのメッセージの中心が聴き取れなくなっているという問
　　題提起である。クロッサンによれば、主の祈りのポイントは、貧しい
　　ガリラヤの農夫たち漁師たちが、なお互いに負債を赦し合う関係を築
　　くことで被造世界の世帯主である創造主の「分配的正義」の働きに参
　　与するように招くことにある（クロッサン『最も偉大な祈り』第6章、
　　第7章「我らの負債を赦したまえ」[180-204 頁]、および同書巻末に
　　ある「解説：イエスからの逃れられないチャレンジ」[河野克也、
　　246-53 頁]参照）。確かに罪の赦しの問題と不可分ではあるものの、
　　この経済的な側面は、資本主義が暴走し経済的不正義が蔓延る現代社
　　会においてこそ、繰り返し強調する必要がある。

36　大宮「福音書における『和解』」本書 273-77 頁。人間の側の他者の赦
　　しが、神の赦しを得るための条件でないことは、「仲間を赦さない家
　　来」の譬え（マタ 18:23-35）において、まず王が国家予算を遥かに超
　　える多額の借金を帳消しにした描写からも明らかであろう（大宮「福
　　音書における『和解』」本書 277-88 頁参照）。この箇所は少なくとも
　　表面的には人間の側の赦しを神の赦しの条件として提示しているよう

第 11 章　パウロの「和解」理解の継承と課題　（河野克也）

……自分たち（＝「私たち」）の赦しを祈る者は、自らも人を赦す覚悟、決断を持つことが求められる」とは、まさにマタイにおける和解の本質を突いた表現である[37]。大宮はさらに、「仲間を赦さない家来」が借金の「返済」を求められず「帳消し」にされたことに着目し、その「赦し」が「赦された者」の「感謝、心からの謝罪、悔い改め」へと至ることが「関係性の……回復、すなわち『癒やし』〔を〕もたら」すとする[38]。

2.2.　受難物語における「和解」

この神の赦しの先行性は、受難物語におけるイエスの描写にも一貫しており、大宮は、「罪を赦す権威を持」つイエス（マコ 2:10）が、自らの命を「多くの人の身代金として」（マコ 10:45）、また自らの血を「……罪が赦されるように、多くの人のために流される、私の契約の血」（マタ 26:28）として差し出し、十字架へと向かっていく姿を、イエスによる「大胆で、思い切った相手への歩み寄り」の実践、また

に読めるため、これまで繰り返し「そうではない」ということが強調されてきた。それは、行為義認を排除して「恵みのみ」を強調する宗教改革的な伝統を背景に、人間の側の赦しが神の赦しに先行する可能性を警戒したものである。この点では、神の赦しを人間の赦しから独立させて切り離す理解もまた、同じ宗教改革的な警戒によると言える。近年のパウロ理解の「新しい視点」は、パウロを理解する際に 16 世紀の宗教改革の枠組みを時代錯誤的に当てはめることを批判し、パウロを 1 世紀の文脈において理解することを提唱しているため、その視点からすると、上記のような行為義認に対する過度な警戒はもはや不要と言えるのではないか。

37　大宮「福音書における『和解』」本書 276 頁。
38　大宮「福音書における『和解』」本書 287–88 頁。

315

第 3 部　新約聖書学の見地から

「溢れるほどの愛、必要を超えた愛」の模範として描き出す[39]。イエス
が模範として提示されていることについて言えば、パウロが自らの使
徒としての特権を放棄してコリント教会に仕える姿を模範として提示
して（I コリ 9 章）、コリント信徒の「強い者」たちに対して同様に
「弱い人」たちに仕えるように命じたことも（I コリ 8–10 章）、また自
らのユダヤ人としての特権を「損失」また「屑」と見なして（フィリ
3:7–8）、異邦人を割礼抜きで神の民に迎え入れたことも[40]、このイエス

39　大宮「福音書における『和解』」本書 289–98 頁。ここで大宮は、「罪
の赦し」という傘概念の下に、「身代金支払い」による「『罪』という
囚われ状態からの解放」（本書 292–93 頁）と、「血」の注ぎによる「契
約締結」（本書 293 頁）の両方を含めて論じる。この点に関しては、従
来の贖罪論が、イエスの血を神の怒りを宥めるための犠牲の血として
理解し、罪人の受けるべき罰を代わりに受けたとする刑罰代償説に偏
っていたことに鑑みて、ある意味ではそうした理解に対する予防線と
して、パウロの黙示的福音が罪の支配からの解放を強調していること
を指摘したい。贖罪論に関する詳細な議論は、河野克也「修復的贖罪
論の可能性を探る――パウロ神学の『新しい視点』から」、西岡義行責
任編集『平和をつくり出す神の宣教――現場から問われる神学』東京
ミッション研究所創立 30 周年記念論文集：東京ミッション研究所、
2020 年、103–30 頁（第 3 章）を参照。
40　すでに紹介したように、浅野は民族顕現要素への固執度合いをもとに、
パウロをインストゥルメント型に分類する（河野「神による『愛敵』
としての和解」本書 166–68 頁参照）。パウロの異邦人包摂の福音宣教
を一定程度「和解」として理解する場合、コロサイ書とエフェソ書の
理解がどのように位置付けられるかという問い（本章 1.2）の他に、他
の新約文書において異邦人宣教がどのように提示されているかも重要
な問いであるが、それは今回扱うことができなかった。

第 11 章　パウロの「和解」理解の継承と課題　（河野克也）

による「大胆〔な〕……歩み寄り」の姿と重なり合うと言えよう[41]。

3.　現代的課題——1 世紀パレスチナ・ユダヤ教理解の修正

　ここまで浅野、辻、大宮の論考と対話しつつ新約聖書における和解理解を辿ってきたが、最後に、異邦人の使徒パウロの個人史を辿ることで見えてきた「和解」が現代の私たちに突きつける課題について考えてみたい。異邦人キリスト者がマジョリティーとなったキリスト教会は、異邦人キリスト者に対するパウロの警告（ロマ 11 章）にもかかわらず、またエフェソ書の著者の願い（エフェ 2:11–22）とは裏腹に、次第にユダヤ的な背景の自覚が薄れ[42]、「キリストを殺した」ユダヤ人

41　パウロの宣教方針や福音理解と対立する強硬派との和解について、この「歩み寄り」の姿勢が必ずしも十分に読み取れないことはすでに指摘した（河野「神による『愛敵』としての和解」本書 172–75 頁）。それでもなお、エルサレム教会の「貧しい者たち」への募金プロジェクトへの合意とその実行は、一定程度その「歩み寄り」として解釈することはできるであろう（本書 169–172 頁）。

42　2 世紀半ばに大きな勢力となったグノーシス主義では、旧約聖書の描く天地万物の創造主の神が、物質世界を作った「造物主」（デミウルゴス）として至高神よりも遥かに劣位に位置付けられ、ユダヤ的背景は否定される。同時代にローマで独自の教会を設立したマルキオンも同様に、旧約聖書を廃棄し、ユダヤ的要素を削除したパウロ書簡とルカ福音書を教会の正典とすることを試みた。こうした極端な動きに対する反動として、教会の指導者たちは旧約聖書を正典として死守したが、それでも、その後の展開を見ると、その動きが必ずしもパウロが展望した一致を実現する方向には進まなかったと言わざるを得ない。

317

第 3 部　新約聖書学の見地から

の悪意が強調され[43]、反ユダヤ主義が蔓延するようになっていった。16 世紀には、マルティン・ルターが信仰義認論を自らの神学の中心に据えてプロテスタント宗教改革が拡大するが、ルターは聖遺物崇拝や贖宥状によって神の恵みを売り買いする当時のカトリック教会を批判して、その間違いを、人間の努力と良い行いによって救いを獲得しようとする「律法主義」また「行為義認」と呼ぶのだが、彼はそのラ

43　マタ 27:25 にある、ユダヤの「民」が総督ピラトに答えて言った、「その血は、我々と我々の子らの上にかかってもいい」との言葉は、歴史上、ユダヤ人全体が世代を超えてキリストの血の責任を引き受けた発言と理解され、反ユダヤ主義がキリスト教世界に蔓延する要因となった。中世の受難劇の伝統において、この台詞を含む受難劇の台本が広く共有されたため、各地で受難劇が上演されるたびに、武装したキリスト教徒がユダヤ人ゲットーを襲撃する惨劇が繰り返された。ラテン語ミサを重んじるカトリックの保守的伝統に身を置くメル・ギブソン監督の映画『パッション』は、その中世の台本を土台にしており、2004 年のレント初日である灰の水曜日に合わせて公開されたが、反ユダヤ主義を助長するとの批判を浴びた（Kathleen E. Corley, and Robert L. Webb [eds.], *Jesus and Mel Gibson's The Passion of the Christ: The Film, the Gospels and the Claims of History* [London and New York: Continuum, 2004]）。またドイツのオーバーアマガウ村で 10 年に一度上演される受難劇をめぐっては、1934 年の 300 周年の上演がナチスのプロパガンダに利用されたことで反ユダヤ主義の代名詞的な扱いを受けるようになったこともあり、度重なる要請を受けて、2000 年の上演に合わせて、歴史的にも聖書釈義的にも注意深い仕方で、反ユダヤ主義的要素を取り除く大幅な改訂が行われた（James Shapiro, *Oberammergau: The Troubling Story of the World's Most Famous Passion Play* [New York: Vingate Books, 2000]）。

ベルを時代錯誤的にパウロ時代のユダヤ教にも当てはめた[44]。ルターは自らの発見した信仰義認論がユダヤ人の改宗を促すと期待したにもかかわらず彼らが受け入れないことに失望し、激しく批判するようになった[45]。その結果、プロテスタント圏においても反ユダヤ主義が蔓延することになった。この反ユダヤ主義がついにホロコーストの惨劇に至るに及んで、欧米のキリスト教神学界は反ユダヤ主義の克服を自らの課題として取り組むこととなった[46]。

3.1. サンダースの貢献とその背景

この点で極めて重要な貢献をしたのが、新約聖書学者の E.P. サンダースである[47]。サンダースは 1977 年に出版された主著『パウロとパ

---

44 山口希生『ユダヤ人も異邦人もなく――パウロ研究の新潮流』新教出版社、2023 年、第 1 章「第二神殿時代のユダヤ教徒パウロ」12–41 頁参照。初期ユダヤ教についての丁寧な解説は、土岐健治「初期ユダヤ教の実像」『初期ユダヤ教の実像』新教出版社、2005 年、8–132 頁を参照。

45 Thomas Kaufmann, *Luther's Jews: A Journey into Anti-Semitism* (Oxford: Oxford University Press, 2017).

46 ドイツにおける取り組みの重要な成果として、F. クリュゼマン／U. タイスマン編『キリスト教とユダヤ教――キリスト教信仰のユダヤ的ルーツ』大住雄一訳、教文館、2000 年／原書 1998 年を参照。

47 サンダースの貢献の意義については、土岐「初期ユダヤ教の実像」、特に 8–9, 27–29, 51–54 頁を参照。サンダースの議論の詳細な紹介は、河野克也「パウロの『契約遵法主義』再考――そのユダヤ教的性格をめぐる最近の論争史によせて」、『聖書的宗教とその周辺――佐藤研教授・月本昭男教授・守屋彰夫教授 献呈論文集』日本聖書学研究所編、聖書学論集 46：リトン、2014 年、501–29 頁を参照。

レスチナ・ユダヤ教』において、紀元前 200 年から紀元 200 年までのパレスチナ・ユダヤ教文献を精査し、新約聖書の背景となる初期ユダヤ教が、ルターの描いたような「律法主義」や「行為義認」の宗教ではなく、徹底的に神の恵みに生きる宗教であることを立証した[48]。サンダースはそのパレスチナ・ユダヤ教に共通するパターン（型）を「契約遵法主義」（covenantal nomism）と名付けたが[49]、その概要は以下のようなものである。神はイスラエルを恵みをもって選び、彼らとシナイ契約を結び、モーセ律法（トーラー）をお与えになった。神はその恵みに対する感謝の応答としてトーラーを守って生きる者を、来るべき世に至るまで恵みをもって支えてくださる。つまり、トーラーを遵守する当時のユダヤ人の生活は、あくまでもシナイ契約という神の一方的な恵みに対する応答であり、救いを獲得する手段ではなかった。サンダースは割礼を伴う契約の受容を、救われる契約共同体の「成員（資格獲得）要件」（membership requirement）また契約共同体への「加入要件」（entrance requirement）と呼び、トーラー遵守をその成員資格の「維持要件」（maintenance requirement）と呼んで、両者の救済論的意義を明確に区別した。端的に言えば、来るべき世を受け継ぐ救いを保証するのは前者の契約、つまり神の恵みであり、後者の感謝の応答であるトーラー遵守は救いの獲得をもたらすものではない、

48　E.P. Sanders, *Paul and Palestinian Judaism: A Comparison of Patterns of Religion* (Philadelphia: Fortress, 1977).

49　Covenantal nomism の訳語はなかなか定着していないのが実情である。ここではシンプルな訳語として「契約遵法主義」を採用したが、浅野淳博は「契約維持の律法制」とする（「パウロの『和解』主題」本書 210 頁参照）。

ということである[50]。この理解によって、ユダヤ教を人間が律法を行うことによって救いを獲得しようとする律法主義的な行為義認の宗教とした従来の理解が完全に否定されたのである。

サンダースは『パウロとパレスチナ・ユダヤ教』の執筆意図を、キリスト教世界に蔓延するこの間違った理解を「滅ぼす」ことであると明言するが[51]、それには個人史的な背景がある[52]。テキサス州ダラス郊

---

50 「加入要件」には、シナイ契約のしるしとして割礼を受けることと、その契約に伴う義務としてのモーセ律法遵守への意思表示が含まれる。この律法遵守の意思表示は、「維持要件」である律法の個々の戒めを実際に遵守することとは区別される。

51 Sanders, *Paul and Palestinian Judaism*, 59.

52 以下の記述は、デューク大学大学院でサンダースのもとで博士論文を書いたマーク・チャンシー氏（現サザン・メソジスト大学教授）が『クリスチャン・センチュリー』誌 2006 年 6 月 13 日号に寄稿した記事「パウロと律法——E.P. サンダースによるユダヤ教の奪還」（Mark Chancey, "Paul and the Law: E.P. Sanders's Retrieval of Judaism," *The Christian Century* [June 13, 2006]）と、2023 年 11 月にテキサス州サンアントニオで開催された SBL（聖書文学学会）年次大会の中で行われた、2022 年 11 月に亡くなったサンダースを追悼する特別セッション（11 月 19 日）でチャンシー教授が語った講演内容に基づく。私自身、1994 年から 97 年までデューク大学神学部の神学修士課程（Th.M.）に留学中、博士課程の学生だったチャンシー氏と共に、サンダース教授の複数のゼミを履修したことを懐かしく思い出す。この追悼セッションには、もう一人、当時博士課程の学生だった J. ロス・ワグナー氏（現デューク大学神学部教授）も参加しており、二人からサンダース教授の功績と人柄について貴重な話を聞くことができた。この学会には、今回の共同研究の一環として参加させていただいたことを、感謝をもって報告する。なお、サンダース自身による詳細な自伝的回顧は、

第3部　新約聖書学の見地から

外のグランド・プレーリーという小さな町でメソジスト信徒として育ったサンダースは、文武両道の神童として地元の新聞にも頻繁に取り上げられるほどだった。彼は近隣のテキサス・ウェスレアン大学卒業後、ダラス市にあるサザン・メソジスト大学パーキンズ神学校に進学する。同校のウィリアム・ファーマー教授がサンダースの将来性を確信して留学を勧めるも、経済的に困難であることがわかると、教授と地域のメソジスト派の牧師たちが協力して募金を呼びかけた。それを受けてダラスの改革派シナゴーグ、テンプル・エマニュエルの匿名の信徒が多額の資金提供をしたことで、サンダースは留学し、その後の研究者としての道が開かれたのである。ダラスに移り住むまで誰一人ユダヤ人に会ったことがなかったサンダースは、この匿名のユダヤ人恩恵者の資金提供を受けて、「私はこの贈り物を無駄にしないように誓った[53]」が、その言葉の通り、学究生活を通して反ユダヤ主義の誤謬を正す貢献を続けた[54]。キリスト教世界における反ユダヤ主義の蔓

Sanders, "Comparing Judaism and Christianity: An Academic Autobiography," in idem, *Comparing Judaism and Christianity,* chap. 1 (1–27), pp. 2–4 を参照。

53　サンダース自身は、"I especially vowed that the gift from Temple Emanual would not be in vain" (Sanders, "Comparing Judaism and Christianity," 3) と表現する。

54　サンダースは 1977 年の出版に続いて、1983 年にはその続きとなる『パウロ・律法・ユダヤ民族』(*Paul, the Law, and the Jewish People* [Minneapolis: Fortress]) を出版し、1985 年には史的イエス研究を大きく軌道修正させた『イエスとユダヤ教』(*Jesus and Judaism* [Philadelphia: Fortress])、続いて 1990 年には『イエスからミシュナまでのユダヤ律法——五つの研究』(*Jewish Law from Jesus to the Mishnah: Five Studies* [London: SCM]) を、さらに 1992 年には初期ユダヤ教を

322

第11章　パウロの「和解」理解の継承と課題　（河野克也）

延に新約聖書学が少なからず加担した歴史に鑑みて、上記のサンダースの個人史は、彼の新約聖書学者としての責任感と誠実さを理解する背景として重要であろう。それは、ホロコーストの惨劇を経た現代において、キリスト教徒とユダヤ教徒の和解を促進する重要な貢献であった。

3.2.　反ユダヤ主義克服の反動──パレスチナ問題への視点

反ユダヤ主義の克服というポスト・ホロコーストの時代のキリスト教会が担う課題は、サンダースの貢献によって飛躍的に進んだが、その一方で、この反ユダヤ主義の克服は、現代の状況において極めて残念な展開を見せている。ホロコーストの加害責任を痛感した欧米のキリスト教会は、反ユダヤ主義の烙印を押されることを恐れるあまり、イスラエル政府によるパレスチナの占領統治に対して適切な批判をしてこなかったと、パレスチナ人のミトリ・ラヘブ牧師は指摘する[55]。

　ポスト・アウシュビッツ神学は、いかにして反ユダヤ主義になることなしにイエス・キリストについて語り得るかを問うた。その答えは、これからはキリスト論においてイエスのユダヤ人性を強調するということであった。しかし幾人かはこれによって、無批判に親イスラエルの姿勢と結びつく親ユダヤ姿勢を高めた。その結果、イ

総合的に描いた『ユダヤ教──実践と信仰　紀元前63〜紀元66年』（*Judaism: Practice & Belief, 63BCE-66CE* [London: SCM]）を出版している。

55　ミトリ・ラヘブ『私はパレスチナ人クリスチャン』山森みか訳、日本キリスト教団出版局、2004年／原書1995年、特に第6章「個人的観点」（119–36頁）を参照。

スラエルはこの対話において神話化された。これに対応するのは、「パレスチナ人」と PLO の悪魔化以外の何ものでもなかった。プレ・アウシュビッツのキリスト論は、確かに反ユダヤ的特質を含んでいた。だがポスト・アウシュビッツのキリスト論は、しばしば親イスラエル、反パレスチナの姿勢をもたらした。したがって、もしポスト・アウシュビッツ神学が、いかにして反ユダヤ主義にならずにイエス・キリストを語るべきかを考察するのであれば、それは同時にいかにして反パレスチナにならずにイエスのユダヤ人性を語り得るかをも考察すべきである[56]。

ラヘブは特に、1948 年のイスラエル建国によって「ユダヤ人の力の変化」が生じ、彼らが差別されるマイノリティーから差別するマジョリティーに変わったことを欧米のキリスト教会が十分に考慮していない点を指摘する[57]。1995 年に出版されたこのラヘブの問題提起から、すでに 30 年近く経とうとしている現在、パレスチナ人をめぐる状況は手の施しようがないほど悪化している[58]。この状況において、沈黙

56　ラヘブ『私はパレスチナ人クリスチャン』124 頁。

57　ラヘブ『私はパレスチナ人クリスチャン』125 頁。

58　2023 年 10 月 7 日に起こったパレスチナ人武装組織によるイスラエル南部への大規模な奇襲を受けて開始されたガザへの軍事侵攻については、各方面で報道がなされており、ここで詳細に取り上げる必要はないであろう。10 月 7 日の奇襲はあまりに残虐であるが、イスラエルがガザで行っていることはジェノサイド以外の何ものでもない。アパルトヘイト国としての過去を持つ南アフリカが、2023 年 12 月 29 日に国際司法裁判所（ICJ）にイスラエルをジェノサイドの疑いで提訴し、ICJ は翌 2024 年 1 月 26 日付でイスラエルに対してジェノサイド防止の暫定措置命令を発出した（2024 年 1 月 27 日外務大臣談話［https://

と無関心は罪である。今日のキリスト教会は、キリスト教徒とユダヤ教徒の和解にとどまらず、ユダヤ人とパレスチナ人の和解にも責任を負うことが求められている。

おわりに

　聖書は神による救済を「和解」として提示する。それは神のイニシアティヴによるものであり、聖書は、人間の罪と反逆にもかかわらず、神がその罪を赦し、関係を回復することを希求し、行動を起こしたことを一貫して描く。それと同時に、聖書は人間の罪の現実をも徹底的に描く。人間は憎しみと復讐心に駆られて、過剰なまでに暴力を振るって相手を滅ぼそうとする。私たちが生きる世界は、聖書の描く世界と比べて、この点においては何一つ進歩していない。世界には相変わらず憎しみと過剰な報復が蔓延しており、その結果としての殺戮は、近代兵器の進歩により、格段に大規模かつ残虐になり、また兵器を操作する人間の罪責意識は格段に薄れることとなった。私たちはなお、聖書から和解について学ぶ必要がある。

www.mofa.go.jp/mofaj/press/danwa/pageit_000001_00242.html］：2024 年 11 月 1 日閲覧）。このジェノサイドは一年以上経つ現在（2024 年 11 月）でもなお終結の見通しが立っていない。イスラエルを無批判に支持してきたアメリカをはじめ、各地で若者がガザの人々、パレスチナの人々との連帯を表明して抗議活動を行っている。

おわりに

聖書的和解のために

藤原淳賀

序

　本書の「聖書的和解」研究は、聖書的和解とは何かを明らかにするものである。キリスト教の伝統における研究は、単なる学術的探究ではない。それは、聖書に記された神の御心に従って生きるために行われるものである。

　キリスト者であるということで、聖書的和解を生み出し平和をもたらすことができるというわけではない。ヒトラーの軍隊のほとんどがルター派及びカトリック信者であったことを思い起こせば充分であろう。

　キリスト者は、神の御心が天において行われるように地においても

行われるように祈る（主の祈り）。われわれは神の平和と和解をもたらすような生き方を学ぶように招かれている。

　本書第3章に左近教授によるブルッゲマン教授との対話が記されている。ブルッゲマン教授は、和解を「敵対関係にある者との、そして神との間に平和を造り出すこと」と定義している。そして、和解のためには「自分の核心的神話を絶対的なものと主張せず、また相手と一切の関係を断つということをしない」ことが必要であると指摘している。より強いほうがイニシアチブを取り、自らを無にし、敵対者を食卓に招く交わりの重要性についても語っている（本書66-68頁）。彼はまた旧約聖書が、モーセ物語とダビデ・ソロモン物語の終わることなき折衝（negotiating）関係の中に置かれていると見ている。それは自らの物語の相対化といってよい。左近教授もまた、私たちに終わりなき折衝（ネゴシエーション）を促すこの過程が「終末に完成する『和解』を遥かに望み見る視座」を与えてくれると記している（本書135頁）。

　神による終末的和解の完成を覚え、自らの物語を相対化するために有益な一つの方法は、神の大きな救いの歴史を中心に据え、その中にそれぞれの物語を位置づけることである。H. リチャード・ニーバーはそれを「神学的・神中心相対主義」（theological and theo-centric relativism）と呼んだ。それはエルンスト・トレルチの「歴史的相対主義」（historical relativism）の修正であった。人は有限であり歴史は相対的なものであるが、それは絶対的神の統治のもとにあるとニーバーは考えていた[1]。

　絶対的神による和解の完成を見据えつつ、他者との和解を実現する

1　H. Richard Niebuhr, *Christ and Culture* (New York: Harper One, 2001), xii. ニーバーの『キリストと文化』はそのような試みであった。

おわりに　聖書的和解のために　（藤原淳賀）

一助として、神の民の歴史を概観してみたい。それによってわれわれ
は自らの物語の相対性、断片性を意識することができるであろう。ま
た神の民の歴史が和解を必要とする争いの歴史であったことを意識す
ることになるであろう。

1. 罪、そして神との和解、人との和解

　神は、美しい天地を創造され、アダムとエバをエデンの園に置かれ
た。しかし彼らは神を信頼せず神から離れた。神との関係が壊れ、お
互いの関係が壊れた。土は呪われるものとなり、被造物全体が虚無に
服した。

　神はわたしたちを愛しておられ、その愛は世の始めから今に至るま
で変わらない。アダムとエバが神に背を向け罪を犯したとき、神は彼
らとその子孫、そしてすべての被造物を贖うと決められた。神は、わ
たしたちなしに生きることができないほどにわたしたちを愛しておら
れる。神は、わたしたちを赦すための和解の道を準備され、そのため
の苦難を背負われた。悪くない方（神）が悪しき者（人）に歩み寄り、
和解の道を備え、そのための苦難を担われた。それは今も変わらない。
そこに聖書的和解の始まりと土台、そして方向性がある。

　罪を犯したアダムとエバの家庭には不和が生まれた。そして長男が
次男を殺した。その前にも聖書に記されていない多くの問題があった
ことであろう。ヤコブの 12 人の子どもたちにも争いがあり、ヨセフ
は兄たちによってエジプトに売られた。しかし後には兄の一人ユダは
身を挺して末のベニヤミンを守ろうとする。ヨセフは兄たちを赦し、
父とともにエジプトへ呼び寄せる。それらは和解の試みであった。救
い主の育ての父ヨセフはユダの血筋から生まれる。

　出エジプトにおいてもイスラエルの民は神とそしてモーセと争う。

329

約束の地に入った 12 部族にも分裂があった。彼らはソロモンの後に
北王国と南王国に分裂し、また周辺国とも争う。

　神の民は、和解のために受肉された救い主を受け入れることなく、
神の和解に背を向けた。その背信の十字架刑を、神は贖罪と和解のた
めに用いられた。人の背信と神の変わらぬ愛と赦しの歴史は、今も続
いている。神は、いつの日か新たな天と地を実現される。聖書的和解
は、新たな天と地へと向かう中でその先取りとして起こっていくもの
である。

> 天地創造——堕落——贖罪——新たな天と地

2.　古代教会とコンスタンティヌス的キリスト教

　キリストの十字架と復活を経て、エルサレムでキリスト教会が生ま
れた。すぐに迫害が始まり殉教者の血が流れる。神の和解の使信を携
え生きる教会は、幾度も迫害の波を経験しながらも広がっていった。
教会は、平和主義という明確な立場を取っていたわけではないが、キ
リストの教えに従おうとするとき、人を殺すことはできないと考えて
いた。

　大きな変化は 4 世紀に起こった。ディオクレティアヌス帝（位
284–305 年）による激しい迫害の後、キリスト教に好意的であったロ
ーマ帝国皇帝コンスタンティヌス 1 世（位 306–337 年）がミラノ勅令
（313 年）を出し、宗教迫害を終わらせた。

　教会は、外からの迫害だけでなく内なる葛藤も経験した。キリスト
者は、悔い改めを経験し神の和解を受け入れたとはいえ、罪人の集ま
りである。争いは常にある。教義についても、祝祭日についても異な
る見解と争い、政治的駆け引きがあった。

おわりに　聖書的和解のために　（藤原淳賀）

　三位一体の教義と教会暦の祝祭日を定めたニカイア公会議（325年）は、（少なくともこの時点では洗礼を受けていない）コンスタンティヌス帝が招集した。ローマ司教（教皇）は出席しておらず審議にも関わっていない。結果が後で知らされただけである。コンスタンティヌス帝は単なる会議の招集者ではなく、教義についても指導している。彼は、衰退し崩壊しつつあるローマ帝国をキリスト教の統一によって支えようとしていた。

　コンスタンティヌスがキリスト教をローマ帝国の国教にしたわけではない。しかし国家と一つになっていくキリスト教を「コンスタンティヌス的キリスト教（Constantinian Christianity）」と呼ぶ。

　イエスを被造物とするアレイオス派はニカイア公会議で異端とされた。アレイオス派は帝国での場を失い、外に出てゲルマン人に伝道する。そしてこのゲルマン人が西ローマ帝国を滅ぼすことになるのである。

　熱心なキリスト教徒であった皇帝テオドシウス1世（位379–395年）は、キリスト教をローマ帝国唯一の公定宗教とした（392年）。キリスト教は、衰退しつつある帝国の精神的支柱となる。

　テオドシウスの死（395年）によってローマ帝国は東西に分裂し、二度と統一されることはなかった。しかし教会は、帝国の分裂の中でもどうにか一致を保ち続けた。北からのゲルマン人と、東からのペルシアがローマ帝国の敵であった。国家と結びついたキリスト教は帝国への責任を持つ。戦うローマ帝国を支える必要があった。

　4世紀に教会は、信仰者のみからなる教会から国家教会へと変化していった。コンスタンティヌス的キリスト教は、現実的立場を取らざるを得ず、戦争を認めていく。聖アウグスティヌス（354–430年）が義戦論の理論的支柱となる。これはローマ帝国的なキリスト教であった。

　修道運動は、ミラノ勅令前にエジプトで始まっている。殉教者は教

331

会で最も尊敬されていた。ミラノ勅令は殉教者の時代を終わらせた。次に尊ばれたのは修道者であった。彼らは日常生活を離れ神礼拝に専心した。使徒言行録 2 章の最初の教会生活を模範とした。

> 信じた者たちは皆一つになって、すべての物を共有にし、財産や持ち物を売っては、必要に応じて、皆がそれを分け合った。そして、毎日ひたすら心を一つにして神殿に集まり、家ではパンを裂き、喜びと真心をもって食事を共にし、神を賛美していたので、民衆全体から好意を寄せられた。こうして、主は救われる人々を日々仲間に加えてくださったのである。（使 2:44-47）

最初の修道士を特定することはできない。聖ヒエロニムス（347 頃 –420 年）はテーベの聖パウロス（228–342 年頃）といい、アレクサンドリアの聖アタナシオス（298–373 年）は聖アントニオス（250 頃 –356 年）だという。いずれにしても、エジプトにおいてかなりの数の人々が日常生活を離れ砂漠の修道生活に向かっていった[2]。教会が権力者と結びついていく中で、修道生活を通して神に仕える道を選ぶ人の数は増えていった。

今日まで最も影響力の大きかった修道会則は「聖ベネディクト会則」である。厳しすぎず、緩すぎない適切なガイダンスを記した聖ベネディクト（480 頃 –547 年）は、西欧修道士の父と呼ばれている[3]。規則正しい共同生活、礼拝、祈り、労働は、1500 年にわたって多くの

2　藤原淳賀「プロテスタントの視点から考える修道院の重要性について」『キリスト教と文化』35 号、2019 年、70–73 頁。

3　藤原「プロテスタントの視点から考える修道院の重要性について」75–76 頁。

おわりに　聖書的和解のために　（藤原淳賀）

修道院と修道者の霊性と徳を形成していった。

聖公会とルター派を除き、プロテスタント教会は修道院の伝統を失った。これは大きな損失であった。修道院以外で規則正しい生活を通して霊性を整えたプロテスタントの伝統はメソジスト運動に見られる。

3.　ゲルマン人のキリスト教と西ヨーロッパ

ゲルマン人はローマ帝国への侵略を進める。アタナシオス派（三位一体）の西ローマ帝国は、その多くがアレイオス派であったゲルマン人によって攻められ、476年に崩壊する。これは歴史の皮肉といえるかもしれない。

ただ、ゲルマン人の内、フランク族はガリアに入った後にキリスト教を受け入れた。そこはトゥールの聖マルティヌスの影響のもとにある、強いカトリック地域であった。彼らはアタナシオス派に改宗し、ローマ教会と結びつく。

フランク王国は勢力を広げ、7世紀後半にはブリテン島とイベリア半島を除くかつての西ローマ帝国の大部分を統治した。ゲルマン諸族によって破壊されたかつての西ローマ帝国地域が、フランク王国によって統一と安定を取り戻す。

ローマ教会と結びついたフランク王国は、神聖ローマ帝国と呼ばれるようになる。神聖ローマ帝国はしばしばオットー1世の戴冠（962年）からとされるが、新たな政教一致が始まったのは、教皇レオ3世によるカール大帝（位768–814年）の戴冠（800年）からである。

カール大帝はヨーロッパの父と称される。熱心なキリスト教徒であり、帝国内の教会制度の整備を進めた。彼の時代にカロリング・ルネ

333

サンスが興る[4]。ヨークのアルクインを招き、カロリング小文字体による聖書の写本、宮廷学校、修道院学校、大聖堂附属学校を整えた。

　カールは、周辺諸国を攻め、武力によるキリスト教化を進めた。戦闘的なゲルマン・キリスト教世界が形成されていく。その精神は 11 世紀の十字軍、15 世紀からの大航海時代のキリスト教的植民地支配、19 世紀からのマニフェスト・デスティニーに繋がっている。武力によって拡大するゲルマン人的キリスト教である[5]。それが、日本が戦国時代に出会ったキリスト教であり[6]、19 世紀の日本に開国を迫ってきた西洋諸国のキリスト教であった。この性質は 4 世紀のローマ帝国

4　「カロリング・ルネサンスとは、8C 末から 9C 初めにかけて、フランク王国カロリング王朝のカール大帝（Charlemagne、位 768–814 年）の指導のもとで興ったカトリック・キリスト教的文化運動である」。藤原淳賀「中世における大学を備えたもの――自由七科、カロリング・ルネサンス、そして 12 世紀ルネサンス」『キリスト教と文化』36 号、2020 年、69 頁。

5　マニフェスト・デスティニー（Manifest Destiny）とは、「明白な（必然の）運命」と訳される。それは、後進国にキリスト教の宗教と文明をもたらすために、神の摂理によって西洋諸国が選ばれたという西洋諸国の確信であった。19 世紀初頭に初めて登場し、宣教と植民地支配の全盛期に多くの西洋人の態度に見られる。特にアングロ・サクソンに強かった。Atsuyoshi Fujiwara, *Theology of Culture in a Japanese Context: A Believers' Church Perspective* (Princeton Theological Monograph Series Book 179; Eugene: Pickwick Publications, 2012), 243.

6　この時代の征服者メンタリティーはスペイン人、ポルトガル人に強く見られる。ただ、日本宣教においては、ナバラ人フランシスコ・ザビエル、イタリア人巡察使ヴァリニャーノらの指導により（また秀吉の軍隊が非常に強かったこともあり）、征服者的キリスト教の性質は他の地域ほど強くはなかった。

おわりに　聖書的和解のために　（藤原淳賀）

から始まっており、ローマを滅ぼしたゲルマン人によって継承・発展
されたものである。

　610年以降、イスラム教信仰がムハンマドによって始められる。イ
スラムは好戦的かつ非常に強く、瞬く間に中東および北アフリカを攻
め落とした。711年にはジブラルタル海峡を渡り、イベリア半島に入
る。西ゴート王国を滅ぼし、トゥール・ポワティエ間の戦い（732
年）でフランク王国の宮宰カール・マルテル（688頃–741年）に敗れ
るまでヨーロッパを北上した。その後ムスリムはピレネー山脈の南に
留まる。1492年にレコンキスタが完成するまで、約780年間イベリ
ア半島はムスリムが支配する地域であった。

　初期のキリスト教の中心であった愛と憐れみ、赦しと和解といった
性質を、ゲルマン人のキリスト教が失ったわけではない。西洋のキリ
スト教の中で、修道院は保持されてきたし、アナバプテスト派のよう
な非暴力平和主義の教会も生まれた。また敬虔主義も生み出している。
また19世紀以降のマニフェスト・デスティニーには、西洋諸国（特
にアングロ・サクソン）は未開世界に文明と民主主義、（プロテスタン
ト）キリスト教をもたらす責任があるという、善意に基づく宣教の意
図も強い。しかしゲルマン的キリスト教には、武力、戦闘、征服によ
る世界のキリスト教化という、初期のキリスト教にはなかった性質が
強く現れていた。このローマ的、そして特にゲルマン的キリスト教が
もたらした問題は軽視できない。

4.　東西教会の分裂

　古代の5つの教会が重要な位置を占めた（エルサレム、アンティオ
キア、ローマ、アレクサンドリア、コンスタンティノポリス）。ギリシア
文化圏の4教会とラテン文化圏のローマ教会である。そしてこの間

でテンションが生まれていった。

　最初の東西分裂は、ローマ教会とコンスタンティノポリス教会の間で5世紀に起きている。ローマ教皇フェリクス3世（2世）（位483-492年）は、異端的単性論を支持し単性論者たちを教会に戻そうとするコンスタンティノポリス総主教アカキオス（位472-489年）に破門状を送る（484年）。この「アカキオスの分離」は35年間続く（484-519年）。

　ローマ・カトリック教会と東方教会の決定的な分裂は1054年に起こる。476年の西ローマ帝国の崩壊後、社会秩序を保った唯一の権威は教会であった。西方（ローマ）教会および教皇の権威は高まっていった。そして東方教会との軋轢が生まれていく。ビザンツ皇帝レオ3世による聖像禁止令（726年）（西方教会は聖像を伝道に用いていた）と、西方教会がニカイア信条に勝手に付加した「フィリオクェ（および子から）」[7]という言葉は大きな問題となっていた。

　分裂の引き金になったのはブルガリア教会大主教オフリドのレオであった。彼は1053年コンスタンティノポリス全地総主教ミカエル・ケルラリオスによって南イタリアに派遣された際、西方教会が独身制を始めたこと、酵母の入っていないパンを聖餐に用いることなど様々な西方の慣習を非難した。これへの対応として教皇レオ9世は1054年3月特使として枢機卿フンベルトゥスをコンスタンティノポリスに送った。彼と総主教ケルラリオスは互いに相手を激しく非難し、和解から遠く離れた。6月16日フンベルトゥスは、破門状を置いてローマに帰り、ケルラリオスもフンベルトゥスと一行に破門を宣告し

7　ニカイア信条によると、聖霊は「父から」出るとされていた。東方教会に知らせることなく、西方教会はカール大帝の頃までにはこの変更を行っていた。

おわりに　聖書的和解のために　（藤原淳賀）

た[8]。この相互破門は 1965 年まで 900 年以上続いた[9]。

5.　教会改革とプロテスタント宗教改革

　長く続く組織は、国家であれ、大学であれ、企業であれ、常に変革
を必要とする。カトリック教会は困難な時期を経験していた。

　13 世紀のアシジの聖フランシスコ（1182-1226 年）は清貧を通して
内側から教会を支えた驚くべき改革者であった。貧しき者として生き、
平和を愛し、托鉢修道会を興した。彼はまた十字軍に随行し、スルタ
ンとの直接対話も行っている。

　カトリック教会は大分裂を経験する（1378-1417 年）。教皇庁はロー
マとアヴィニョンにあり、それぞれに教皇がいた。ピサ公会議（1409
年）は新たな教皇を選出したが（アレクサンデル 5 世）、他の二人は退
位せず、ローマ教皇は 3 人となっていた。この混乱期に、ジギスム
ント（ハンガリー王、ローマ王、後にボヘミア王、神聖ローマ帝国皇帝）
はコンスタンツ公会議（1414-1418 年）を開き事態の収拾を図る。3
人の対立教皇が退任し、新たに一人の教皇（マルティヌス 5 世）が選
ばれる。

　教会を激しく批判し破門される改革者たちも現れた。プラハ大学長
ヤン・フス（1369 頃 -1415 年）はイングランドのジョン・ウィクリフ

8　フスト・ゴンサレス『キリスト教史 上巻』石田学訳、新教出版社、初
　　版 2002 年、第 6 版 2014 年、284-85 頁。
9　エキュメニズムを進めた第二バチカン公会議後、ローマ・カトリック
　　教会および東方正教会から出された「カトリック教会と正教会による
　　共同宣言」（1965 年）によって、相互破門は解消された。

（1324–1384 年）の影響を受け教会改革を行っていた。ジギスムントは、フスの身の安全を保証した上で、コンスタンツ公会議に招き、意見陳述の機会を与えようとした。しかしフスは、ジギスムントの意に反して、コンスタンツで教会によって捕らえられ、火刑に処せられた（1415 年）。

　マルティン・ルター（1483–1546 年）の宗教改革（1517 年）はこの100 年後のことであった。ルターは新しい教会を作るつもりはなかったが、カトリック教会から破門（1521 年）されたことで、彼と賛同者たちは新たな教会を作ることになる。それがプロテスタント教会と呼ばれるようになる。

　ルターの教会批判は、言わばカトリック教会というオペレーティング・システム（OS）のチェック機能として始まった。しかし破門され外に出されたことで、プロテスタントは新しい OS を作らなければならなくなった。ルター派の徳善義和氏は、それが成功したかどうかはわからないという[10]。ルター派、長老派、イングランド国教会、メソジスト派、バプテスト派といった様々な教派（OS）が生まれていった。プロテスタンティズムの中心は「聖書のみ、信仰のみ、恵みのみ」であり、カトリックにおけるローマ教皇のような中心的存在はない。東方教会のような古代からの4 大教会やコンスタンティノポリス全地総主教のような存在もない。プロテスタンティズムは際限なく多くの教派を生み出していく構造になっている。

10　徳善義和「総論 ルターと宗教改革」『ルターと宗教改革事典』日本ルーテル神学大学ルター研究所編、教文館、1995 年、9 頁。

おわりに　聖書的和解のために　（藤原淳賀）

6.　プロテスタント諸教会の流れ

　16世紀に始まったプロテスタント・キリスト教は、良くも悪くも近代的性格を持っている。それはカトリックへの批判として始まっており、批判的精神を持つ。「聖書のみ」はルネサンスの原点回帰的文献研究の上に学術的に進められた。「われ独り神の前に立つ」という精神は個の自立を促した。それぞれの人が自分で聖書を理解し（聖書の翻訳と教育）、自ら信仰を告白する（信仰義認）ことを重んじた。世俗の仕事においても勤勉であることが推奨された（職業召命観）。

　熱くプロテスタント改革運動を起こした次の世代は、改革者たちの神学を正確に保持しようと努めた。それはプロテスタントのスコラ的正統主義である。その客観主義的な冷たいキリスト教に対するリアクションが生まれた。敬虔主義である。

　英語圏では教会改革を進めようとしたピューリタンが勢力を伸ばす。彼らは英国において、また新大陸に渡り、信仰復興（リバイバル）を経験する。リバイバルを経験したピューリタニズムは福音的キリスト教と呼ばれる。

　明治期に日本に入ってきたプロテスタント・キリスト教は主にこの福音的キリスト教であった。聖書信仰（聖書のみ）、個人的回心（信仰のみ）、敬虔主義（神との人格的交わり）、伝道（含リバイバル運動）の重視がその特徴である。

　近代科学の発展と批判的精神はキリスト教の聖典と信仰にも及んだ。啓蒙主義的近代主義が神学にも入ってくる。いわゆる自由主義神学（新神学）である。一方では近代主義という枠に合わせてキリスト教を変えようとする近代主義者がいた。他方ではキリスト教の伝統と啓蒙主義を綜合しようとする柔軟な自由主義者がいた。

　いずれにしてもこれに対する大きなリアクションが起こった。それ

339

が根本主義（ファンダメンタリズム）である。キリスト教信仰には、時代の波によって変えることのできない根本的な事柄（聖書霊感と無謬性、キリストの処女降誕、十字架による贖罪、肉体的復活、奇跡の超自然的性質）があるとして、彼らは自らを時代の風潮から分離した。そして自らを根本主義者（ファンダメンタリスト）と称した。

ファンダメンタリズムに対するリアクションとして出てきたのが福音派（新福音主義）である。彼らは、恵みによる救い、終末論、宣教の緊急性といった根本的事項を保持しながら、学術研究を重んじ、他の伝統に対しても開かれた態度を取る、改革されたファンダメンタリストである。

離婚した夫婦は、かつては結婚して多くを共有していたのであり、別れた後も関係を完全に切ることはできないものである[11]。プロテスタントが、カトリック教会から出た（出された）経験は互いに痛みを伴うものであった。

プロテスタントの歴史は500年を超えた。決して短くはないが、それほど長くもない。カトリック教会と東方正教会の4分の1ほどである。そろそろ謙虚に、共通の遺産、伝統、共に過ごした日々を振り返ってもよいのではないだろうか。

まとめ　和解のための神中心相対主義

神はその救いの歴史の中で神の民だけでなく、異邦人も用いられてきた。

11　参考、ジョン・W. デ・グルーチー『キリスト教と民主主義——現代政治神学入門』松谷好明／松谷邦英訳、新教出版社、2010年、64頁。

おわりに　聖書的和解のために　（藤原淳賀）

アモスは、神はご自分の民イスラエルだけでなく、クシュ人もペリシテ人もアラム人も導かれていることを示した。

イスラエルの子らよ。私にとってあなたがたは　クシュの人々と変わりがないではないか――主の仰せ。私はイスラエルをエジプトの地から　ペリシテ人をカフトルから　アラム人をキルから導き上ったではないか。（アモ 9:7）

また歴代誌下は、神が、ユダの捕囚からの解放においても、ペルシアのキュロス王を用いられたことを記す。

ペルシアの王キュロスの治世第一年のことである。主は、エレミヤの口を通して伝えられた主の言葉を成就させるため、ペルシアの王キュロスの霊を奮い起こされた。王は国中に布告を発し、また文書をもって次のように述べた。「ペルシアの王キュロスはこのように言う。天の神、主は地上のすべての王国を私に与えられ、ユダのエルサレムに神殿を建てることを私に任された。あなたがたの中で主の民に属する者は誰でも、その神、主がその人と共におられるように。その者は上って行きなさい。」（代下 36:22-23）

神は、ご自分の長子イスラエル（出 4:22）だけでなく、ニネベの都もそこにいる「右も左もわきまえない十二万以上の人間と、おびただしい数の家畜」（ヨナ 4:11）も大切にされる。すべての民と被造物を愛しておられ、その救いのわざにおいて、すべての民を導き、用いようとされる。そして終わりの日に、被造物全体が贖われる（ロマ 8:20-21）。

したがって、神を知る神の民は、まずキリスト教の物語の中で、自らの物語を相対化し、神の救いの物語の中で終末の新しい天と新しい

341

地を見上げ、和解と平和を求めていくことが求められる。

　私たちは、（悪くない）神が私たちを愛し、イニシアチブを取って（罪人の）私たちのところに来てくださったことを覚えなければならない。神は和解の道を備え、そのための苦難を負ってくださった。そのようにして神との和解は始まり、聖書的和解は始まった。神と和解させていただいた神の民は、神を愛し、隣人を自分のように愛し、愛と和解の道を天に向かって生きるようにと招かれているのである。

あとがき

　本書は、青山学院大学総合研究所の研究助成を受けて刊行されたものである。同研究所「キリスト教文化研究」ユニットへの応募にあたって、キリスト教神学の主要なテーマの一つとされる「和解」概念について、その聖書学的根拠を巡って旧約聖書学の左近豊教授と新約聖書学の大宮謙教授、そして聖書を規範とする共同体の神学を探究してきた藤原淳賀教授との間で共同研究の構想がまとまり、左近をユニットリーダーとして申請がなされた。その際に外部から客員研究員として古代ギリシャ思想と古代ヘブライ思想に遡って西洋思想史を探究してきた藤田潤一郎教授（関東学院大学）と新約聖書のパウロ神学における平和と和解を研究してきた河野克也特任准教授（東京神学大学）に加わっていただき 5 人でユニットを立ち上げることとなった[1]。

　2020 年度より始動したものの、COVID-19 蔓延によって大学キャンパスの閉鎖や不規則な学事暦による困難等で、当初の計画の変更、あるいは中止を余儀なくされた。たとえば米国 Duke 大学和解センター夏期プログラムへのメンバー派遣は、当該プログラム自体の中止もあって断念せざるを得なかった。それでもオンラインで継続した研究会において、感染拡大に伴って顕在化した社会の分断や“フィルター

1　所属、及び肩書は全て本書刊行時点でのもの。

バブル"と呼ばれる現象などに直面しながら「和解」探究の意義深さを一層共有することとなった。また、この間にオンラインを活用して東北学院大学の新進気鋭の旧約研究者、田島卓准教授にエレミヤ書における和解について知見をいただけたことは、非常に有益であった。

　本書には、ユニット研究員による論述に加えて、新約聖書学においてパウロ研究の第一人者でもある浅野淳博教授（関西学院大学）とパウロ以後の書簡研究の泰斗である辻学教授（広島大学）に「和解」についての論考を寄せていただいた。浅野先生には2023年3月6日に関西から東京までお越しいただいて公開で、ユニット研究員の全ての論考との対話を踏まえて講演をいただいた。辻先生には同3月10日にオンラインでの公開講演会の講師を務めていただいた。辻先生の論考と浅野先生の議論の間にある真摯な対話を、河野先生が本書第11章で紹介くださっている。さらにこの章は第3部（新約聖書学的見地）全体の響きあいを聞き取る助けとなると共に、本書の今日的意義を、心打つエピソードを添えて明らかにしている。

　本書に収められている諸論文は、方法論においても論旨においても多様であり、あえて調和を図ることもしなかった。すでに研究会や公開講演会での議論を経て、互いの論考が有する独自性と他者性が尊重され、それぞれのテクストの間での対話がなされているためである。旧約聖書分野では、TaNaKh の3区分に基づく和解主題の探究を（主題への留保も含めて）試みているのに対して、新約分野ではパウロ、パウロ以後、そして福音書の順で通時的に和解主題の探究がなされている[2]。また各分野内における研究者間の主題を巡る異論はそのまま保

2　旧約聖書分野でも当初、捕囚期以前の和解思想について藤田教授、捕囚期及び捕囚期以後について左近教授で分担する予定であった。研究会を重ねる中で藤田教授の示唆を受けてマソラ・テキストにおける3

あとがき

持されている。それは聖書自体が持つ多声性や多元性が忠実に反映されているゆえとも言える。聖書学研究の歴史において蓄積されてきた様々な方法論や解釈によって聖書テクストが多角的、多面的に捉えられ、打ち開かれるみ言葉の輝きに照らされて、解釈者の視点や神学の相対化が本書においても見られるであろう。終末において完成するシャロームを聖書を通して仰ぎ見つつ、究極以前における、たゆみない折衝としての和解の実践が本書の各章の間でもなされている。

　本書の出版に向けて、多くの聖書学に関する書籍の編集を手がけ、ご自身牧師でもある日本キリスト教団出版局の土肥研一氏の深い造詣と編集者としての注意深く繊細で忍耐強いご助力があったことに心から感謝する。そしてプロジェクトの進捗において的確な示唆と励まし、さらに研究と出版に多額の助成をもって支援くださった青山学院大学総合研究所の各位に言い尽くせぬ感謝を捧げる。

2024 年アドヴェント

左近　豊

区分に基づく分担とした経緯があったことを付記する。

345

編者・著者紹介

左近 豊 （さこん・とむ）

1968 年、東京生まれ。東京神学大学大学院修了、米国コロンビア神学大学院修了（Th.M.）、プリンストン神学大学院博士課程修了（Ph.D.）。旧約聖書学専攻。現在、青山学院大学国際政治経済学部教授・宗教主任。日本基督教団美竹教会牧師。

著書：『信仰生活の手引き　祈り』、『エレミヤ書を読もう──悲嘆からいのちへ』（共に、日本キリスト教団出版局）など。共著書：*Imagination, Ideology and Inspiration: Echoes of Brueggemann in a New Generation*（Sheffield Phoenix Press）、『3.11 以降の世界と聖書──言葉の回復をめぐって』（日本キリスト教団出版局）。

訳書：J.L. メイズ『現代聖書注解　詩編』、W. ブルッゲマン『聖書は語りかける』、F.W. ダブス＝オルソップ『現代聖書注解　哀歌』、W. ブルッゲマン『旧約聖書神学用語辞典──響き合う信仰』（監訳）（以上、日本キリスト教団出版局）など。

藤原淳賀 （ふじわら・あつよし）

1965 年、岡山市生まれ。玉川大学文学部卒業、慶應義塾大学大学院社会学研究科修了（教育学修士）、ゴールデン・ゲート・バプテスト神学校修了（神学修士 [M.Div.]）、ダラム大学大学院修了（学術博士 [Ph.D.]）。

東京基督教大学専任講師、聖学院大学総合研究所准教授、教授、同大学・大学院教授を経て現在、青山学院大学地球社会共生学部教授・宗教主任。日本バプテスト連盟恵約宣教伝道所牧師（非常勤）。

著書：*Theology of Culture in a Japanese Context: A Believers' Church Perspective*（Pickwick, Wipf & Stock）。

編著：『大震災の神学』（キリスト新聞社）、『地球社会共生のためのシャローム』（ミネルヴァ書房）、*Post-disaster Theology from Japan*（Seigakuin Univ.

Press)、*"A Theology of Japan" and the Theology of Hideo Ohki* (Seigakuin Univ. Press)、*Church and State in Japan since World War II* (Seigakuin Univ. Press)、*A Theology of Japan: Origins and Task in the Age of Globalization* (Seigakuin Univ. Press)。

翻訳代表：A. マクグラス『キリスト教神学資料集・上下』（キリスト新聞社）。

論文：「ロシア正教会はなぜ大統領を批判できないのか？」、「キリスト教社会倫理学における絶対性と相対性——21世紀の戦争の時代における日本のキリスト教のために」、「中世における大学の始まり——パリとボローニャ」、「中世における大学を備えたもの——自由七科、カロリング・ルネサンス、そして12世紀ルネサンス」、「プロテスタントの視点から考える修道院の重要性について」、「『断捨離？』としてのプロテスタント宗教改革」、*"Theology for Asia?: For Authentic Asian Expressions of Christianity"*、「福音派神学の動向、問題、および展望」他。

藤田潤一郎　（ふじた・じゅんいちろう）

1969年、京都市生まれ。京都大学大学院法学研究科博士課程単位取得退学。京都大学博士（法学）。西洋思想史専攻。現在、関東学院大学法学部教授。著書：『政治と倫理——共同性を巡るヘブライとギリシアからの問い』、『存在と秩序——人間を巡るヘブライとギリシアからの問い』（以上、講談社／創文社）。編著：『今、私たちに差し迫る問題を考える〈Vol.2〉関東学院大学大学院法学研究科からの発信』（関東学院大学出版会）など。

河野克也　（かわの・かつや）

1965年、愛媛県生まれ。国際基督教大学卒業、東京聖書学院修了、神戸ルーテル神学校修了（M.Div.）、合同メノナイト聖書神学校修了（M.A.）、デューク大学神学部修了（Th.M.）、サザン・メソジスト大学大学院博士課程満期退学。新約聖書学専攻。2009年4月から2023年3月まで、青山学院

大学非常勤講師。現在、東京神学大学特任准教授。日本ホーリネス教団中山キリスト教会牧師。

共著書：『聖書神学事典』（いのちのことば社）、『平和をつくり出す神の宣教——現場から問われる神学』（東京ミッション研究所）。

訳書：リチャード・B. ヘイズ『イエス・キリストの信仰——ガラテヤ3章1節–4章11節の物語下部構造』（新教出版社）。共訳書：ウィラード・M. スワートリー『平和の契約——福音の聖書神学的理解』（東京ミッション研究所）、リチャード・ヘイズ『新約聖書のモラル・ヴィジョン——共同体・十字架・新しい創造』（キリスト新聞社）、H.-J. クラウク『初期キリスト教の宗教的背景——古代ギリシア・ローマの宗教世界』下巻（日本キリスト教団出版局）、ペリー・B. ヨーダー『シャローム・ジャスティス——聖書の救いと平和』（いのちのことば社）。

浅野淳博 （あさの・あつひろ）

1960年、山陰松江生まれ。フラー神学校にて神学修士号（1997年）、オックスフォード大学にて哲学博士号（2003年）を取得。新約聖書学専攻。現在、関西学院大学教授、京都大学講師。

単著：*Community-Identity Construction in Galatians* (T & T Clark Continuum)、『ガラテヤ共同体のアイデンティティ形成』（講談社／創文社）、『NTJ 新約聖書注解　ガラテヤ書簡』（日本キリスト教団出版局）、『死と命のメタファ』（新教出版社）、『新約聖書の時代』（教文館）。

共著：*The Oxford Handbook of the Reception History of the Bible* (Oxford Univ. Press)、*The Trinity among the Nations* (Eerdmans)、『新約聖書解釈の手引き』（日本キリスト教団出版局）、*T & T Clark Social Identity Commentary on the New Testament* (T & T Clark) 他。

翻訳：R. ボウカム『イエスとその目撃者たち』（新教出版社）、J.D.G. ダン『使徒パウロの神学』（教文館）、E.P. サンダース『パウロとパレスチナ・ユダヤ教』（教文館）他。

編者・著者紹介

辻 学（つじ・まなぶ）

1964 年、神戸生まれ。関西学院大学大学院神学研究科博士課程前期課程修了（神学修士）、スイス・ベルン大学にて Dr. theol. 取得。新約聖書学専攻。現在、広島大学大学院人間社会科学研究科教授。学校法人啓明学院院長。

著書：*Glaube zwischen Vollkommenheit und Verweltlichung* (Mohr)、『ヤコブの手紙』（現代新約注解全書、新教出版社）、『隣人愛のはじまり』（同）、『偽名書簡の謎を解く』（同）、『牧会書簡』（現代新約注解全書、同）、『新約聖書解釈の手引き』（共著、日本キリスト教団出版局）など。

訳書：A. チェスター／ R.P. マーティン『公同書簡の神学』（新教出版社）、W. マルクスセン『福音書記者マルコ』（日本キリスト教団出版局）、E. ローマイヤー『ガリラヤとエルサレム』（同）、M. ディベリウス『福音書の様式史』（監訳、同）など。

大宮 謙（おおみや・けん）

1964 年、新潟生まれ。慶応義塾大学経済学部卒業。日興證券株式会社引受部勤務を経て、東京神学大学大学院修士課程修了。日本基督教団西那須野教会牧師、同逗子教会牧師を経て、現在、青山学院大学大学宗教部長・社会情報学部教授。新約聖書学専攻。20 年以上にわたって横浜刑務所教誨師を務める。

共著：『3.11 以降の世界と聖書——言葉の回復をめぐって』（日本キリスト教団出版局）。

訳書：デイヴィド・ヒル『ニューセンチュリー聖書注解　マタイによる福音書』（日本キリスト教団出版局）、N.T. ライト『すべての人のためのマタイ福音書 1　1–15 章』（教文館）、ほか論文多数。

349

青山学院大学総合研究所叢書

左近 豊 編

聖書における和解の思想

2025 年 1 月 25 日　初版発行

© 左近 豊、藤原淳賀、藤田潤一郎、河野克也、
浅野淳博、辻 学、大宮 謙　2025

編 者　左 近 　 豊
発 行　日本キリスト教団出版局
〒 169-0051　東京都新宿区西早稲田 2-3-18
電話・営業 03（3204）0422、編集 03（3204）0424
https://bp-uccj.jp

印刷・製本　三秀舎

ISBN 978-4-8184-1185-2　C3016　日キ販
Printed in Japan

日本キリスト教団出版局

〈シリーズ和解の神学〉

暴力の世界で柔和に生きる

スタンリー・ハワーワス、ジャン・バニエ 著
五十嵐成見、平野克己、柳田洋夫 訳

知的障がい者と共に生きる共同体「ラルシュ」の創設者バニエと、現代アメリカを代表する倫理学者ハワーワスが、「新しい生き方」を問い、共生の意味を明らかに。

四六判 152 頁 1600 円

〈シリーズ和解の神学〉

すべてのものとの和解

エマニュエル・カトンゴレ、クリス・ライス 著
佐藤容子、平野克己 訳

社会は引き裂かれており、世界は和解を求めて叫んでいる。ウガンダ育ちのカトリック司祭と、和解の働きに取り組むプロテスタント信徒が、新たなヴィジョンを示す。

四六判 216 頁 2000 円

〈シリーズ和解の神学〉

赦された者として赦す

グレゴリー・ジョーンズ、セレスティン・ムセクラ 著
岡谷和作、藤原淳賀 訳

ルワンダ大虐殺で父親と親族を亡くしながらも、アフリカにおいて平和と和解の働きに取り組む牧師ムセクラと、和解の神学を説くジョーンズが、赦しについて対話する。

四六判 168 頁 1800 円

3.11 以降の世界と聖書
言葉の回復をめぐって

福嶋裕子、大宮 謙、左近 豊、
スコット・ヘイフマン 編著

3.11 以降、いかに神に祈り、いかに聖書を読むか。震災から 5 年を経て結実した、聖書学者 4 人による論文集。あわせて震災を経験した 3 人のキリスト者の証言も収録。

A5 判 210 頁 1700 円

旧約聖書神学用語辞典
響き合う信仰

W. ブルッゲマン 著

小友 聡、左近 豊 監訳

愛、贖い、アシェラ、アッシリア……。旧約神学の最重要 105 項目を、北米を代表する旧約学者が厳選して解説。新約への結びつき、現代的意味の解明も興味深い。

A5 判 530 頁 6200 円

新約聖書解釈の手引き

浅野淳博、伊東寿泰、須藤伊知郎、
辻 学、中野 実、廣石 望、
前川 裕、村山由美 著

歴史的・批判的研究、社会史的研究、さらに物語批評や正典批評など、新約聖書を解釈するための方法論を解説し、それを具体的に用いて聖書を読む適用例を紹介。

A5 判 338 頁 3600 円

価格は本体価格。重版の際に変わることがあります。